V&R

Martin Rufer

Erfasse komplex, handle einfach

Systemische Psychotherapie als Praxis
der Selbstorganisation – ein Lernbuch

Mit einer Abbildung

2. Auflage

Vandenhoeck & Ruprecht

Bibliografische Information der Deutschen Nationalbibliothek

Die Deutsche Nationalbibliothek verzeichnet diese Publikation in der Deutschen Nationalbibliografie; detaillierte bibliografische Daten sind im Internet über http://dnb.d-nb.de abrufbar.

ISBN 978-3-525-40179-8
ISBN 978-3-647-40179-9 (E-Book)

Umschlagabbildung: frau. L. / photocase.com

© 2013, 2012 Vandenhoeck & Ruprecht GmbH & Co KG Göttingen /
Vandenhoeck & Ruprecht LLC, Bristol, CT, U.S.A.
www.v-r.de
Alle Rechte vorbehalten. Das Werk und seine Teile sind urheberrechtlich geschützt. Jede Verwertung in anderen als den gesetzlich zugelassenen Fällen bedarf der vorherigen schriftlichen Einwilligung des Verlages.
Printed in Germany.

Satz: SchwabScantechnik, Göttingen
Druck und Bindung: ⊕ Hubert & Co, Göttingen

Für meine Kinder Moïse und Joël,
die mir immer wieder das Einfache zeigen.

Inhalt

Geleitwort von Arnold Retzer 9

Geleitwort von Franz Caspar 12

Vorwort des Autors 14

1 Ein erster Einblick 17
   1.1 Warum und für wen dieses Buch? 17
   1.2 Zum Inhalt 19
   1.3 Zu Aufbau und Gestaltung 21
   1.4 Meine theoretische Position 21
   1.5 Verstehen heißt Fragen stellen 23
   1.6 Therapie lehren und lernen 24
   1.7 Komplex erfassen: Wer will was? 26
   1.8 Einfach handeln: Wie mache ich das? 28

2 Generische Prinzipien: Die Partitur für die Therapie 31
   2.1 Musterhafter Wandel: Zur Theorie der Selbstorganisation 31
   2.2 Generische Prinzipien: Zur Praxis der Selbstorganisation 35

3 Therapie mit Beziehungen 42
   3.1 Ist alles Beziehung und systemisch? 44
   3.2 Der Therapeut und die Beziehung 48
   3.3 Schwierige Interaktionssituationen 51
   3.4 Systemkompetenz: »Mit Dritten als Dritter im Bunde« .. 54
   3.5 Einzel-, Paar- oder Familientherapie? 57

4 Therapie als Prozess 63
   4.1 Alles nur Placebo? 63
   4.2 Passt der Schlüssel? 66

    4.3 Diagnostik: Muster erkennen und Prozesse verstehen ... 68
    4.4 Prozesssteuerung: Veränderung anstoßen und gestalten 71

5 Systemische Fallkonzeption – Fallbeispiele 75
    5.1 Stefan Haller 75
    5.2 Ehepaar Fausey 117
    5.3 Familie Kamber 141
    5.4 Max Gerber 176
    5.5 Monika Niederhauser 197
    5.6 Melanie Brunner 226

6 Therapie im Kontext – ein kritischer Ausblick 238
    6.1 Psychotherapie im medizinischen Kontext 240
    6.2 Ist krank, wer leidet – leidet, wer krank ist? 244
    6.3 Eine oder zwei Psychotherapien? 248

Dank und Nachwort 259

Literatur 262

Geleitwort von Arnold Retzer

Für das Handwerk der Psychotherapie braucht man eigentlich weder eine Theorie noch ein Konzept. Es genügt, dass man weiß, was zu tun ist. Aber woher weiß man, was zu tun ist, und vor allem, wer weiß schon, was zu tun ist? Hier hilft dann schon ein Konzept oder eine Theorie ungemein, vielleicht besser sogar mehrere.

Theorien und Konzepte können die Landkarten sein, an denen man sich orientieren kann: feststellen, wo man sich gerade befindet, festlegen, wohin man will, und entscheiden, was der dafür angemessene Weg ist, also wissen, was zu tun ist.

Ob man dann auch dort ankommt, wo man hin wollte, ist aber noch eine andere Frage. Zumindest lässt sich rechtfertigen und begründen, warum man dies oder das getan hat und jenes nicht. Am Ergebnis lässt sich dann aber auch noch überprüfen, ob die verwendete Landkarte wirklich etwas taugt.

Ist man nicht erfolgreich gewesen, das heißt, kommt man nicht dort an, wo man hin wollte, gibt es zwei Möglichkeiten: Man kann die Landschaft beschuldigen oder beschimpfen, weil sie sich nicht an der Landkarte orientiert, sich nicht an die Landkarte hält. Ins Psychotherapeutische übersetzt: Die Klienten sind schuld, weil sie sich nicht an die Theorien ihres Psychotherapeuten halten – ausgezeichnete Theorie, brillante Methode, leider falsche Klienten.

Man kann aber auch den Misserfolg als Irrtum werten: Die Landkarte ist nicht geeignet, ungenau oder ganz einfach falsch, um mit diesem Klienten adäquat umzugehen. Ein willkommener Anlass, die verwendete Theorie genauer in den Blick zu nehmen, die Landkarte zu überprüfen, zu verändern, wegzulegen oder wegzuwerfen und eine neue Landkarte zu entwickeln.

Die zweite Möglichkeit ist die, die man Psychotherapeuten gern ans Herz legen möchte. Voraussetzung ist allerdings, dass man eine

Theorie hat, die aber notwendig begrenzt ist und die man nicht mit der Wirklichkeit, vor allem der unserer Klienten, verwechseln sollte. Denn wenn man mit dem Auto auf der Autobahn stehen bleibt, weil einem das Benzin ausgegangen ist, heißt das ja keineswegs zwangsläufig, dass an der Stelle auch die Autobahn zu Ende ist.

Martin Rufer zeigt an Hand seiner eigenen Entwicklung, den Entwicklungen seiner Psychotherapien und den Entwicklungen seiner Klienten in und nach Psychotherapien, wie er seine Konzepte aufbaut und anwendet. Er zeigt, wie er seine Erfahrungen gemacht hat, wie er seine Theorien erweitert, verwirft, aber auch beibehalten hat. In einer außergewöhnlich offenen Weise lässt er den Leser teilhaben an seinen Erfahrungen. Der Leser wird zum teilnehmenden Beobachter, der sich kaum den Begegnungen zwischen Therapeut und Klienten entziehen kann. Das allein macht das Buch schon zu einer bereichernden Lektüre.

Diese Erfahrungen werden theoriegeleitet dargestellt und auch noch reflektiert. Der Leser erhält also Einblick nicht nur in Erfahrungen, sondern auch in die Theorien und Konzepte, die der Autor und Psychotherapeut verwendet.

Dadurch wird etwas Bemerkenswertes möglich. Erfahrungen kann man noch so viele machen. Sie nützen nichts, wenn man nicht daraus lernt. Und genau das führt Martin Rufer uns vor – wie man etwas lernt. Zu Recht bezeichnet er sein Buch daher als Lernbuch und nicht als Lehrbuch. In den meisten Lehrbüchern wird der Leser ja nur angehalten, manchmal sogar genötigt, etwas für richtig zu halten. Ein Lernbuch ist dagegen etwas anderes. Hier wird niemand genötigt, sondern eingeladen, wenn er möchte, an einem Geschehen teilzuhaben. Der Autor lädt den Leser seines Lernbuches zur Kooperation ein.

Martin Rufer führt in seinem Lernbuch vor, wie er selbst lernte und immer wieder lernt. Es ist eine lebendige Dokumentation des Lernprozesses eines Psychotherapeuten. Dadurch wird sein Buch zu einem Lernbuch für den Leser. Er kann lernen, wie sich das Spiel zwischen Theorie und Praxis kompetent spielen lässt.

Auch wenn dieses Spiel komplex ist, zeigt Martin Rufer, wie die therapeutische Praxis einfacher und vielfach effektiver wird, wenn man geeignete Konzepte zur Verfügung hat. Er zeigt, dass die beachtliche Komplexität seiner Konzepte nicht zu komplexen und dadurch meist nicht handhabbaren Handlungen führt, sondern im Gegenteil einfaches und handhabbares Handeln erst ermöglicht.

Er entgeht der Versuchung vieler Therapeuten, konzeptentlastet vor sich hinzuwursteln. Er gehört stattdessen, und das Buch belegt das, zu den Therapeuten, die eine oder mehrere Theorien haben, mit denen sie rechtfertigen, was sie tun, und begründen, warum sie etwas tun, aber dadurch auch irrtums- und misserfolgssensibel bemerken können, wenn sie damit nicht weiterkommen oder scheitern. Diese Kombination macht Lernen möglich.

Bleibt nur noch die Frage: Von wem lernen? Natürlich von der Wirklichkeit und das sind nun einmal in der Psychotherapie zu einem Großteil die Klienten. Martin Rufer gebührt der Dank, sein Lernen so offen und transparent in seinem Lernbuch darzustellen und damit all den Lesern zugänglich zu machen, die etwas lernen wollen. Es gibt in diesem Buch viel zu lernen!

PD Dr. med. Dipl.-Psych. Arnold Retzer
Systemisches Institut Heidelberg (SIH)

Geleitwort von Franz Caspar

Martin Rufer hat uns ein umfangreiches Buch vorgelegt. Es muss umfangreich sein, weil er sich weigert, die Komplexität von Psychotherapie auf ein paar einfache Konzepte zu reduzieren: »A scientific theory should be as simple as possible, but no simpler«, lautet das berühmte Einstein-Zitat, und ich bin mir darin mit Martin Rufer völlig einig, wenn er dieses Motto auch für die Beschäftigung mit Psychotherapie umsetzt.

Es muss auch umfangreich sein, weil es enorm viele praktische Erfahrungen und enorm viel Auseinandersetzung mit einer beeindruckenden Palette von Literatur enthält. Die Fallbeispiele, bei denen er uns in seine innere Auseinandersetzung Einblick nehmen lässt und zudem gekonnt konzeptuelle Bezüge einbettet, sind spannender als das Meiste, was ich schon an Konzepten, aber auch Fallberichten gelesen habe.

Martin Rufer setzt stark auf Selbstorganisation, für die ein Therapeut lediglich mehr oder weniger günstige Bedingungen schaffen kann. Ich habe selbst (wie einige andere Autoren vor und nachher) vor nunmehr zwanzig Jahren dazu angeregt, psychotherapeutische Prozesse so zu verstehen (Caspar, Rothenfluh u. Segal, 1992), und bin von daher wohl unverdächtig, Psychotherapie einfach traditionell mechanistisch zu sehen. Tatsächlich gibt der Autor überzeugende Illustrationen für das Nichtlineare, für »sudden gains« etc. Dennoch gibt es Phasen und sogar ganze Therapien, die mehr aus linearer Entwicklung und Kleinarbeit bestehen. Es gibt Patienten (bzw. Systeme), bei denen der gordische Knoten auch mit einem systemischen Schwert nicht zu durchschlagen ist oder gewesen wäre, oder die, wie Martin Rufer in den Fallbeispielen zeigt und schreibt, einen »langen Atem« (S. 142) erfordern.

Absolut einverstanden bin ich mit der Bedeutung, die er der Prozesssteuerung beimisst: Diese gut zu vermitteln, ist allerdings deutlich schwieriger, als Techniken zu lehren. Deshalb scheinen viele Ausbildungsprogramme das gar nicht ernsthaft zu versuchen, oder sie sind

Geleitwort von Franz Caspar

noch am Suchen und Ringen um optimale Wege. Er gibt einen hervorragenden Einblick, wie diese Prozesssteuerung in der konkreten Situation funktionieren kann. Mit vielen weiteren essenziellen Punkten in Martin Rufers Darstellung – wie zum Beispiel, dass Therapiemotivation nicht einfach zur Voraussetzung von Therapien gemacht werden kann, sondern vielfach erst in diesen entsteht – stimme ich voll überein und finde sie in diesem Buch klar formuliert und bestätigt.

Martin Rufer kann attestiert werden, dass er weder den Weg unzulässiger Reduktion auf einfache Wahrheiten noch auf Bauchgefühle geht. Das Buch ist Zeugnis einer jahrzehntelangen Suche, einer reflektierten, belesenen Praxis, in der er als Lohn für das Suchen nicht für alle, aber doch für viele Fragen Antworten gefunden hat.

Marvin Goldfried, ein bekennender kognitiver Verhaltenstherapeut, dessen Herz aber ganz klar auf der integrativen Seite schlägt, ist seit kurzem Präsident der Division 12 der »American Psychological Association« (APA). Er hat sich an vorderster Stelle auf seine Präsidenten-Agenda geschrieben, vermehrt von Praktikern zu lernen: Welche Art Forschung brauchen sie, wie können sie selber die Entwicklung der Psychotherapie voranbringen? Als jemand, der selbst seit bald 40 Jahren praktisch arbeitet und die Psychotherapiepraxis, wenn auch in zeitlicher Konkurrenz zu anderen Aufgaben, immer hochgehalten hat, finde ich die Initiative absolut wichtig und unterstützenswert, und gleichzeitig stört mich das Implikat des Grabens zwischen Wissenschaft und Praxis. Dazu ließe sich viel sagen und schreiben, eines ist klar: Gäbe es mehr Praktiker wie Martin Rufer, dann wäre der Graben kleiner und die Goldfried-Initiative weniger nötig. Als Wissenschaftler würde ich mir wünschen, dass der Entwicklung und Anwendung der Konzepte auch Forschungsbemühungen folgen würden.

Ein Buch durchaus mit Ecken und Kanten, wärmstens zur Lektüre empfohlen: Die Welt der Psychotherapie hat einen klaren Gewinn davon, dass Martin Rufer nicht einfach so praktiziert und seinen Teil dazu gedacht, sondern Fragen gestellt, Antworten gesucht und uns jetzt seine Gedanken offengelegt hat.

Prof. Dr. Franz Caspar
Universität Bern, Leiter Abt. Klinische Psychologie
und Psychotherapie

Vorwort des Autors

»Together through life«
(Bob Dylan, 2009, Sony Music).

Ein Praxisbuch zu schreiben, in welchem ein Psychotherapeut seine Karten zeigt, ohne den damit verbundenen persönlichen Entwicklungsprozess zu reflektieren, wäre wohl mehr als eine Unterlassung. »Natürlich koexistieren die Lebensverläufe von Patienten und Therapeuten. Sie beeinflussen den Gang der Therapie und werden von den Ereignissen der Therapie beeinflusst, ungeachtet dessen, ob man in der Therapie darüber spricht oder nicht« (Orlinsky, 2008, S. 345). Im Rückblick auf mehr als dreißig Berufsjahre stelle ich deshalb den persönlichen Bezug zum Thema an den Anfang.

Meine Geschichte und die berufliche Biografie darin haben mein Menschenbild, meinen therapeutischen Stil, meine handwerkliche und letztlich auch meine berufspolitische Identität als Psychologe und Psychotherapeut nachhaltig geprägt.

Die ersten zwölf Jahre in stationärer Drogentherapie (1978–1990), die Jahre auf der Erziehungsberatung und in der Kinder- und Jugendpsychiatrie (1985–1998) waren als institutionelle Erfahrung genauso prägend wie die letzten zwanzig Jahre in der freien Praxis als Psychotherapeut, Dozent und Supervisor. Dazu gehörte auch die Co-Leitung des »Zentrums für Systemische Therapie und Beratung Bern« (ZSB), unter dessen Dach ich weiterhin meine Praxis führe. So hatte ich das Privileg, in einer Vielzahl von unterschiedlichsten Versorgungskontexten und Funktionen reichhaltigste Erfahrungen zu sammeln.

1979 erhielt ich anlässlich der Aufnahme meiner Berufstätigkeit und sinnigerweise zu meinem 30. Geburtstag die Erzählung von Ingeborg Bachmann »Das dreißigste Jahr« geschenkt, »denn bisher hat er einfach von einem Tag zum anderen gelebt, hat jeden Tag etwas Anderes versucht und ist ohne Arg gewesen« (Bachmann, 1961/1976, S. 15).

Für mich sollte dies nach meinem Psychologiestudium heißen: Konfrontation und Begegnung mit jungen Drogenabhängigen im Rahmen einer Therapeutischen Lebensgemeinschaft. Der damals gängige milieutherapeutische Ansatz (Jones, 1976) – zwischenzeitlich auch in der stationären Psychiatrie etabliert (Linden et al., 2006) – überzeugte mich, konnte ich doch am damaligen Zeitgeist (1968) anknüpfen, und die Klienten konnten in gewissem Sinne am eigenen Leib erfahren, dass »die stärkste und beste Droge für den Menschen der andere Mensch ist« (Bauer, 2006, S. 52).

Im Vertrauen auf die heilende Wirkung der Gemeinschaft musste ich mich dabei immer wieder vom »Bauchgefühl« (Gigerenzer, 2007) leiten lassen, denn das an der Universität Gelernte war bei weitem nicht ausreichend. So kamen unsere Klienten in der Regel auch unfreiwillig, unter Druck einer juristischen Maßnahme oder in hohem Maße verstrickt mit ihrer Herkunftsfamilie. Wir waren also gezwungen, das Dilemma zwischen Freiwilligkeit und Zwang auszuhalten, lernten aber so diesen Konflikt und den Druck auch als Chance zu nutzen. Krisen und Rückfälle waren es schließlich, die uns darüber hinaus den Blick auch auf familiäre Beziehungen und die Ressourcen im Umfeld eröffneten.

Immer deutlicher zeigte sich, dass unser therapeutisches Milieu nur dann erfolgreich sein konnte, wenn wir Therapie nicht in Abgrenzung oder in Konkurrenz zu Angehörigen durchführen wollten, sondern diese aktiv als Mitbetroffene einbezogen und im Milieu der Klienten anknüpften.

Die Sensibilisierung für Kontexte und die Systemdynamik im »Gestrüpp der Institutionen« (Black, 1990) erforderte nun aber nicht nur Therapie-, sondern auch Systemkompetenz (Schiepek, 1999). Unter dem Eindruck dieser Erfahrungen entschied ich mich deshalb neben Kursen in Gestalt-, Hypno- und Verhaltenstherapie schon früh für eine Weiterbildung in Systemischer Therapie. Von dieser versprach ich mir für die Arbeit mit komplexen Systemen am meisten.

Die Konfrontation mit systemwissenschaftlichen Modellen der Selbstorganisation (Haken u. Schiepek, 2006) wurde schließlich auch zum Wegbereiter für dieses Buch. Als Therapeut konnte ich mich in meinem Handeln darin wiedererkennen und so meine therapeutische Praxis theoriegeleitet neu und besser verstehen. »Alles ist einfacher, als man denken kann, zugleich verschränkter, als zu begreifen ist« (Goethe, 1833/1982).

Auch wenn »psychotherapeutische Gespräche stets nur die zweitbeste Form der Kommunikation« sind (Lütz, 2011, S. 71), erlebe ich fast täglich, wie sich Schweres mit Leichtem einfacher bewältigen lässt.

Aber nicht nur das: Ich weiß auch, wie viel dieser Beruf mit Lebenserfahrung und Lebenskunst zu tun hat, und wie viel ich als Psychotherapeut für mein eigenes Leben davon profitiert habe. Deshalb betrachte ich meinen Beruf bis auf den heutigen Tag als ein Privileg, als Berufung und Selbsterfahrung im besten Sinne.

Kurt Ludewig, ein Pionier in der Entwicklung klinischer Konzepte für die Systemische Therapie, hat es vor fast zwanzig Jahren so gesagt: »Psychotherapie muss respektvoll, nützlich und schön sein« (Ludewig, 1992, S. 128). Dem kann ich mich heute wie damals vorbehaltlos anschließen und mit Steve Jobs, einem (inzwischen verstorbenen) Meister im Vereinfachen von Komplexem, anfügen: »Folge immer deinem Herzen. Mach das, woran du glaubst« (zit. nach Der Bund, 26.08.2011, S. 13).

In dieser Haltung versuche ich mich auch heute auf das Wesentliche zu beschränken, das zu tun, was ich gut kann – im Vertrauen in die Kompetenzen von Klienten.

1 Ein erster Einblick

»Die Vorstellung von Psychotherapie als Technik
raubt dem Prozess seine Seele«
(Bleckwedel, 2008, S. 20).

1.1 Warum und für wen dieses Buch?

»Die Bevölkerung sehnt sich nach Zuwendung.« Was der Arzt Dieter Grönemeyer (zit. nach Die Zeit, Nr. 20/2009, S. 39) zur Volksabstimmung über die Kassenzulässigkeit der Alternativmedizin in der Schweiz geschrieben hat, drückt aus, was von hilfesuchenden Menschen gesucht wird und offensichtlich erwünscht wäre: Therapien und Therapeuten[1] mit einem Verständnis von Gesundheit nahe am Patienten. Was für die Medizin im Allgemeinen wünschenswert wäre, gilt im Besonderen für Menschen mit psychischen Problemen: Therapien, in denen Patienten[2] nicht nur störungsspezifisch erfasst, sondern als Partner mit ihren Anliegen und ihren Lebensentwürfen ernst genommen werden. Wer den Beruf als »Psychohandwerker« nämlich über Jahre ausübt, wird feststellen, dass Klienten dann auf den Punkt kommen, wenn durch professionelle Zuwendung Kooperation zustande kommt. Experten mit der nötigen fachlichen Substanz und Kompetenz sind also gefragt.

Während sich Neurowissenschaftler und Psychotherapieforscher mit der Frage beschäftigen, wie und wo (im Gehirn) Psychotherapie wirkt, stehen die Praktiker und Ausbildner vor der Frage, wie denn der Transfer heilender Worte gelingen kann und welches Wissen nötig ist, damit Hilfesuchende Zuwendung auch als Hilfe erfahren können.

Viele gute Lehrbücher sowie unzählbare wertvolle Publikationen

---

1 Obwohl in Psychotherapie und Beratung in großer Mehrzahl Frauen tätig sind, wird aus Gründen der Lesbarkeit bei Personennennungen die männliche Form verwendet, gemeint ist aber immer auch das andere Geschlecht.
2 Patient und Klient wird abwechselnd verwendet. Der Begriff Patient wird vornehmlich dann gebraucht, wenn eine »psychische Störung mit Krankheitswert« (Senf u. Broda, 2002) gemeint ist. In diesem Sinne werden die Begriffe psychische Störung bzw. Krankheit synonym gebraucht.

für die Praxis sind geschrieben worden. Warum also noch dieses? Praxisliteratur wie auch Fortbildungen hinterlassen oft den Eindruck, dass Therapie eine Sache der (richtigen) Methode oder Technik sei. Dem gegenüber stehen Erkenntnisse aus Forschung und Praxis, die therapeutische Kompetenz an »common factors« festmachen (u. a. Grawe, 1998; Wampold, 2001) und die Therapeuten als Prozessgestalter und Künstler des Gesprächs verstehen, angefangen bei der Wahl des passenden Settings, über die einzelnen Worte, bis hin zu Tonfall und Gestik. In diesem Sinne sind Psychotherapeuten genauso wie Bäcker oder Dirigenten Handwerker im Bestreben, eine Tätigkeit um ihrer selbst willen gut zu machen (Sennett, 2008).

Dieses an Kompetenz und Komplexität orientierte Wissen und Können so einfach und so nahe wie möglich an der Alltagspraxis darzustellen, war denn auch das Motiv für dieses Buch.

Folgende Fragen waren die Leitlinien beim Schreiben:
- Wie kann man therapeutische Prozesse verstehen und gestalten?
- Wer und was ist wichtig?
- Woran mag es liegen, wenn es in Therapien »hakt«?

In allen gelingenden Therapien zeigen sich allgemeine Wirkfaktoren und Prinzipien, die helfen können, Komplexität zu verstehen und zu vereinfachen. Mit diesem Lernbuch wird der Versuch unternommen, »generische Prinzipien selbstorganisierender Prozesse« (Haken u. Schiepek, 2006) als ein systemisches Konzept für die Fallkonzeption zu konkretisieren und basierend darauf Psychotherapie im (medizinischen) Kontext zu verstehen.

Auch wenn ich mich damit im Denken und Handeln an systemtherapeutischen Konzepten orientiere (z. B. Pinsof et al., 2010), sind mit diesem Buch nicht nur »Systemiker« angesprochen. »Das Festlegen auf *eine* Rezeptur würde das jeweilige Problemsyndrom kategorisieren« (Fuchs, 2011, S. 52). Systemdynamische Prozesse sind nicht an eine Therapieschule gekoppelt (Kapitel 3.1) oder machen Halt, wenn psychodynamisch oder verhaltenstherapeutisch gearbeitet wird. Zudem zeigt die Forschung zur Wirksamkeit von Psychotherapie (z. B. Lambert u. Ogles, 1994; Schiepek, 2011b) wie auch die Praxis, dass Therapeuten mit zunehmender Erfahrung integrativer und näher am Patienten arbeiten als an der Therapieschule.

Der Psychotherapeut, der den Blickwinkel auf Kräfte im Inneren eines Systems, das heißt auf kognitive, emotionale und Beziehungsprozesse legt, ist nicht mehr länger derjenige, der einfach von außen die Knoten löst, sondern Bedingungen schafft, damit Patienten selbst auf den Punkt kommen und sich verändern. »Es geht um die Notwendigkeit von Komplexitätsreduktion in Form eines Grundverständnisses der Systemzusammenhänge, um feine Dosierung der Eingriffe und Geduld« (Roth, 2007, S. 181 f.).

Gerne schließe ich mich in diesem Sinne auch Franz Caspar, einem Weggefährten von Klaus Grawe, an, der meint, »dass Psychotherapie dereinst allgemein wird« und zu einer »anspruchsvolleren, aber vielleicht doch solideren Identität führt, die mit dem Verfolgen bestimmter Prinzipien und nicht mit dem Glauben an bestimmte Konzepte verbunden ist« (Caspar, 2010, S. 18). Es dämmert also das Ende der Therapieschulen und dementsprechend richtet sich dieses Lernbuch an alle Berufsleute, die Psychotherapie professionell – jenseits konfessioneller Glaubensbekenntnisse – verstehen und praktizieren (wollen).

Dies alles fördert keine neuen, großen Wahrheiten zu Tage. Es kann aber helfen, den eigenen Handwerkskoffer zu ergänzen, bewährte Werkzeuge aufzupolieren und sich darüber hinaus als Praktiker in den system- und psychotherapeutischen Diskurs einzumischen – und das wäre nicht wenig.

1.2 Zum Inhalt

Das Buch mag auf den ersten Blick in Titel und Umfang als »Rezeptbuch Psychotherapie light« erscheinen. Das aber kann es und will es auch nicht sein. Zu vielschichtig ist der Mensch und das Feld der psychosozialen Versorgung zu komplex, als dass sich Psychotherapie mit schnellen Lösungen, sozusagen als »instant happiness«, erfassen ließe. »Selbstorganisation bezeichnet die spontane Entstehung und Veränderung von funktionellen und strukturellen Mustern in einem komplexen System« (Schiepek, 2011a, S. 24, vgl. Kapitel 2).

Wenn also Einfaches mit Komplexem verbunden werden soll, dann als »Schaschlik statt Gulasch« (Schwing u. Fryszer, 2006). Dementsprechend sind die Fallbeispiele (Kapitel 5) als das Herzstück dieses Buches das »Fleisch am Spieß«.

Das Erfahrungswissen von Therapeuten im Sinne von »wie man therapiert« kann oft nur schwerlich erklärt werden. Darum wird der Leser mit dem Fallbeispiel quasi mit in den Therapieprozess hineingenommen. Erst im Therapieprozess wird Komplexes einfach und der rote Faden deutlich. Mit dem Blick über die Schulter des Therapeuten lassen sich grundlegende, generische Prinzipien (Haken u. Schiepek, 2006) und Muster des therapeutischen Wandels ähnlich wie in einer Partitur nachvollziehen und – mit den eigenen Therapien vergleichend – aufspüren. Videotranskribierte und kommentierte Therapieverläufe stehen in diesem Lernbuch als Lernmodell im Zentrum.

Die ausgewählten Fälle aus den letzten 15 Jahren systemtherapeutischer Praxis stehen exemplarisch für das, was sich als mein Kerngeschäft herausgebildet hat: Patienten mit Substanzmittelmissbrauch[3], akuten Belastungsstörungen oder länger andauernden Persönlichkeits- und Beziehungsstörungen. Viele von ihnen kommen mehr willig als frei unter dem Druck von Angehörigen oder Institutionen.

Den »Spieß für das Fleisch« bildet das Hintergrundwissen mit den Schwerpunkten »Beziehungen« (Kapitel 3) und »Prozess« (Kapitel 4) als Herzstück der Kooperation von Therapeut und Patient. Das Zusammenwirken (Synergetik) von Klienten- und Therapeutenvariablen wird auf dem Boden einer Theorie der Selbstorganisation (Kapitel 2) reflektiert und zu den Fallbeispielen in Beziehung gesetzt.

Dabei darf auch der kritische Blick auf den gesundheitspolitischen Kontext (Kapitel 6) nicht fehlen, »denn gern verlieren wir den sozialen Kontext aus den Augen – auch den, innerhalb dessen das System Psychotherapie angesiedelt ist« (Borcsa et al., 2010, S. 5).

---

3 »Das gilt besonders für kostenintensive Störungen, die bei Einzelnen und in Familien viel Leid verursachen und im Gesundheitssystem zu hohen Kosten führen (z. B. Drogenmissbrauch, jugendliche Delinquenz, Essstörungen, Depression oder Schizophrenie). Die Systemische Therapie ist darüber hinaus ein besonders kostengünstiges Therapieverfahren aufgrund einer vergleichsweise geringen Sitzungszahl« (WBP vom 14.12.2008 zur wissenschaftlichen Anerkennung der Systemischen Therapie).

1.3 Zu Aufbau und Gestaltung

Aufbau und Systematik orientieren sich an der inhaltlichen Zweiteilung: Im Zentrum stehen Fallbeispiele (Kapitel 5). Den Rahmen bildet das dafür hilfreiche theoretische Wissen (Kapitel 2–4) sowie zusammenfassend und abschließend der »Kritische Ausblick« (Kapitel 6).

Die »generischen Prinzipien als Partitur für die Therapie«, verbunden mit der Theorie der Selbstorganisation, werden bewusst an den Anfang gestellt. Ansonsten erlaubt diese Darstellung dem Leser, zwischen Fallbeispielen und Theorieteilen hin- und herzublättern und sich aus den Teilen sein Mosaik selbst zusammenzustellen.

Die Fallbeispiele (sechs ausgewählte Therapien aus den Jahren 1995–2010) sind nicht geschönt, sondern wörtlich von Videobändern transkribiert. Sie sind aus dem Schweizerdeutschen ins Hochdeutsche übersetzt und anonymisiert worden.

Selektiv sind die Beispiele nur insofern, als – mit dem Fokus auf dem Interpersonellen und Interaktionellen – Therapien im Mehrpersonensetting einen Schwerpunkt bilden.

Die wesentlichen Lerninhalte werden zusammenfassend in einer kurzen »Übersicht« und mit »Schlüsselwörtern« jeweils an den Anfang des Fallbeispiels gestellt. Meine Überlegungen als Therapeut, die Indikationsentscheidungen, das, was ich mir im fortlaufenden Prozess dazu überlege, sind als »Kommentar, Vorgehen und Fallen« (Dos and Don'ts) eingeschoben. Die »generischen Prinzipien«, sozusagen der rote Faden für das Fallverstehen, werden entsprechend hervorgehoben.

1.4 Meine theoretische Position

Das Wissen um die Systemqualität, Nichtlinearität und Selbstorganisation menschlichen Handelns, Fühlens und Denkens hat mich über Jahre geprägt und ist bis heute meine geistige und therapeutische Heimat. Dementsprechend bilden natur- und systemwissenschaftliche Ansätze komplexer, selbstorganisierender Systeme eine Art Metatheorie (Strunk u. Schiepek, 2006; Kriz, 2010), verbunden mit Theorien aus der Psychologie und den Sozialwissenschaften.

Zunehmend werden auch die Psychotherapeuten mit systemwissenschaftlichen Konzepten aus Komplexitäts- und Neuroforschung konfrontiert, »die das Gehirn als komplexes, sich selbst organisierendes System mit nichtlinearer Dynamik verstehen und neue Erklärungen für Systemleistungen wie auch Systementgleisungen anbieten. Damit wird nachvollziehbar, wie Interaktionen mit der Umwelt und soziale Erfahrungen bis hin zum gesprochenen Wort die Dynamik von Nervennetzen nachhaltig und langfristig verändern können« (Singer in Schiepek, 2010, S. VI).

Auch wenn die aus Physik und Mathematik entwickelten systemtheoretischen Modelle vornehmlich in der (Hirn-)Forschung zur Anwendung kommen und für den Praktiker in ihrer Begrifflichkeit oft schwer verständlich sind, ergeben sich daraus Konsequenzen für die Psychotherapie:
– mechanistische Vorstellungen der zielgerichteten und gesteuerten Veränderung von Menschen sowie radikalkonstruktivistische Positionen aufgeben (Kriz, 2004),
– Störungen als dynamisches System von Krankheit und Gesundheit erfassen,
– Patienten und Klienten als an Kooperation interessierte Menschen erkennen,
– therapeutische Prozesse im Kontext verstehen und gestalten,
– instabile Phasen als inputsensible Phasen nutzen und sparsam intervenieren,
– systemkompetente (Schiepek, 1999) Therapeuten ausbilden.

Ein solches psychotherapeutisches Modell ist ein systemisches. Es orientiert sich nicht an monothematischen Ansätzen wie Aufarbeiten als Vergangenheit ohne Zukunft oder Lösungsorientierung als Zukunft ohne Vergangenheit (Hildenbrand, 2011). Indem Bewältigungs- und Klärungsorientierung miteinander verbunden werden, beinhaltet ein solches Verständnis mehr als Symptombekämpfung. »Many clients come to therapy, not primarily because they have specific symptoms, but they have serious problems or difficulties with close relationships in their personal lives« (Orlinsky, 2011, S. 6). In diesem Sinne kann und muss auch die Auseinandersetzung mit existenziellen Problemen, Lebensentwürfen, Sinnfragen oder spirituellen Themen Teil von Psychotherapie sein (Dick-Niederhauser, 2009; Orlinsky, 2011).

Therapieren heißt nicht disziplinieren. Systemische Therapie hat in ihrem Menschenbild eine Haltung des Kooperierens anzubieten: »Kooperieren verstehe ich als eine andauernde Bemühung, meine Möglichkeiten mit den Anliegen meiner Klienten zu vereinbaren. Das Ergebnis davon nenne ich ›Auftrag‹. Dies definiert den Bereich, in dem ich befugt bin, zu intervenieren, sprich: mich einzumischen. Ein Miteinander-Operieren – eine Ko-Operation von Menschen mit je eigenen Merkmalen, die sich in der Therapie in komplementären Rollen begegnen – schließt ein einseitiges Bestimmen und gehorsames Einfügen aus« (Ludewig, 2006, S. 18).

Aber auch für die eigene Position gilt: Sie soll so lange gelten, wie sie für die Praxis, das heißt für die Patienten und Klienten, hilfreich ist und die Wirksamkeit, Zweckmäßigkeit und Wirtschaftlichkeit nachweisbar bleibt.

1.5 Verstehen heißt Fragen stellen

»Die Praxis und die damit verbundenen kritischen Fragen liegen Ihnen am Herzen. Psychologie als Wissenschaft kann Ihnen helfen, die richtigen Fragen zu stellen.« Was mein damaliger Lehrer, Professor Klaus Foppa, anlässlich meiner Abschlussprüfung in Psychologie wohlwollend ausdrückte, begann ich erst Jahre später zu verstehen: »Wichtig ist, dass man nicht aufhört zu fragen« (Einstein, zit. nach Calaprice, 1997, S. 97).

In der Wissenschaft wie in der Therapie gilt, dass die Frage wichtiger ist als die Antwort (Tomm, 1994). Entscheidend dabei ist, wie Fragen gestellt werden und welche Richtung damit eingeschlagen wird, um eine Antwort zu finden (Simon u. Rech-Simon, 2004).

»Die meisten [Lehrer] vertrödeln die Zeit mit Fragen, und sie fragen, um herauszubekommen, was der Schüler nicht weiß; während die wahre Fragekunst sich darauf richtet, zu ermitteln, was der andere weiß oder zu wissen fähig ist« (Einstein, zit. nach Calaprice, 1997, S. 73).

Dies gilt im Besonderen für die Psychotherapie: Richtig fragen heißt – wie im sokratischen Dialog – auch richtig zuhören. Es bewahrt den Therapeuten vor der Versuchung, unter dem Druck von Problemen in mechanistisches Handeln zu fallen. Auf der Suche nach Anschluss und passenden, gelingenden Interventionen geht es auf den Therapieprozess bezogen immer wieder um Fragen wie:

- Habe ich den richtigen Schlüssel?
- Wie bleibe ich am Ball?
- Wer gehört mit ins Boot?
- Was, wie und wann sage ich etwas?

Mit zunehmendem Einblick in die Komplexität und die Turbulenzen menschlicher Beziehungen oder dann, wenn »Kochrezepte« nicht richtig gelingen wollen, stellen sich aber auch dem Praktiker Fragen, die über Rezepte hinausweisen:
- Welche Bedeutung hat die Störung? Welche Diagnose eröffnet einen therapeutischen Prozess?
- Welches ist der passende Versorgungskontext (ambulant), welches das passende Therapiesystem (Einzelperson, Paar, Familie)?
- Was soll und kann verändert werden und was war schließlich hilfreich?

1.6 Therapie lehren und lernen

Auch erfahrene Psychotherapeuten besuchen pflichtbewusst Fortbildungen, lassen sich supervidieren oder für Neues inspirieren. Allzu oft vergessen sie aber, wie viel sie im Praxisalltag von den Patienten gelernt haben und nun als Experten eine Kompetenz besitzen, einen riesigen Erfahrungsschatz, aus dem sie schöpfen und voneinander und füreinander lernen und lehren können.

Dieses Wissen beinhaltet Fertigkeiten, mit denen hoch komplexe Zusammenhänge oft automatisch und ohne großes Nachdenken als »Bauchentscheidungen« erfasst werden (Gigerenzer, 2007) und im impliziten, prozeduralen Gedächtnis gespeichert sind. Meist sind es emotional bedeutsame, aber nicht strukturierte, unsystematische Erfahrungen, die sich als Basics im Gedächtnis festgesetzt haben und bei der Navigation durch die Turbulenzen helfen.

Das Einzelkämpfertum hat seine Spuren hinterlassen, auch wenn die Einzelpraxis mit der Zeit durch integrierte Versorgungsnetze (Managed-care-Modelle) ersetzt werden wird. Gerade Psychotherapeuten und Berater in der freien Praxis bleiben mit sich und ihren Fragen allein und/oder scheuen sich, ihr Wissen weiterzugeben.

Dieses Wissen am Modell hilft Lernenden, Psychotherapie in Aktion zu erleben, und dem Lehrer, das eigene Tun neu und differenzierter zu begreifen. »Therapeuten müssen Experten sein, Anfänger müssen Experten werden« (Sachse, 2010, S. 4).

Wer sich als Ausbildner an nichtlinearen, prozessorientierten Konzepten der Komplexitätsforschung orientiert, wird merken, dass sich Stoffvermittlung, jenseits einer linearen Didaktik, in erster Linie an Kompetenzzielen orientieren muss, damit der Transfer in die Praxis gelingen kann. »Willst du erkennen, lerne zu handeln«, wie der Konstruktivist Heinz von Foerster (1985, S. 60) gesagt hat.

Therapeutische Kompetenz als Fähigkeit, sich in andere hineinzuversetzen und -zufühlen, entwickelt sich nicht in erster Linie über theoretische Wissensvermittlung (Herschell et al., 2010). Die Erforschung des Spiegelneuronensystems legt nämlich die Vermutung nahe, »dass die Korrespondenz von Ausführung und Beobachtung einer Handlung die Grundlage einer direkten Form des Handlungsverständnisses sein könnte« (Gallese, Bertram u. Buccino, 2011, S. 324).

Damit erhält von neurowissenschaftlicher Seite das »Lernen am (Therapeuten-)Modell« eine neue Aktualität und die Erfahrung von Lehrenden und Lernenden, warum insbesondere das beobachtende und vergleichende Nachvollziehen solider Maßarbeit eine »direkte Form des Handlungsverständnisses« sein könnte, wird erklärbar.

Die Kompetenz im Gedankenlesen von sensorischen Erfahrungen und das Erkennen von interpersonellen Prozessen kann zum Beispiel anhand von Videoaufnahmen passgenau nachvollzogen und eingeübt werden. Die audiovisuelle Präsentation der eigenen Arbeit, dieses austauschende Teilen und Mitdenken, eröffnet ein Feld für Neuentdeckungen. Qualitätssicherung wird nicht proklamiert, sondern in wechselseitigen Feedbackprozessen praktiziert.

Das ist ebenfalls ein Grund, warum in diesem Buch der Leser in den Therapieverlauf hineingenommen wird und Fallbeispiele nicht nur zur Veranschaulichung einer Theorie dienen. Im Zentrum steht die Frage nach der Passung, zum Beispiel bei
– Familie Haller und ihrem drogengefährdeten Sohn (18 Jahre), der kurz vor dem Abbruch seiner Lehre steht, aber alles »easy« sieht (Fallbeispiel 1).
– Frau Fausey, die ins Frauenhaus flüchtet und es mit ihrem Ehemann

aus Kenia mit Hilfe einer Paartherapie doch noch einmal versuchen möchte (Fallbeispiel 2).
- Familie Kamber, die seit Jahren unter dem asozialen Verhalten ihres Sohnes (26 Jahre) leidet, der aber bisher keine (psychiatrische) Intervention geholfen hat (Fallbeispiel 3).
- Max, der auf dem Pausenhof brutal zusammengeschlagen wurde und seitdem von seiner sekundär traumatisierten Mutter behütet wird (Fallbeispiel 4).
- Frau Niederhauser, die eine erste Therapie im Zusammenhang mit sexuellen Übergriffen in der Kindheit abbricht, aber fortgesetzt Hilfe sucht (Fallbeispiel 5).
- Melanie, die fremdplatziert ist, zur Psychotherapie geschickt wird, obwohl niemand genau weiß, was das soll (Fallbeispiel 6).

Erst im Nachvollzug therapeutischer Prozesse wird deutlich, dass keine detaillierten Regeln festgeschrieben sind, man aber dennoch vieles richtig, aber eben auch einiges falsch machen kann. Dies allerdings verlangt die Bereitschaft, sich in die Karten schauen zu lassen, eigenes Können zu reflektieren und als Praxiswissen zur Diskussion zu stellen.

1.7 Komplex erfassen: Wer will was?

Fallbeispiel A:

Herr Berisha (29 Jahre) aus dem Kosovo, seit 20 Monaten Asylbewerber (Folteropfer), meldet sich, da es ihm in letzter Zeit zunehmend schlechter gehe (Bauch- und Kopfschmerzen, Bewusstseins- und Schafstörungen, Schuldgefühle, Heimweh …). Angemeldet wurde er durch Frau Frey, seine Vertrauensperson, die ihn auch in ihrer Familie beherbergt. In der ersten Stunde erzählt er seine Geschichte als politischer Flüchtling, erwähnt körperliche Schmerzen und äußert seine Hoffnung, dass »diese mit Therapie bald abnehmen werden«.

Fallbeispiel B:

Frau Mosimann (33 Jahre), verheiratet und Mutter von zwei kleinen Kindern, meldet sich in meiner Praxis. Schon vor etwa zwei Jahren haben einige Sitzungen, teilweise unter Einbezug ihres Ehemannes, stattgefunden. Er sei es auch gewesen, der sie nach familiären Streitereien wieder »zum Psychologen« geschickt habe. Sie fühle sich in ihrer Haut und in der nachbarschaftlich-verwandtschaftlich dominierten Umgebung (Familie des Ehemannes) nicht wohl. Sie sei unausgeglichen, gereizt und ziehe sich immer mehr zurück. Auch ihre Kinder würden inzwischen unter ihren Stimmungsschwankungen leiden. Schlechte Gedanken (von zu Hause auszuziehen) würden sich zunehmend in ihrem Kopf festsetzen.

Fallbeispiele, die zum Ausdruck bringen, was in der Theorie ein komplexes System beschreibt: viele, oft auch noch unbekannte, miteinander wechselwirkende Teile, aus deren Interaktion in der Regel kompliziertes und schlecht voraussagbares Verhalten zu erwarten ist. Das normale, oft komplizierte Leben steht hinter dem Leidensdruck, der Menschen zum Psychotherapeuten führt. So kommen Patienten erst einmal, um ihren Sorgenkübel zu leeren, in der Hoffnung, dass ihr Gegenüber sie auch dann noch akzeptiert, wertschätzt und ihnen beim Sortieren oder Aufräumen hilft.

Welcher Therapieschule der Therapeut auch immer angehört: Klienten bringen ihre Lebensentwürfe und ihren Lebenskontext immer mit. Dabei geht es vorerst weniger darum, als Experte die Beschwerden als »Depression« oder als »Posttraumatische oder Borderlinestörung« einzugrenzen, sondern einen Klärungsprozess anzubieten und Optionen aufzuzeigen, wer was will.

Zum Fallbeispiel A: Welche Rolle spielen die Foltererlebnisse? Sind die Schmerzen psychisch oder physisch bedingt? Welche Rolle spielt der kulturelle Kontext? Was erwartet Herr Berisha von mir?

Damit sich auf Fragen Antworten ergeben, darf Leiden nicht vorschnell psychologisiert oder pathologisiert, individualisiert oder familisiert werden. Ein Experte der Therapie von Folteropfern beschreibt es so: »In der Therapie geht es darum, die Ereignisse als gesellschaftliche Machtstrukturen zu erkennen und sie nicht in Krankheiten und Symptome zu verwandeln« (Mehari, 2001, S. 23).

Zum Fallbeispiel B: Welche Rolle spielen der Ehemann, die Kinder, die Verwandten von Frau Mosimann? Wer soll wie einbezogen werden? Oder ganz allgemein:
- Wer leidet und/oder wer ist Patient (Klientensystem)?
- Wer oder was macht Probleme und welche störungsspezifischen Muster zeigen sich (Problemsystem)?
- Welche Interessen, Bedürfnisse, Bindungen oder Hierarchien im sozialen Umfeld müssen beachtet werden (Therapiesystem)?
- Wo liegen Ressourcen und Kompetenzen (Lösungssystem)?

1.8 Einfach handeln: Wie mache ich das?

Auch einem routinierten Kollegen fällt es schwer, auf die Frage »Was genau machst du eigentlich mit deinen Patienten oder Klienten?« eine einfache Antwort zu geben. »Ich lasse soviel wie möglich die reine Erfahrung über die therapeutischen Ziele entscheiden«, meinte vor über fünfzig Jahren C. G. Jung, sozusagen die Komplexität vereinfachend (zit. nach Alt, 1991, S. 89).

Aus Angst vor einer Banalisierung des Metiers scheuen sich auch erfolgreiche Kollegen und Kolleginnen, einfache, erfahrungsorientierte Antworten wie »Zuwendung, Wertschätzung« usw. zu geben. Vielleicht liegt aber gerade darin das Kunstvolle, das »Geheimnis therapeutischer Wirkung« (Hain, 2001): »Das Einfache ist nicht das Simple, sondern es ist das Komplexe, das sich nichts anmerken lässt«, wie es der Autor Franz Hohler in einer seiner Poetik-Vorlesungen formulierte (Hohler, 2010, S. 45).

Auf dieser Spurensuche wird man entdecken, dass Komplexes einfacher und Therapien mitunter kürzer und vielleicht auch schöner werden. Oft kommen Klienten gerade dann auf den Punkt, wenn die selbstorganisatorischen Kräfte im Inneren eines Systems, insbesondere Instabilitäten und systemeigene Kompetenzen, mit wenigen, aber passenden Impulsen genutzt werden. Wichtig ist, dass der Therapeut selbst daran glaubt, davon überzeugt ist, was er macht (»allegiance«). Dies hat größeren Einfluss auf das Behandlungsergebnis als die Therapieschule oder die Manualtreue (Wampold, 2001; Revenstorf, 2009). Vielleicht liegt es gerade daran, dass Therapien auch schön sein können.

Und oft sind es dann ja die Patienten, die mit einfachen Antworten den Therapeuten – manchmal noch Jahre nach einer Therapie – verblüffen: »Ihr Satz, dass ich weiterhin für meine Tochter der Leuchtturm in der Brandung sein soll, war entscheidend« oder »Sie selber haben ja nicht viel gemacht, aber unsere Herzen geöffnet« (vgl. Kapitel 5, Fallbeispiel 2).

Zum Fallbeispiel A (siehe 1.7):

Im Fall des Asylbewerbers Herrn Berisha normalisiere ich das »Abnormale«, bringe die körperlichen Symptome mit der erlebten Folter in Zusammenhang. Ich mache dem Klienten deutlich, dass er zwar leide, aber nicht krank sei, das Ziel der Folter (Zerstörung der Persönlichkeit) also nicht erreicht werden konnte.

Auf die Frage in der zweiten Sitzung 14 Tage später, wie er seinen psychischen Zustand heute auf einer Skala von 1 bis 10 einschätze, gibt er sich zur großen Überraschung des Therapeuten eine 8! (Im Erstgespräch bewertete er seinen psychischen Zustand mit 0.)

In gebrochenem Deutsch begründet Herr Berisha diese Veränderung wie folgt:

»Seit dem ersten Mal, als ich hierher gekommen bin, waren Ihre Worte für mich immer große Worte. Sobald ich etwas Schwindel und Kopfweh verspürte, sagte ich mir sofort: Nein, ich bin nicht krank, und dann sind die Schmerzen weggegangen. Ich sagte mir: Es wird nicht schlimmer, sondern besser. Immer, wenn dieser Schwindel kam, habe ich mir sofort gesagt: Nein, du bist nicht krank – und darum geht es mir besser.«

Zum Fallbeispiel B (siehe 1.7):

»Eigentlich müsste als Nächstes die ganze Familie da sitzen«, bemerkt Frau Mosimann gegen Ende des Erstgesprächs. Ihre Mimik wirkt sichtbar offener, der Tonus entspannter, als ich sie dabei unterstütze, einen entsprechenden Termin in einem »erweiterten Setting« abzumachen. Nach zwei weiteren Familiensitzungen teilt sie mir mit: »Im Moment

geht es sehr gut, und ich war stabil seit dem letzten Termin. Ich habe mich entschieden, den Weg hier weiterzugehen. Mit meiner Schwiegermutter und Schwägerin habe ich oftmals gute Gespräche und es bewegt und tut sich was. Hoffentlich kann ich auf diesem Weg bleiben, er macht Spaß.«

Dass Therapie nicht allein in der Sitzung geschieht (Fallbeispiel B), sondern die Hauptarbeit der Klient zwischen den Sitzungen quasi in »Heimarbeit« selbst macht, ist zwar trivial, wird aber in der Reflexion therapeutischer Interventionen oft vergessen: »Vor der Stunde überlege ich mir eigentlich nicht viel. Der Prozess läuft, wenn ich hier wieder weggehe.« Entwicklungen oder Veränderungen, ausgelöst durch Ereignisse im Umfeld von Klienten, stehen oft in keinem sichtbaren oder kausalen Zusammenhang mit der therapeutischen Intervention. Systeme organisieren sich selbst neu, nicht selten zum Erstaunen ihrer Therapeuten: »Frau Baumann erbricht sich seit drei Wochen nicht mehr, und ich weiß gar nicht, was ich gemacht habe.«

In diesem Sinne brauchen Therapeuten eine Theorie der Veränderung und der Kooperation. Ein systemisches, das heißt ein kontext- und prozessorientiertes Metamodell, dem ich mich im nächsten Kapitel zuwende, kann helfen, therapeutischen Wandel in seiner Komplexität besser zu verstehen und als Therapeut einfach(er) zu handeln.

2 Generische Prinzipien: Die Partitur für die Therapie

»Das Wissen um die generischen Prinzipien
selbstorganisierender Prozesse kann therapeutisches
Handeln organisieren, vereinfachen und begründen«
(Haken u. Schiepek, 2006, S. 441).

2.1 Musterhafter Wandel: Zur Theorie der Selbstorganisation

Patienten sind oft in ihren Denk- und Handlungsmustern gefangen. Dies zeigen auch die Fallbeispiele in diesem Buch. Ganz allgemein aber gilt, dass den Betroffenen bei psychischen Störungen die Flexibilität verloren geht. Maßnahmen und auch therapeutische Gespräche scheinen oft lange Zeit wenig ändern zu können. Plötzlich aber zeigt der Patient unerwartete Fortschritte oder Veränderungen im Umfeld des Patienten stoßen eine überraschende Entwicklung an. Dass diese, oft auch zum Erstaunen des Patienten, seiner Angehörigen und des Therapeuten selbst, nicht zufällig, sondern musterhaft verlaufen, ist Teil der Forschung zur nichtlinearen Dynamik selbstorganisierender Systeme (Haken u. Schiepek, 2006).

Schon C. G. Jung erkannte die Komplexität des psychischen Systems: »Die Angepasstheit eines psychischen Systems bezieht sich aber auf die jeweilige Zeitlage und Umweltbedingung und ist daher nicht für immer und ewig festgelegt. Die Angepasstheit ist ein stetig fortschreitender Vorgang, welche die ebenso stetige Beobachtung des Wechsels der äußeren und inneren Gegebenheiten zur unerlässlichen Voraussetzung hat« (zit. nach Alt, 1991, S. 90) und der Gestaltpsychologe Wolfgang Metzger (1899–1979) postulierte: »Ordnung kann unter Umständen von selbst – ohne das Eingreifen eines ordnenden Geistes – entstehen« (Metzger, 1963, zit. nach Schiepek u. Schönfelder, 2007, S. 54).

Später dann waren es vor allem Experimente aus den Natur- und Neurowissenschaften (z. B. Kelso, 1995), mit denen man zeigen konnte, dass schon kleine Störungen zum Umkippen von (motorischen) Bewegungsmustern führen. Dass dieser musterhafte Prozess sich dann auch noch mathematisch beschreiben ließ, läutete in der Tat einen Paradigmenwechsel ein (Haken u. Schiepek, 2006). Damit wurde ein Weg beschritten weg von der Idee eines zentralen Programms, das das Verhalten steuert, hin zum Konzept der Selbstorganisation als ein universelles Prinzip der Ordnungsbildung und des Ordnungswandels.

Ähnlich wie in physikalischen Systemen erzeugt auch in biologischen Systemen das neuronale Zusammenspiel beim Menschen zwar geordnete Zustände, aber mit nur wenig stabilen Mustern. Entsprechend sind es die Kippvorgänge und Fluktuationen, die zu neuen Ordnungszuständen führen. Wandel findet nicht kontinuierlich statt. Zufall und Unvorhersehbarkeit spielen eine große Rolle, wenn Systeme ins Kippen geraten, wie auch jüngste Beispiele aus Politik, Wirtschaft und Umwelt zeigen (Hungersnöte in Afrika, Finanz- und Schuldenkrisen, die atomare Katastrophe in Fukushima, der Klimawandel).

Diese nichtlineare Dynamik in neuronalen Netzwerken gilt auch für Psychotherapie, wie in Forschungen zur »Neurobiologie der Psychotherapie« (Schiepek, 2011a) gezeigt werden konnte.

Heilung in der Lesart der Selbstorganisation ist der Übergang von einem krankhaften Ordnungszustand in einen anderen Ordnungszustand mit gesundem, flexiblem Verhalten. Eine dauerhafte Besserung lässt sich dabei nicht durch vorübergehenden äußeren Druck herstellen. Wandel wird im Inneren eines Systems (Gehirn, Individuum, Paar, Familie) erzeugt (generiert), ohne dass dem ein erkennbares Umweltereignis entspricht bzw. eindeutig einer therapeutischen Intervention zugeordnet werden kann (vgl. dazu auch Kapitel 3.1).

Um eine neue Ordnung zu bilden, müssen selbstorganisierende Systeme zunächst aus dem Gleichgewicht geraten. Solche »Zwischenzustände« sind durch kritische Instabilität gekennzeichnet (z. B. Turbulenzen in bio-psycho-sozialen Systemen). Sie sind zwar selbstorganisatorisch geregelt, die Gesetzmäßigkeiten aber oft nicht nachvollziehbar. »Die Hummel hat eine Flügelfläche von 0,7 cm^2 bei 1,2 g Körpergewicht. Die Gesetze der Physik lehren uns, dass es unmöglich ist, so zu fliegen. Die Hummel weiß das nicht und fliegt trotzdem und dies mit höchster Präzision« (Einstein, zit. nach Calaprice, 1997, S. 25).

Für die Psychotherapie heißt dies: Veränderung geschieht eher sprunghaft, angestoßen durch Ereignisse im Umfeld des Patienten oder auch durch Impulse in der einen oder anderen Therapiesitzung.

Die dazu notwendig Energie speist sich in der Therapie meist aus dem Leidensdruck des Patienten (oder seiner Angehörigen) und dem Willen zu positiver Veränderung.

Der Therapeut versucht in einem Therapiesystem dafür günstige, die Motivation fördernde Bedingungen zu schaffen. Dafür sollte die Behandlung transparent, interaktiv, plausibel und auch zeitlich passend sein. »Eigentlich habe ich ja schon vor der Therapie gewusst, was sich bei uns verändern müsste« (Klientin im Anschluss an eine Paartherapie). Mit anderen Worten: Eingriffe in (Klienten-)Systeme sind nur dann effektiv, wenn diese sich bereits in einem instabilen Zustand befinden.

Es geht also nicht darum, Störungen von außen aufzubrechen, sondern sie in Bezug zu inneren Veränderungen des Systems (Autopoiese) aufzulösen. Interventionen müssen deshalb mit den Lebensentwürfen, den Wünschen, Bedürfnissen und Möglichkeiten des/der Betroffenen übereinstimmen.

Studien haben zudem gezeigt, dass diese Phasen der Instabilität (Zwischenzustand) in ganz unterschiedlichen Abschnitten der Behandlung stattfinden (Schiepek u. Schönfelder, 2007). Sie künden sich zwar an (»rapid early responses«, Schiepek, 2011a, S. 23), oft aber nicht dann und dort, wo der Therapeut sie vermeintlich verortet. Genauso können sich Symptome – auch ohne symptomorientiertes Arbeiten – unerwartet schnell verbessern (»sudden gains«, Schiepek, 2011a, S. 23).

Veränderungen laufen und zeigen sich diskontinuierlich. Fixen Behandlungsplänen erteilt die Theorie der Selbstorganisation damit von vornherein eine Absage. Diese Sichtweise verlangt flexible Therapeuten, die sich in ihrem Vorgehen vom Patienten führen lassen (»Du weißt es, du sagst es mir«, Bowlby, 1988, S. 151).

Diese Erkenntnisse stützen auch eine Idee des mittelalterlichen Arztes und Philosophen Paracelsus: Eine Behandlung bietet immer nur den Rahmen für die natürlichen Heilungsprozesse. Aufgabe der Psychotherapie ist es, die optimalen Rahmenbedingungen dafür zu schaffen – von der Ebene der Neurobiologie bis zum familiären, sozialen und gesundheitspolitischen Umfeld.

Die Psychotherapie braucht Theorien, die die Eigendynamik und die spontanen Musterbildungsprozesse von Systemen (z. B. Patient, Klient) mit der Dynamik externer Prozesse (z. B. Kontext von Patient und Therapeut) in Zusammenhang sehen.

Damit ist die therapeutische Orientierung an der Kompetenz von Patienten zentral und als einer Kraft im Inneren von Klientensystemen auch wissenschaftlich begründbar, oder wie es der Psychiater Ausloos für die therapeutische Arbeit formuliert: »Eine Familie kann sich nur solche Probleme stellen, die zu lösen sie auch selber in der Lage ist« (2000, S. 25). In dieser Konsequenz wird Kooperation nicht nur proklamiert, sondern konzeptualisiert (siehe Fallbeispiele).

Im Verständnis der Selbstorganisation können prinzipiell alle psychotherapeutischen Methoden helfen, die die Ordnungsbildung in der Psyche beeinflussen und so (nichtlineare) Veränderungsprozesse anstoßen. Welche Mittel und Maßnahmen am besten Veränderung bewirken, hängt weniger vom Störungsbild als vom relevanten System, das heißt vom jeweiligen Patienten, den Mitbetroffenen, dem Behandlungskontext und dem Können des Therapeuten ab (Norcross, 2002; Lambert, 2010b).

Generische Prinzipien entsprechen in gewissem Sinne auch den allgemeinen, *unspezifischen Wirkfaktoren*, die Psychotherapieforscher schon seit den 1960er Jahren diskutierten (z. B. Zuversicht, Änderungsbereitschaft, Beziehung zum Therapeuten).

Darüber hinaus lassen sich aber aus der Theorie der Synergetik Bedingungen für die Gestaltung selbstorganisierender Entwicklungen als *spezifische Prozessmerkmale (Prinzipien)* generieren. »Auf der Grundlage dieser Prinzipien wird versucht die Befundlage der sogenannt unspezifischen Wirkfaktoren in der Psychotherapie kritisch zu rekapitulieren und im Sinne spezifischer Prozessmerkmale zu interpretieren« (Haken u. Schiepek, 2006, S. 436). Indem Psychotherapeuten befähigt werden, Klientenfeedbacks aus therapeutischen Prozessen richtig oder besser zu lesen, werden sie gleichsam zu Erforschern ihrer eigenen Praxis.

Vergleichbar mit der Partitur für die Interpretation eines musikalischen Werks steht dem Therapeuten eine »Partitur für die Therapie« zur Verfügung, die ihm hilft, Therapie auf gleicher Augenhöhe mit Patienten zu organisieren, zu vereinfachen und zu begründen. »Alles soll so einfach wie möglich gemacht werden, aber nicht einfacher« (Einstein, zit. nach Calaprice, 1997, S. 34).

2.2 Generische Prinzipien: Zur Praxis der Selbstorganisation

Auch wenn die Forschung die Frage, wann und wie ein Blatt vom Baum fällt, nie genau beantworten wird, kann sie helfen, Bedingungen oder Prinzipien zu verstehen, die selbstorganisierenden Prozessen zugrunde liegen. Die von Schiepek für die Psychotherapie formulierten generischen Prinzipien sind gewissermaßen Bausteine, aus denen sich Heuristiken für die Psychotherapie entwickeln lassen. Mit ihrer Hilfe geht es darum, für die jeweilige Fallkonzeption
– eine theoretische Fundierung des praktischen Handelns zu ermöglichen;
– eine prozessadäquate Organisation des Behandlungsverlaufs zu erreichen;
– zu einer Komplexitätsreduktion beizutragen, indem die Vielzahl möglicher Interventionen vor dem Hintergrund weniger Kriterien beurteilt wird und so »Handeln vereinfacht«;
– Fallen und Hürden zu erkennen und auch (unerwartete)Probleme im Therapieverlauf besser zu verstehen.

»Es handelt sich dabei nicht um ein Phasenmodell, das der Eigendynamik menschlicher Entwicklungsprozesse eine normative Schrittfolge aufzwingen würde, sondern um Kriterien, die es permanent zu beachten gilt, die aber in unterschiedlichen Phasen der Psychotherapie unterschiedliche Bedeutung erhalten können« (Haken u. Schiepek, 2006, S. 437).

Diese Prinzipien sind den störungsspezifisch orientierten Interventionen übergeordnet und dienen als Filter und Kriterien für kontinuierlich, adaptive Indikationsentscheidungen (Abbildung 1, S. 41). Als Partitur helfen sie dem Therapeuten nicht nur bei der Fallkonzeption, sondern in der Gestaltung therapeutischer Prozesse den richtigen Ton und den passenden Rhythmus zu finden, Wichtiges von Unwichtigem zu unterscheiden. So lassen sich aus dem Prozess heraus Instabilitäten und Stagnationen erkennen.

Als generische Prinzipien gelten:
– Herstellen von Stabilitätsbedingungen [1],
– Erkennen von Mustern des relevanten Systems [2],

- Sinnbezug [3],
- Kontrollparameter identifizieren und Energetisierung ermöglichen [4],
- Destabilisierung – Erkennen und Gestalten von Phasen der Instabilität [5],
- »Kairos« – Passung mit psychischen und sozialen Prozessen in der Zeit [6],
- Zielorientierung – Symmetriebrechung ermöglichen [7],
- Restabilisierung – Etablieren neuer Strukturelemente [8].

Diese werden im Folgenden ausgeführt und erläutert (Haken u. Schiepek, 2006, S. 436 ff.) und mit einer Auswahl an Fragen ergänzt, die der Therapeut sich selbst und in angepasster Form auch seinen Klienten stellen kann. Sie ermöglichen es, Indikationen zu prüfen und fallbezogen Entscheidungen für das Vorgehen zu treffen (vgl. Fallbeispiele in Kapitel 5).

Herstellen von Stabilitätsbedingungen [1]: Therapeutischer Wandel (Ordnungsübergänge) ist mit Destabilisierung verbunden. Damit in diesen instabilen Phasen auch entsprechend therapeutische Prozesse möglich werden, braucht es einen Kontext von Stabilität, das heißt stabile Rahmenbedingungen. Dazu gehören alle Maßnahmen zur Schaffung struktureller Sicherheit (Versorgungskontext, Therapieraum, Therapiesetting, Finanzierung, Behandlungsablauf, Verstehbarkeit und Transparenz des Vorgehens), die Beziehungsqualität und das Vertrauen zum Therapeuten (Glaubwürdigkeit, emotionale Standfestigkeit, Systemkompetenz, Therapie auf gleicher Augenhöhe) sowie der Zugang zu den Ressourcen und Kompetenzen des Klienten. Nicht nur in der Therapie mit traumatisierten Menschen (Fallbeispiele 4 und 5) zeigt sich, wie wichtig ein »sicherer Ort« ist, sondern ganz allgemein gilt ein tragendes therapeutisches System als der Boden für explorierendes Verhalten.
- Welche kontextuellen Bedingungen (Angehörige, Institutionen, Finanzierung, Transparenz im Vorgehen usw.) gilt es zu beachten (Kapitel 6)?
- Wer im Klientensystem leidet wie und wo liegt mein Auftrag?
- Welche Abwesenden sind als »Stabilisatoren« bedeutsam und müssten im Interesse des Patienten einbezogen werden?
- Wie finde ich mit Sprache und Gestik wertschätzend Anschluss?

Erkennen von Mustern des relevanten Systems [2]: Es gilt festzulegen, auf welches (bio-psycho-soziale) System sich die zu fördernden Selbstorganisationsprozesse beziehen sollen (Person, Paar, Familie, Institution). Die systemdiagnostische Fallkonzeption des Therapeuten liefert ein Bezugssystem für das Erfassen problematischer Kommunikations- und Beziehungsmuster oder intra- und interpersoneller Systemprozesse. Ein Problemverständnis dieser Muster bietet Ansatzpunkte für die Fallkonzeption, die Hypothesenbildung und passende Interventionen. Schulenspezifische Modelle wie die idiographische Systemmodulierung (Schiepek, 1999), Plan- oder Schemaanalyse (Caspar, 1996) oder die Arbeit mit Teilen (Ego States) können dabei hilfreich sein. Unterschiedliche Beziehungsmuster erfordern eine darauf abgestimmte Beziehungsgestaltung und Prozesssteuerung.

- Welches ist das relevante System für ein Problemverständnis (Emotion, Kognition, Bindungssystem, soziales und/oder institutionelles Umfeld)?
- Welches sind die Problembeschreibungen im Klientensystem?
- Was sind wiederkehrende, belastende oder störende Kognitions-, Emotions- und Verhaltensmuster? Welche (klinischen) Diagnostiken (auch standardisierte Methoden) können helfen, Störungs- und Problemmuster zu verstehen (Kapitel 4)? Welches sind meine Hypothesen?

Sinnbezug [3]: Patienten kommen oft mit dem Wunsch, das eigene oder das Verhalten anderer begreifen oder einordnen zu können. Oft ist es aber für sie schwierig, eine innere Stimmigkeit (Synergitätsbewertung, Sinn) in belastenden Erfahrungen zu finden. Insbesondere aber die durch Therapie intendierten Entwicklungsprozesse sollten als sinnvoll erlebt werden können und mit zentralen Lebenskonzepten und Sinnsystemen in Korrespondenz stehen. Erst so kann Verhalten, Denken und Erleben auch neu bewertet werden. Sinnbezug entspricht der Dimension der Bedeutsamkeit in Antonovskys »Kohärenzsinn« (Antonovsky, 1997) und steht in Bezug zu dem motivationalen Konzept der »Konsistenz« in Grawes Therapietheorie (Grawe, 1998). Nur für sinnvolle Projekte lohnt es sich, auch etwas zu investieren, und genau in diesem Sinne ist Klärungsorientierung wichtig.

- Welche Bedeutung, Funktion, Sinn haben bisherige (auch gescheiterte) Problemlösungsversuche? Welches sind die wirklichen (existenziellen) Probleme des Patienten? Welche sollen Thema in der Therapie sein?
- Welche Geschichten (Narrative) und Problembeschreibung machen im Lebensentwurf und Kontext des Patienten Sinn?
- Wie lässt sich die Externalisierung von Problemen (z. B. Klagen) internalisieren (z. B. Fokus auf Emotionen, Auslassungen in den Narrativen)?

Kontrollparameter identifizieren und Energetisierungen ermöglichen [4]: Selbstorganisation setzt die energetische Aktivierung eines Systems voraus. In der Psychotherapie heißt dies Herstellung motivationsfördernder, energetisierender Bedingungen (emotions-, kognitionsfokussiert) auf dem Boden von Anliegen, Zielen, Kompetenzen und Ressourcen der Patienten. Korrigierende Erfahrungen brauchen konsistente Ziele, um Lernbereitschaft zu erzeugen. Motivation geht einer Therapie nicht voraus, sondern sie ist Teil des therapeutischen Prozesses und wird sowohl vom Therapeuten, vom Therapiekontext als auch vom Lebensumfeld des Patienten mitgesteuert.

- Welche Interessen oder Systemebenen müssen beachtet werden (Kapitel 3)?
- Wer oder was macht Druck? Wo liegt der Widerstand?
- Wie kann ich dabei die Allparteilichkeit aufrechterhalten?
- Muss ich eher emotions- oder eher kognitionsfokussiert intervenieren?
- Gibt es Resilienzen oder wie und wo zeigen sich Ressourcen?
- Wie lassen sich Bindungen nutzen und Selbstwirksamkeit aktivieren?

Destabilisierung – Erkennen und Gestalten von Phasen der Instabilität [5]: Psychotherapie eröffnet veränderte Erfahrungsmöglichkeiten. Bestehende Muster werden destabilisiert. Damit verbundene Inkongruenzen wirken zunächst irritierend, auch wenn Klienten oft schon vorher das Gefühl entwickeln, dass bisheriges Verhalten, Denken und Fühlen nicht (mehr) adäquat ist (»eigentlich habe ich es ja schon immer gewusst«). Diese »inputsensiblen Phasen« werden therapeutisch in unterschiedlichen Techniken und Interventionen genutzt, um bestehende Muster zu

unterbrechen oder zu destabilisieren sowie Differenzierungen, Unterscheidungen und neues, ungewöhnliches Verhalten einzuführen, zum Beispiel durch den Einbezug von »Dritten«, durch Reframing, Übungen und Exposition.
- Wann und wie zeigt sich eine Phase »kritischer Instabilität«?
- Wie künden sich »Ordnungsübergänge« an und wie reagiere ich darauf?
- Welche meiner Interventionen oder Techniken (Gesprächsführung, Metaphern, Aufgaben, Übungen usw.) sind passend?
- Wie können Beziehungsressourcen (Support) dafür genutzt werden?

»Kairos« – Passung mit psychischen und sozialen Prozessen in der Zeit [6]: Angewandte therapeutische Heuristiken sollten dem aktuellen kognitiv-emotionalen (Entwicklungs-)Zustand von Patienten entsprechen. Vorgehensweise und Kommunikationsstil des Therapeuten müssen zu den psychischen, physischen Prozessen und Rhythmen des Klienten und seines sozialen Umfeldes passen. Merkmale wie Körperhaltung, Sprechgeschwindigkeit, Sprechpausen, Blickkontakt, Aufgreifen von Bildern, Metaphern und Redewendungen sind dabei zentral. Aber nur wenn Patienten auch eine entsprechende »Aufnahmebereitschaft« zeigen, können Therapien auch wirken. Die Interventionen des Therapeuten müssen daher zu Persönlichkeitsstil und aktueller Verarbeitungstiefe passen. Erst wenn die Bedürfnisschemata aktiviert sind, der Patient auch emotional involviert ist, werden Problembewältigung und neue Erfahrungen möglich.
- Passt mein (therapeutischer) Schlüssel? Wo sind die Fallen?
- Wann passt was und wie führe, steuere ich den Therapieprozess (aktiv – passiv, konfrontativ – abwartend, emotionsfokussiert – kognitionsfokussiert)?
- Wie zeigt sich Angst vor Veränderung beim Klienten bzw. bei mir als Therapeuten (Problemtrance, Schonverhalten)?
- Wie erhalte und wie lese ich Feedback (Resonanz)?

Zielorientierung – Symmetriebrechung ermöglichen [7]: In der Psychotherapie, insbesondere in Phasen kritischer Instabilität, kann schlecht vorausgesagt werden, wann und wie Veränderung bzw. Nichtveränderung eintritt (ähnliche Wahrscheinlichkeit entspricht Symmetrie).

Da oft kleine Fluktuationen über ihre Realisation entscheiden, ist die Vorhersehbarkeit (Prognose) gering. Um also Symmetriebrechungen in eine bestimmte Richtung zu lenken (Prozesssteuerung), können wie im Sport mit Hilfestellungen bestimmte Bewegungsabläufe unterstützt und mit neuen Erfahrungen in der Therapie erweitert werden. Die Entwicklung und Repräsentation von Zielen bekommt hier ihren Stellenwert. Ähnlich wie der Sportler vor dem Start kann der Klient einen intendierten (neuen) Ordnungszustand antizipieren (»future pacing«).
- Wie lässt sich Neues von Altem (mehr desselben) unterscheiden? Welche Übungen helfen den neuen Zustand zu antizipieren?
- Wer aus dem sozialen Umfeld (Partner, Eltern) kann den Patienten auf diesem Weg unterstützen und ihm Feedback (Resonanz) geben?

Restabilisierung – Etablieren neuer Strukturelemente [8]: Veränderung ist ein Prozess und dieser geschieht meist sprunghaft und schrittweise. Oft sind es Kaskaden von Ordnungsübergängen, die einen oft turbulenten Therapieverlauf beschreiben. Wo dann positiv bewertete Veränderungen erreicht wurden, gilt es diese in unterschiedlichen Situationen und Kontexten einzuüben, zu stabilisieren und zu automatisieren und so zugänglich und verfügbar zu halten. Je mehr sich Therapie im realen Leben und Lebenskontext des Patienten orientiert (z. B. Einbezug von Angehörigen, Partnern), desto mehr gelingt es, die neuen Muster in bestehende Selbstkonzepte zu integrieren. Maßnahmen zur Stabilisierung und Generalisierung neuer Kognitions-, Emotions- und Verhaltensmuster erzeugen Nachhaltigkeit.
- Wie lassen sich Problemlösungen und neue Skills im System festigen?
- Muss geübt werden (z. B. Skills-Training, Achtsamkeit usw.)?
- Wann ist der richtige Zeitpunkt zur Beendigung der Therapie? Wie mache ich mich als Therapeut überflüssig?

Dieses Wissen um die generischen Prinzipien selbstorganisierender Prozesse leitet die Fallkonzeption (Abbildung 1).

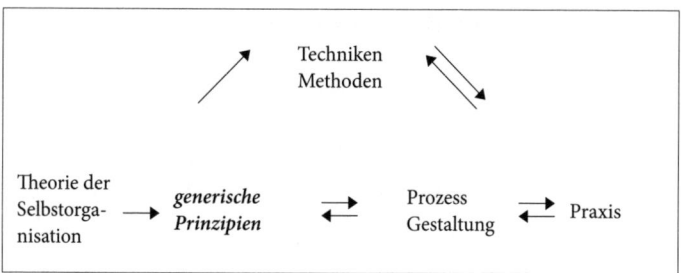

Abbildung 1: Generische Prinzipien als Partitur für die Therapie

»Interventionstechniken bieten dem Praktiker innerhalb der funktionalen Äquivalenz mehrere Techniken für die Realisierung jeweils eines Prinzips Spielräume und Wahlfreiheit« (Schiepek, 2008, S. 1040). Eine Normierung der Vielfalt von Stilen und Praxisformen ist also gerade nicht beabsichtigt. Im Gegenteil: Psychotherapeuten und Berater können damit ihre therapeutischen Kompetenzen (neu) begreifen und passende Essenzen in ihren eigenen Stil integrieren. Wie dies konkret gemeint ist und gemacht werden kann, lässt sich in den Fallbeispielen in Kapitel 5 Schritt für Schritt nachvollziehen.

3 Therapie mit Beziehungen

»Das einzige, worauf es wirklich ankommt, sind Beziehungen«
(Vaillant[4], 2009, S. 713).

Der preisgekrönte Auslandskorrespondent Eric Weiner sagte in einem Interview zu seinem Buch »Geografie des Glücks« (2008) auf die Frage »Hatten die glücklichen Länder, die Sie bereisten, etwas gemeinsam?«: »Einen gemeinsamen Nenner, der mir überall auffiel, ist: In allen glücklichen Ländern haben die Menschen gute, starke Beziehungen untereinander. Sie hatten hohes Vertrauen in ihre Familie, in ihre Freunde, aber auch gegenüber Fremden« (Weiner, 2008, S. 73).

Zentrale Bedürfnisse lassen sich also vor allem im interpersonalen Raum befriedigen und das Selbst (Bewusstsein, Identität) lässt sich nur handelnd in sozialen Beziehungen entwickeln. Dies gilt für die realen Alltagsbeziehungen genauso wie in gewissem Maße auch für die virtuellen (wie Facebook u. a.). Man kann sich also nicht allein selbst finden, wie dies in Therapiekonzepten vor Jahren suggeriert worden ist, denn »befriedigend lässt sich das Gehirn, das den menschlichen Geist und das menschliche Verhalten hervorbringt, nur verstehen, wenn wir seinen sozialen und kulturellen Kontext in Betracht ziehen« (Damasio, 1995, S. 18).

Beziehungen sind gleichsam der Dreh- oder Angelpunkt menschlicher Entwicklung, auch wenn soziale Beziehungen nur ein Spezialfall von Beziehungen sind. Sie unterliegen sowohl allgemeinen als auch spezifischen Regeln (Asendorpf u. Banse, 2000). Dies gilt für familiäre Beziehungen oder Paarbeziehungen genauso wie für die Unterscheidung der kollegialen und der Beziehung(en) im therapeutischen Setting.

Als solche sind soziale Beziehungen immer auch Gegenstand von Psychotherapie, denn wie von Schlippe und Theilig schreiben: »Niemand ist allein krank« (2005).

---

4 George Vaillant ist Psychiater und Leiter der Harvard University Health Services sowie einer der größten Langzeitstudien »Study of Adult Development« (2008).

Ob es sich nun um die Beziehung zwischen Therapeut und Klient oder die Beziehungen zwischen Klient und seinen Angehörigen handelt, immer geht es um eine soziale Beziehung als »ein seinem Sinngehalt nach aufeinander gegenseitig eingestelltes und dadurch orientiertes Sichverhalten mehrerer« (Weber, 1922/1980, S. 33).

Sowohl neuere Forschungen zur »social neuroscience« (Schiepek, 2011a) wie auch die Erfahrungen von Praktikern zeigen, dass dysfunktionale, auch neurobiologische Prozesse (z. B. pathologische Synchronisationsprozesse) letztlich nur in ihrem sozialen Kontext verstehbar sind und das Gehirn nur als »Beziehungsorgan« funktionstüchtig ist (Fuchs, 2008).

Mit diesen neurowissenschaftlichen Erkenntnissen erfährt die Psychotherapie eine wesentliche (systemische) Erweiterung. Dies gälte es als Ressource zu nutzen, gerade auch bei schweren psychischen Störungen (z. B. Traumata, PTSD). »Unabhängig vom traumatischen Stressor hat sich die soziale Unterstützung als eine der wichtigsten Moderatorvariablen bestätigt, die mit darüber entscheiden, ob erfahrene traumatische Belastungen bewältigt werden können oder als Krankheitsprozess chronifizieren« (Flatten, 2003, S. 450).

»Die Frage, ob ich mir die Übergriffe meines Vaters nur eingebildet hatte, beschäftigte mich enorm und kostete mich viel Energie. In der Therapie bekam ich immer wieder Anstöße, meinen Fokus zu verlegen, und erhielt ›Rüstzeug‹, um ein offenes Gespräch mit meinem Bruder zu führen. Das hatte ich mir schon lange sehnlichst gewünscht und nie den Mut und die Kraft dazu gefunden. Das prägendste Erlebnis war aber die Sitzung, an der meine Mutter teilgenommen hatte. Ich hätte nie und nimmer für möglich gehalten, dass dies überhaupt einmal geschehen könnte. Ich glaube, danach hat meine Mutter endlich erfasst, was geschehen ist« (Monika Niederhauser, Fallbeispiel 5).

Was die Beziehungsfähigkeit fördert, so könnte man die Neurobiologie sozialer Beziehungen zusammenfassen, ist gut fürs Hirn (Fuchs, 2011). Und als Konsequenz für die Psychotherapie, so könnte man mit Klaus Grawe anfügen (aus einem Interview kurz vor seinem Tod): »Das Interaktionelle, das Interpersonale steht im Zentrum der Therapie« (zit. nach Kriz, 2010, S. 32).

3.1 Ist alles Beziehung und systemisch?

> »Zajonc: Das wirft eine tiefe Frage auf: Ist alles Beziehung?
> In jeder Situation, die wir betrachten, gibt es das zu beobachtende Objekt,
> das betrachtende Subjekt und den Akt des Betrachtens.
> Dalai Lama: Ja, es hat keinen Sinn, über etwas zu sprechen,
> was nicht in Beziehung zu etwas anderem existiert.
> Zeilinger: Das würden wir auch sagen. Ziemlich klar.
> Nichts existiert aus sich selbst heraus und isoliert.
> Erst das Gesamtbild prägt die einzelnen Elemente.
> Dalai Lama: Der Keim ist nicht nur abhängig vom Samen,
> sondern der Samen auch vom Keim.
> Und zwar nicht nur rein zeitlich gesehen,
> sondern in dem Sinne, dass die Vorstellung der Ursache
> tatsächlich von der Wirkung abhängt«
> (Zeilinger, Zajonc u. Dalai Lama, 1999, S. 147 ff.).

Wenn es also »keinen Sinn macht, über etwas zu sprechen, was nicht in Beziehung zu etwas anderem existiert«, so könnte man weiter fragen, ist dann auch »ohne Beziehung alles nichts« (Holm-Hadulla, Kriz u. Lieb, 2004)?

In einem ganz allgemeinen Sinne kann Beziehung als Relation, Wechselwirkung zwischen Teilen, zum Beispiel auch mathematische Funktionen aller Art, aufgefasst werden. »Als grundlegende Charakteristika von Systemen, die allen systemtheoretischen Ansätzen gemein sind, sind zwei Aspekte hervorzuheben: Zum einen bestehen Systeme aus Elementen, die für sich genommen als abgeschlossene Einheiten interpretiert werden können und die zum anderen in Wechselbeziehungen zueinander stehen. Einzelne sich bewegende Teile des Mobiles wirken sich auf alle anderen Teile aus, ohne dass im vornhinein ersichtlich wäre, welche Bewegungen sich wie fortpflanzen« (Strunk u. Schiepek, 2006, S. 8).

Tatsächlich, wenn wir im Sinne der Mathematik oder der modernen Physik (und des Buddhismus, Dalai Lama) in systemischen Modellen denken, ist alles Beziehung und in diesem Sinne auch »systemisch«. Dies gilt genauso für die Psychologie und die Psychotherapie, auch wenn »systemisch« vorerst nur das Adjektiv von System ist, also zunächst mit einem Therapiesetting oder einer Therapieschule nichts zu tun hat.

Was aber heißt »systemische Therapie« über eine allgemeine Systemmetapher oder Therapieschule in ihrer unterschiedlichsten Ausformung hinaus? Es bedeutet, dass der Fokus der Behandlung Systemqualität besitzt (z. B. psychische Strukturen, neuronale Systeme, interpersonelle Systeme) und mit systemtheoretischen Methoden modellierbar ist. Da keine A-priori-Festlegung auf bestimmte Interventionsmethoden oder eine Therapieschule (Systemische Therapie mit großem S) besteht, bedeutet dies eklektische Offenheit und damit a priori auch keine Einschränkung auf eine bestimmte, zum Beispiel biologische oder interpersonell-kommunikative, Funktionsebene (Schiepek u. Rufer, 2008).

»Systemtheorie kann insbesondere auch das Zusammenspiel unterschiedlicher Systemebenen erhellen – etwa wie bestimmte (besonders reduzierte) Strukturen auf interpersoneller und auf individueller Ebene sich gegenseitig beeinflussen und stabilisieren können« (Kriz, 2010, S. 31).

Dieses Verständnis von systemischer Therapie (mit kleinem s) ist erheblich weiter gefasst als Systemische Therapie/Familientherapie (mit großem S) und definiert sich dementsprechend weder über Psychotherapie noch über eine Behandlungsmethode oder ein Behandlungssetting (Paar, Familie, Unternehmen). So können neurobiologische oder biomedizinische Behandlungen von Krankheiten (z. B. Neuromodulation, Neurofeedback) ebenso systemisch sein wie psychologische oder soziale Therapien.

Systemische Psychotherapie (als Spezifikation systemischer Therapie) schließt in diesem Sinne die Beschreibung von Systemzuständen oder -prozessen in Begriffen von Krankheit allerdings auch nicht aus, solange man sich der Konventions-, Wertungsabhängigkeit wie auch der Implikationen für die Therapie bewusst bleibt. Innerhalb dieses definitorischen Rahmens systemischer Therapie wäre systemische Psychotherapie (unter Einschluss Systemischer Therapie/Familientherapie) als ein (Mit-)Steuern von Selbstorganisationsprozessen der relevanten biologischen, psychischen und/oder sozialen Systeme des Klienten aufzufassen (Schiepek u. Rufer, 2008).

Auch wenn damit das Ende der Therapieschule(n) dämmert, bedeutet dies noch lange nicht, schulenspezifisches Wissen und therapeutische Orientierung nun einfach aufzugeben. »Notwendig wird es sein, sich vom Schulendenken zu verabschieden, ohne in einem eklektischen Einheitsbrei zu versinken. Ich halte viel davon, dass Therapeuten sich vor allem zu Beginn ihrer Ausbildung auf ein Modell konzentrieren, es gut kennenlernen und den Methodenkanon dieses Modells beherrschen«, wie der Systemiker Arist von Schlippe (2010, S. 11) im Diskurs zur »Integration in der Psychotherapie« kritisch anmerkt.

Nicht zuletzt ist es ja gerade auch das Verdienst der Systemischen Therapie (mit großem S), über die Familientherapie hinaus die systemische Perspektive (Reiter, Brunner u. Reiter-Theil, 1988) in die Psychotherapie eingebracht zu haben. Nicht in erster Linie der einzelne Patient mit »seinem Problem« wird als Gegenstand der Behandlung gesehen, sondern Probleme oder Störungen werden in ihrem Kontext gesehen und behandelt. Der Blickwinkel wird erweitert, weg vom Problem (z. B. Krankheit) hin zum »problemdeterminierten System«. »So lange es keine ausgesprochene Sorge oder Klage gibt, gibt es keine Probleme« (Goolishian u. Anderson, 1988, S. 207).

Auch wenn Psychotherapie letztlich nur als Kommunikation möglich ist, wäre kritisch zu fragen, wie ein Problem (z. B. psychische Störung) allein durch Kommunikation (»angesprochene Sorge«) ein System determinieren kann und ob mit dem Begriff des Problemsystems nicht doch wieder mit einer »Defizitbrille« Störungen (kommunikativ) fokussiert und Klienten problematisiert werden.

Mit dem Problemsystem, das definitionsgemäß primär kommunikativ gemeint ist (Goolishian u. Anderson, 1988), ist zwar der Fokus weg vom System, das Probleme macht. Damit ist aber noch keine Methode zur Systemanalyse oder einer systemischen Fallkonzeption gegeben. Deshalb bemerkt auch Kurt Ludewig – durchaus selbstkritisch: »Die Theoriebildung im systemischen Praxisfeld hat sich bislang im Wesentlichen auf soziale und kommunikative Systeme konzentriert und die psychischen Prozesse von Individuen weitgehend vernachlässigt« (Ludewig, 2011, S. 222). Allein mit dem Begriff des Problemsystems kann die Komplexität der Psyche also nicht erfasst werden. Was auf der einen Seite eine Erweiterung brachte, erlebte auf der anderen Seite eine Beschränkung und Reduktion. Vielleicht wäre es passender, wie dies Fuchs (2011) in Anlehnung an Luhmann (1993) vorschlägt, psychische Systeme als »Sinnsysteme« (Fuchs, 2011) zu verstehen und Psychotherapie auch als *komplexen Prozess der Sinnfindung* zu gestalten (Schiepek, generisches Prinzip 3).

Was eine erweiterte (systemische) Fallkonzeption betrifft, hat Schiepek zwar schon in den 1990er Jahren mit seinem »idiographischen Systemmodell« (Schiepek, 1999, S. 86) eine systemische Landkarte entworfen. Dieses Systemmodell wurde jedoch bisher kaum in die Weiterbildungscurricula in Systemischer Therapie integriert – im Gegensatz etwa zur Plan- oder Schemaanalyse (Caspar, 1996) in der Verhaltenstherapie.

Ganz allgemein gilt aus der Sicht des Praktikers aber für alle Therapieschulen: Im psychotherapeutischen Praxisalltag werden sich nur solche Instrumentarien langfristig halten, die Komplexität zwar erfassen, diese aber im Hinblick auf pragmatisches, einfaches Handeln auch wieder reduzieren.

Mit der Theorie und Praxis der Selbstorganisation als einem Modell zur Gestaltung therapeutischer Prozesse ist diesbezüglich ein gangbarer Weg vorgezeichnet. »Notwendig wären Theorien, die die Eigendynamik und die spontanen Musterbildungsprozesse (Selbstorganisation) von Systemen mit der Dynamik externer Prozesse (Kopplung) in Zusammenhang sehen« (Schiepek, 2011b).

Insofern dysfunktionale Muster neuronaler, psychischer und sozialer Systeme eine Modifikation erfahren sollen, bieten sich Konzepte und Modelle systemischer Theoriebildung (z. B. Synergetik, Kapitel 2.1) gewissermaßen als *Metatheorie* an. Systemische Therapie wäre demnach weder eine an Krankheit orientierte Behandlungsmethode noch eine Therapieschule, sondern als »Praxis der Selbstorganisation« die Konsequenz einer Theorie der Selbstorganisation im Anwendungsfeld Psychotherapie und Beratung.

Aus dieser Sichtweise sind interpersonelle (soziale) Systeme »Sinnsysteme« und ähnlich wie psychische und neuronale nicht in erster Linie »problematisch«, sondern komplex. Immer sind es verschiedene Systeme (Prozessebenen, Strukturen), die wechselwirkend und »sinnhaft« in psychotherapeutische Prozesse hineinwirken:
– Persönlichkeitsfaktoren und neuronale Prozesse;
– Beziehungen und wiederkehrende Verhaltensmuster;
– Wahrnehmungen: Bedeutungen, Bewertungen;
– Bewusstseins- und Gedächtnisprozesse;
– materielle, gesellschaftliche und kulturelle Systemumwelten.

Illustriert am Beispiel einer posttraumatischen Belastungsstörung (Fallbeispiel 4): Nur wenn Gehirn, Psyche und sozialer Kontext wechselwirkend erfasst, kommunikative, innerfamiliäre Prozesse auf den Hintergrund von Traumatisierung nicht »problematisiert«, sondern unterschiedliche Rollen und Beziehungen (Familie, Helfer) im Kontext verstanden und erfasst werden, kann verständlich werden, warum bei dem Jugendlichen, der Opfer von Gewalt geworden ist, die psychischen Belastungen auch nach Wochen nicht nachlassen und Autonomieprozesse blockieren. Die »Kompetenzbrille« konnte helfen, Selbstorganisationsprozesse zu nutzen und Selbstheilungskräfte zu aktivieren.

3.2 Der Therapeut und die Beziehung

> »Wie gut der Impuls zu heilen auch gemeint sein mag,
> der Idee des Heilens drängt sich unbedingt immer die Idee der Macht auf«
> (Bateson, 1981).

Dass die therapeutische Beziehung wichtig, ja als der zentrale Wirkfaktor von Psychotherapie gilt, ist in der Wirksamkeitsforschung mehrfach nachgewiesen und entsprechend vielseitig dokumentiert worden (u. a. Lambert, 1992; Caspar, 2005). »Die Zeiten, in denen der Therapeut nur oder vor allem als Verstärkungsmaschine betrachtet wurde, sind endgültig vorbei«, schreibt Caspar (2005, S. 265) und nimmt damit, wenn auch nur indirekt, Bezug auf die Tradition der Psychotherapie: »Der Psychotherapeut sollte sich restlos darüber klar werden, dass die seelische Behandlung eines Kranken eine Beziehung ist, in welcher der Arzt ebenso sehr darin steht wie der Patient« (Jung, zit. nach Alt, S. 100).

Etwas paradox mutet allerdings die »seltsam personenlose Betrachtungsweise von Psychotherapie« (Norcross, 2002, S. 4) an, die Therapeuten als »belanglose Variable aus klinischen Interventionsstudien verbannt« (Lambert, 2010b, S. 42).

Schwieriger wird es, wenn wir die mit der therapeutischen Beziehung verbundenen Beziehungsvariablen differenzierter erfassen und feststellen wollen, was genau einen guten Therapeuten ausmacht. Sicher sind gute Therapeuten keine neutralen Interventionisten, aber sobald man die bestimmenden Beziehungsvariablen benennen will, wird es schwierig. »Es gibt kaum einen Aspekt von Psychotherapie, von dessen Bedeutung die meisten Beteiligten überzeugt sind und der doch als Begriff so schillernd ist wie die Therapiebeziehung […] als unspezifische Bedingung, als hinreichende und/oder notwendige Bedingung, als Schauplatz für Übertragung und Gegenübertragung, als Stofflieferant für die Diagnostik, als Voraussetzung für das Anwenden der eigentlichen Technik wie das Narkotikum für die Operation« (Caspar, 2005, S. 265).

Bald wird klar, dass der Allerweltsbegriff therapeutische Beziehung (in der Medizin oft auf »Compliance« reduziert) alles oder dann eben nichts Genaueres meint. Natürlich kann man sich auf die drei Therapeuten-Basisvariablen »Wärme, Echtheit und Empathie« von Carl Rogers berufen (z. B. Rogers, 1994). An ihnen orientiert sich ja nicht nur die Klientenzentrierte Psychotherapie. Überall lässt sich zeigen, »dass es diejenigen Therapeuten sind, die von ihren Patienten als einfühlsam-empathisch, als verständnisvoll und akzeptierend, als für das Wohl des Patienten engagiert, als vertrauenswürdig und zuverlässig, als warm und unterstützend und als kompetent wahrgenommen werden, die die besten Therapieergebnisse erzielen« und Patienten diese Beziehung oft auch besser einzuschätzen wissen als der Therapeut selbst (Grawe, 2005, S. 299). Aber was, wenn das »Spiegeln« (Gesprächstherapie) oder das »positive Konnotieren« dem Patienten nur noch als Technik erscheint?

Auch die therapeutische Beziehung ist ein komplexes System und damit auch mehr und etwas anderes als nur eine professionelle Zweierbeziehung, isoliert in einem geschützten Rahmen. »Sie wird vom ersten Moment an mitgesteuert durch die aktuell gelebten und die in der früheren Biografie erlebten Beziehungen bzw. schmerzhaften Beziehungserfahrungen, des Patienten wie des Therapeuten« (Hand, 2010, S. 65).

Sie ist im guten Fall ein potentes, sensibles Arbeitsbündnis (»alliance«), in welchem sich erfahrene Therapeuten sowohl am Problem (Störung), am Kontext, an den Bindungs- und Kontrollbedürfnissen, an motivationalen Schemata (Grawe, 1998) sowie am Behandlungs- und Versorgungskontext orientieren. Dieses »All-in-one-Verständnis« in der Prozesssteuerung ist zentral. »Wichtig ist, dass der Therapeut sich nicht mit dem Problem beschäftigt, um dann wieder etwas für die Beziehung zu tun usw.« (Caspar, 2010, S. 18).

Mit der Reflexion der Beziehung rückt unweigerlich die *therapeutische Kompetenz* in den Fokus der Aufmerksamkeit (Revenstorf, 2009; Heim, 2009; Lambert, 2010b). Die Essenz der Psychotherapie ist der Therapeut. Dabei spielt der kommunizierte Inhalt (das »Was«) wahrscheinlich eine wesentlich kleinere Rolle als die Stimme, Mimik, Gestik oder Körperhaltung. Meisterlich, fassettenreich und anschaulich in Szene gesetzt wird dies zum Beispiel im preisgekrönten Film »The King's Speech« oder auch in der TV-Serie »In Treatment«. Zunehmend etablieren sich außerhalb dieser klassischen Settings Online-Therapieangebote (Lang, 2009; Schiepek, 2010). Sicher werden künftig (Langzeit-)Studien über die Rolle des Therapeuten in solchen Settings den Diskurs mitbestimmen.

Dieses delikate Arbeitsbündnis gilt es aber schon heute selbstkritisch zu reflektieren:
- Woran mache ich »Stimmigkeit« fest?
- Lese ich (und wenn ja, wie) das Feedback der Patienten?
- Wer ist überhaupt mein Gegenüber? Ist dies nur die Person, die mir gegenüber sitzt? Was, wenn es mehrere Gegenüber (Paare, Familien, Gruppen) sind?
- Welche Wirkungen bzw. erwünschte und unerwünschte Nebenwirkungen hinterlässt meine Beziehung zum Klienten in seinem sozialen Umfeld?
- Wenn es nicht rund läuft, Patienten nicht mehr kommen: Zweifle ich an mir, an der Methode, am Kontext oder ist es einfach der schwierige Patient?

Nicht nur die Klienten, sondern auch die Therapeuten exponieren sich in der Therapiesitzung. »Nichts ist so einfach, wie Kontrolle über leidende Menschen zu bekommen« (Mankell, 2007, S. 263). Oder wie es der Schriftsteller Lukas Hartmann in seinem Roman »Finsteres Glück« die Psychologin sagen lässt: »Einfühlung und Abgrenzung ist das A und O meiner Berufsarbeit« (Hartmann, 2010, S. 31).

Als Abhängigkeitsbeziehung, in welcher selbstbestimmtes Entscheiden (des Patienten) relativiert wird, ist sie nicht geschützt gegen Grenzverletzungen. In Weiterbildungen sollte deshalb über die Bedingungen und Anzeichen, das heißt ein Frühwarnsystem, für (sexuellen) Missbrauch in diesem Abhängigkeitsverhältnis offen diskutiert und in Supervisionen vornehmlich blinde Flecken fokussiert werden.

Was, wenn der Therapeut merkt, dass ein(e) Klient(in) mit ihm kokettiert, ihm weitergehende Beziehungsangebote macht und merkt, dass er den sicher geglaubten professionellen Boden verliert und aus der therapeutischen Beziehung auszusteigen beginnt? Immerhin gehen Untersuchungen zu »Professional Sexual Missconduct« (PSM) von nahezu 10 % aus (Tschan, 2005).

In der fortlaufenden Ausbalancierung von Nähe und Distanz, von Kontrolle und Vertrauen im Umgang mit Turbulenzen sollten Therapeuten über *Beziehungs-, Kommunikations- und Selbstkompetenz* verfügen. Das Selbstkonzept des Therapeuten, seine Belastbarkeit und Flexibilität als wichtige Persönlichkeitsfaktoren wie auch die Überzeugtheit (»allegiance«) von dem, was er macht, sind entscheidend. Gerade Letzteres hat sich schulenübergreifend neben dem Arbeitsbündnis (»alliance«) als wesentlicher Wirkfaktor herausgestellt (u. a. Wampold, 2001).

3.3 Schwierige Interaktionssituationen

»Ungeklärte therapeutische Krisen sind interaktionelle Zeitbomben, die die Therapeuten-Klienten-Beziehung früher oder später sprengen. Eine effektive Therapie für diese Klienten muss daher in sehr hohem Ausmaß eine prozessorientierte, interaktionsorientierte Therapie sein«
(Sachse, 2004, S. 12).

Wie in allen Beziehungen ist auch in der therapeutischen das Scheitern mit »schwierigen Patienten« vorprogrammiert. »Wie der Teufel das Weihwasser, fürchten Therapeuten den Misserfolg« (Grawe, 1998, S. 34). Dies gilt insbesondere in schwierigen Interaktionssituationen, in denen Klienten zum Beispiel
- ihre Angehörigen und den Therapeuten belügen,
- Termine verpassen oder nicht mehr kommen,
- von Institution zu Institution geschickt werden und schließlich beim Psychotherapeut landen,
- scheinbar aber jede Kooperation verweigern,
- zwar Hilfe suchen, aber doch nie das kriegen, was sie wollen.

Als Therapeut kann man aber nicht nur scheitern, sondern auch schaden. Rund 10 % der Patienten erleben unter Psychotherapie eine Verschlechterung ihres Zustandes (Caspar u. Kächele, 2008; Lutz, Kosfelder u. Joormann, 2004; Lambert, 2011). »»Märtens und Petzold (2002) stellen fest, dass es in der wissenschaftlichen Psychotherapie bisher kaum Schadensforschung gibt und dass gegenwärtig bei keinem psychotherapeutischen Verfahren die Risiken und Nebenwirkungen hinlänglich bekannt sind« (Breil et al., 2005, S. 67).

Also was tun, wenn es schwierig wird, wenn Klienten blocken oder die Kompetenz des Therapeuten infrage stellen? Und was, wenn die Probleme von Patienten den Therapeuten in eine »Problemtrance« (Clement, Fischer u. Retzer, 2005, S. 413) versetzen und sie mehr auf sich als auf ihren Klienten schauen müssen?

Störungen im Rahmen des therapeutischen Kontextes führen in der Regel auch zu Störungen der therapeutischen Beziehung. Diese Störungen dürfen als solche nicht nur dem »schwierigen Patienten«, seinem Widerstand oder der fehlenden Therapiemotivation angelastet werden. Psychotherapie wird für den Therapeuten unweigerlich auch zum Beziehungstest: »Es scheint, dass alle Therapeuten mit mir überfordert sind« (Frau Schmied, Patientin mit Borderline-Störung).

»Die Gretchenfrage für Therapeuten lautet, wie sie es mit interaktionell schwierigen Patienten halten. Diese Frage beantwortet sich nicht durch die richtige Methode im engeren Sinne, sondern die richtige Art der Beziehungsgestaltung« (Caspar, 2005, S. 278). Meist liegt einer krisenhaften Entwicklung in der therapeutischen Beziehung ein Verlust der Neutralität (z. B. Rollenkonfusion) zugrunde, was in der Folge zu Verstrickungen (Gegenübertragungen) führen kann. Insbesondere die sogenannten Persönlichkeitsstörungen sind definitionsgemäß Interaktionsstörungen (Sachse, 2005; Fiedler, 2007).

Als Störungen der therapeutischen Beziehung verlangen sie vom Therapeuten als Beziehungsexperten in besonderem Maße psychologisches Geschick und *Systemkompetenz*, »denn bei der Beurteilung einer Persönlichkeitsstörung wird immer auch der interaktionelle Kontext mit bewertet, in dem die Interaktionsstörung sich manifestiert« (Sachse, 2000, S. 15).

Beziehungskompetente Therapeuten und Therapeutinnen brauchen zwingend ein Frühwarnsystem gegen Störungen, gegen »affektive Infektionen« solcher Art. Anstatt einer Problemtrance zu erliegen, sind sie aufgefordert, »dem Drachen ins Auge zu schauen« (Sachse, 2004, S. 123). Konkret könnte dies heißen, ein Bewusstsein, ein Sensorium für die eigenen Vermeidungsstrategien und affektiven Infektionen im Umgang mit Zuneigung, Neugier, Wut, Angst oder Trauer zu entwickeln, das heißt:

- *Sich Fragen stellen*: Zu welchen Gefühlen, Gedanken und körperlichen Zuständen neige ich in schwierigen Situationen? Welches empfindliche virulente Konfliktthema wird bei mir aktiviert? Bei welchen Klienten gerate ich leicht in eine Problemtrance? Wann weiche ich von gewohnten, gut etablierten Verhaltensweisen oder von meinen etablierten strukturell professionellen Bedingungen (z. B. Patienten zu Abendterminen einladen usw.) ab und bin »problemtrancegefährdet«? Wann und bei welchen Klienten (Problemen) mache ich das genau nicht, was ich sonst mache?

  »Man könnte auch sagen, dass Problem-Trance durch ein ›Zuviel an Bestätigung‹ und ein ›Zuwenig an Beobachtung und Störung‹ entsteht. […] So verstanden ist Problem-Trance ein Resonanzphänomen, wobei der Therapeut die emotionale ›Schwingung‹ des Klienten aufnimmt und fortsetzt. Eine Problem-Trance wäre so gesehen ein ›Zuviel‹ an Konsonanz und ein ›Zuwenig‹ an Dissonanz« (Clement et al., 2005, S. 418).
- *Dissonanzen, diffuse Gefühle, Dilemmas ansprechen*, mit einer außenstehenden, neutralen Person offen und selbstkritisch reflektieren. Gemeinsames Anschauen von Videos, in denen Therapie transparent gemacht wird, wäre als Selbstschutz geeignet für die Reflexion blinder Flecken oder einer Problemtrance.
- *Störungen in der therapeutischen Beziehung auch dem Klienten gegenüber proaktiv ansprechen*, anstatt reaktiv mitzuagieren: »Verstehe ich Sie richtig, dass Sie die weitere Zusammenarbeit mit mir infrage stellen? Was würde wohl Ihr Mann dazu meinen?«
- *Beziehungsangebote fragend ansprechen*: »Nehme ich dies richtig wahr, dass Sie/wir den bisherigen Rahmen unserer Arbeitsbeziehung aufzulösen beginnen? Ist Ihnen dies schon in anderen vergleichbaren Situationen passiert? Ich als Ihr Therapeut möchte alles dazu beitragen, dass für Sie (und damit auch für mich) der bisherige Rahmen und Ihre Sicherheit garantiert ist.«

Beziehungskrisen, Konflikte in der Therapie, welcher Ursache auch immer, lassen sich also nicht verhindern, sondern nur »steuern«. Persönliche Erfahrungen als Ausbilder zeigen, dass sich Anfänger damit schwer tun. Der Umgang mit schwierigen Interaktionssituationen hat damit unweigerlich deutliche *Selbsterfahrungsaspekte*, »denn ein Therapeut kann sich, aufgrund der Aktivierung eigener Schemata, massiv über die Kritik eines Klienten ärgern; seine Reaktionen können dann zu einem massiven Machtkampf zwischen Therapeut und Klient führen, der die Therapeut-Klient-Beziehung belasten kann. Oder ein (Anfänger-) Therapeut kann die Kritik ohne weitere Prüfung auf sich beziehen und völlig eingeschüchtert und defensiv reagieren« (Sachse, 2004, S. 123).

Auch wenn Selbsterfahrung oder eigene Therapie zum Pflichtprogramm einer Weiterbildung in Psychotherapie gehören (Lieb, 1998) und Absolventen diese in der Regeln positiv beschreiben, zeigen Untersuchungen bisher wenig nachweislich positive Effekte (Laireiter, 2000). Ganz allgemein scheint zu gelten: Auch Weiterbildungen, über die Lernende positive Rückmeldungen geben, sagen noch nichts aus über die Kompetenz als Therapeut oder Therapeutin.

Im Hinblick auf therapeutische Kompetenz ist bei der Ausgestaltung von Curricula für die Psychotherapie also noch vieles zu tun. Dabei müsste auch Selbsterfahrung über die Persönlichkeitsentwicklung hinaus vermehrt als ein »Lernen am Modell« (vgl. Kapitel 1.6) konzipiert werden. Nur ein solches garantiert Transparenz. Damit sind Lehrer und Lernende gleichermaßen gefordert.

3.4 Systemkompetenz: »Mit Dritten als Dritter im Bunde«

> »Nichts ist bedeutender in jedem Zustande, als die Dazwischenkunft eines Dritten. Ich habe Freunde gesehen, Geschwister, Liebende, Gatten, deren Verhältnis durch den zufälligen oder gewählten Hinzutritt einer neuen Person ganz und gar verändert, deren Lage völlig umgekehrt wurde«
> (Goethe, 1809/1996, S. 9).

»Therapien finden in einer zwischenmenschlichen Beziehung statt«, wie Franz Caspar (2005) schreibt. Dagegen ist nichts einzuwenden. Dies gilt in gewissem Sinne sogar dann, wenn Therapien zunehmend auch als Online-Angebote konzipiert und durchgeführt werden.

Was aber heißt das für eine Psychotherapie, die den Menschen in seinem Lebensumfeld als beziehungsorientiert- und bindungsinteressiert (Grawe, 1998; von Sydow, 2008) erfassen will?

»Beziehungen sind zwar auf dyadischer Ebene definiert, können aber aufgrund von Wechselwirkungen zwischen Beziehungen durch triadische Effekte beeinflusst sein« (Asendorpf u. Banse, 2000, S. 17). Aus dieser Perspektive muss der Fokus erweitert werden. Er weist über die Zweierbeziehung hinaus. Therapien finden nie nur in »einer« Beziehung statt. Die *Triade* eröffnet ein Feld von Beziehungen zwischen Beziehungen. »Was in einem Menschen seelisch vor sich geht, das erfährt man aus seinem Verhältnis zu einem anderen Menschen« (von Weizsäcker, S. 54). Dies wissen all jene Therapeuten, die zum Beispiel Angehörige als Mitbetroffene in die Therapie einbeziehen.

Damit ist angedeutet, was beziehungsorientierte Psychotherapie von »Beziehungsorientierter Therapie« zum Beispiel in psychodynamischer Tradition (Gahleitner, 2005) unterscheidet: Therapie unter aktivem Einbezug des »anderen Menschen«. Dieser »Andere« als »Dritter im Bunde« ist genauso (wenn auch anders) bedeutsam wie der Therapeut. Selbst wenn man nur mit Einzelnen arbeitet, hat man es immer auch mit wichtigen Abwesenden zu tun, wie die zahlreichen Überweisungen an den Paar- oder Familientherapeuten belegen oder wenn »Andere« eine Einzeltherapie »stören«, sich vielleicht aber auch darum einmischen, um als Mitbetroffene mitzuhelfen.

Da man auf sozialer Ebene direkt oder indirekt also immer mit mehreren Betroffenen (Familienmitglieder, Partner, Institutionen) in Beziehung steht und auf diese einwirkt, ist die Rolle und Aufgabe als »Dritter mit Dritten« eine andere. »Für den systemischen Therapeuten ist das Ziel seiner therapeutischen Bemühungen nicht die Herstellung einer Übertragungsbeziehung, sondern im Gegenteil die Verhinderung einer solchen Beziehung. Eine (solche) Beziehung zu verhindern, darf jedoch nicht damit verwechselt werden, eine therapeutische Beziehung zu verhindern, im Gegenteil« (Retzer, 2002, S. 60).

Was Retzer beschreibt, ist insofern bedeutsam, als die Essenz therapeutischer Arbeit in der Gestaltung des realen, für den Patienten *relevanten Beziehungskontextes* liegt (vgl. auch generisches Prinzip 2). Die therapeutische Beziehung beschränkt und definiert sich also nicht nur dyadisch (Therapeut – Patient), sondern triadisch (Therapeut – Patient – sozialer Kontext). Der Therapeut ist der allparteiliche Moderator in Beziehungssystemen. Klienten erleben durch den »Hinzutritt einer neuen Person [der »Mittler« in den Wahlverwandtschaften von Goethe], dass ihre Lage ganz und gar verändert und völlig umgekehrt wird« (Goethe, 1809/1996, S. 9).

Angehörige sind als »Dritte im Bunde« häufig das »Zünglein an der Waage« (Liechti u. Liechti-Darbelly, 2010). So kann ihr Einbezug dem Verstummen oder Vermeiden entgegenwirken, wie mit Fallbeispiel 5 eindrücklich gezeigt werden kann. »Das prägendste Erlebnis war aber die Sitzung, an der meine Mutter teilgenommen hatte«, wie Frau Niederhauser einige Jahre nach Abschluss der Therapie (sexuelle Übergriffe des Vaters) schreibt. »Der Grund ist, dass von einer kooperativen Atmosphäre alle profitieren. Dinge wieder ins Reine zu bringen, ist keine Frage der Nettigkeit, sondern dient der Aufrechterhaltung der Kooperation«, wie der Primatenforscher de Waal schreibt (de Waal, 2005, S. 290).

Wenn Beziehungssysteme triadisch definiert sind, müssen sie auch triadisch erfasst und gestaltet werden. Dies verlangt vom Therapeuten Systemkompetenz. Gemeint ist damit ein Konzept als eine Vielzahl von Einzelkompetenzen, wie sie für den Umgang mit komplexen Systemen und Prozessen nötig sind und unter anderem von Schiepek (1999) beschrieben wurden:
- Berücksichtigung von Sozialstrukturen und Kontexten;
- Umgang mit der Dimension Zeit;
- Umgang mit der emotionalen Dimension;
- soziale Kontaktfähigkeit;
- Systemförderung, Entwicklung von Selbstorganisationsbedingungen,
- Wissen, Mustererkennung und Prozessgestaltung.

Es handelt sich dabei nicht um streng abgegrenzte Kategorien (vgl. auch die generischen Prinzipien), sondern um einen Ordnungsversuch unter didaktischen Gesichtspunkten mit Bezug zu den generischen Prinzipien.

Dabei wird der Patient als Experte seiner Leidenssituation und als Partner ernst genommen. Das Begegnungs- und Systemveränderungsmodell in der Psychotherapie muss sich also zu einem Kooperationsmodell weiterentwickeln. »Wirksamkeit ergibt sich nicht als erfolgreiches Einwirken, sondern aus der Art des Kooperierens« (Loth u. von Schlippe, 2004, S. 343).

Für die Beziehungsgestaltung als Dritter mit Dritten könnte dies konkret heißen,
- die Mutter einer (erwachsenen) Tochter, die in der Kindheit sexuelle Übergriffe ihres (verstorbenen) Vaters erlebt hat, einzubeziehen (Fallbeispiel 5);

- einen Vater mit Alkoholproblemen als neues Lernmodell für seinen drogengefährdeten Sohn aktiv einzubeziehen (Rufer, 2012) oder
- als Therapeut die Offenheit und Neutralität zu behalten, wenn ein Ehepaar kommt, weil aus dem »Seitensprung« des Ehemannes eine Schwangerschaft entstanden ist (aus dem aktuellen Therapiealltag).

Mit der Möglichkeit für den aktiven Einbezug von Angehörigen als relevante Dritte wird der Fokus nicht nur erweitert, sondern in einem therapeutischen System die Ebene gewechselt. Als »Form« (therapeutisches System) ist diese dem Inhalt (Narrative, Leidensgeschichte) übergeordnet. Oder um es mit den Worten des Dichters zu sagen:»Bei jeder Äußerung ist es die Form und nicht der Inhalt, die dem Ganzen Wirksamkeit verleiht« (Zafón, 2008, S. 200).

3.5 Einzel-, Paar- oder Familientherapie?

> »Die Transatlantik-Wettfahrt hat meinen Begriff von der therapeutischen Realität völlig verändert. Im Ballon kann man den Lauf der Dinge nur ändern, indem man auf der Suche nach neuen Winden sinkt oder steigt. Entsprechend muss man im Leben neue Dimensionen finden; indem man die Ebene wechselt, kann man Einfluss nehmen«
> (Piccard, 2005, S. 1).

»Praxis für Einzel-, Paar- und Familientherapie« – so (oder ähnlich) steht es geschrieben auf Türschildern von Therapeuten und Weiterbildungsinstituten. Das könnte sowohl heißen: »Wir behandeln (therapieren, lehren) alle«, oder aber: »Alles nach einer spezifischen Methode«, zum Beispiel Systemische Therapie.

Fallbeispiel A (Familie Müller):

Elisabeth: Sie, meine Eltern, sind das Problem. Sie haben dauernd Streit!
Vater: Wir kommen wegen uns, und weil die ganze Familie dranhängt. (mit kritischem Blick zu seiner Frau) Jeder sollte erstmal vor seiner eigenen Türe wischen und mit sich selber ins Reine kommen.

Was heißt hier »Familientherapie« und wo also gilt es also anzusetzen?

Bei den Eltern, der Paarbeziehung, der Tochter als der »Widerständigen« oder der ganzen Familie als Patient?

Sowohl für Klienten wie Fachleute bleibt über die verbindende Systemmetapher hinaus oft unklar, ob mit Familientherapie der »Patient Familie« (Richter, 1972) oder »Familie als Schlüssel zur Therapie psychischer Störungen« (Thema einer Fachtagung 2011) gemeint ist.

Wenn der Blick weg vom einzelnen Patienten auf die Familie (als Patient) gelegt wird, so suggeriert diese Sprachregelung eine Sichtweise, in der Eltern oder Angehörige indirekt als die Schuldigen dastehen. Diese Entwicklung mit dem Fokus auf »Familie als Problem« hat der Systemischen Therapie wohl eher geschadet als genützt. Sie entspricht auch nicht dem, was definitionsgemäß in einem erweiterten Sinne gemeint war und ist: »Systemische Therapie/Familientherapie ist ein psychotherapeutisches Verfahren, dessen Fokus auf dem *sozialen Kontext psychischer Störungen* liegt und das zusätzlich zu einem oder mehreren Patienten (›Indexpatienten‹) weitere Mitglieder des für den Patienten bedeutsamen sozialen Systems einbezieht und/oder fokussiert ist auf die Interaktionen zwischen Familienmitgliedern und deren sozialer Umwelt« (Pinsof u. Wynne, 1995, zit. nach von Sydow et al., 2007, S. 15).

Obwohl zwischenzeitlich (2008) die Systemische Therapie (als Therapierichtung) auch in Deutschland die wissenschaftliche Anerkennung erhalten hat (als »Richtlinienverfahren« aber vorläufig noch ohne Kassenzulässigkeit!), handeln in der Praxis auch Systemiker nicht immer entlang den Konzepten, die sie in der Ausbildung gelernt haben. Gründe dafür gibt es viele.

Eine professionelle Fallkonzeption sollte sich nicht nur am Therapeutengusto orientieren und in einem falschen Verständnis von »Integration in der Psychotherapie« (Psychotherapie im Dialog, 1/2010) »Gulasch statt Schaschlik« (Schwing u. Fryszer, 2006) angeboten werden. Damit therapeutisches Handeln auch begründbar wird und nicht aus mangelnder Kompetenz auf ein eventuell induziertes Mehrpersonensetting als relevantes System (generisches Prinzip 2) verzichtet wird, können sich Praktiker im Hinblick auf Indikation und Passung folgende Fragen stellen:

– Entscheide ich mich als Therapeut (in Absprache mit dem Klienten) für das Setting und wenn ja, warum? Ist dabei meine therapeutische Orientierung oder der Patient wegweisend?

- Entscheide ich mich, eine Therapie als Paar- oder Familientherapie fortzusetzen (bzw. an einen entsprechend qualifizierten Kollegen abzugeben), weil im Einzelsetting immer Beziehungsprobleme angesprochen werden?
- Entscheidet das Störungsbild über die Wahl des Settings bzw. der Methode? (z. B. Angststörung im Einzelsetting mit Verhaltenstherapie, Essstörung im Familiensetting mit Systemischer Therapie usw.)
- Sind es eskalierende Krisen im sozialen Kontext, die Paare, Familien, Gruppen zur Therapie veranlassen und damit das Setting im Voraus bestimmen?
- Kann ich Therapien als Einzeltherapie beginnen und als Paar- oder Familientherapie fortsetzen und welche Fallen gilt es dabei zu berücksichtigen?
- Kann eine Einzel- und/oder Familientherapie parallel (z. B. bei einem Kollegen) geführt werden?
- Und schließlich: Entscheiden andere (z. B. Versorgungskontext, Krankenversicherung), in welchem Setting bzw. nach welcher Methode Therapie gemacht oder verrechnet werden kann, und wie löse ich als Therapeut dieses Dilemma?

Fallbeispiel B (Familie Berger):

Hans Berger, 18 Jahre, ältestes von zwei Kindern, wird mir mit einer kombinierten ICD-Diagnose (»chronisches Müdigkeitssyndrom, familiendynamische Problemkonstellation, Adoleszenzkrise, psychiatrische Erkrankung«) nach 14-tägiger Hospitalisation (ohne Veränderung des Zustandes und auf Austrittswunsch des Patienten) zur ambulanten Therapie überwiesen.
Vom Hausarzt wurde Hans schon vor längerer Zeit vom Schulbesuch (Gymnasium) freigestellt. In der Klinik wurden Physiotherapie, Achtsamkeitstraining (MBSR), Biofeedback sowie »der Einbezug der Familie in den Therapieprozess« (Austrittsbericht der Klinik) angeregt und dem zuweisenden Hausarzt weitergeleitet. Damit ist nun für den ambulanten, systemischen Therapeuten offen, welches das passende Setting ist und was er (darin) zu tun hat.
Im Erstgespräch, das mit den Eltern und Hans vereinbart wird, zeigt

sich letzterer in hohem Maße verlangsamt und ist nach wenigen Schritten sofort erschöpft. Das Krankheitsmodell des Patienten (viraler Infekt, Morbus Pfeiffer) gilt als »Erklärung« dieser (psychosomatischen) Krise (Müdigkeitssyndrom). Hans musste deshalb schon vor einigen Monaten einmal den Schulbesuch unterbrechen. Die Eltern sind (nach dem »Rückfall«) besorgt und wie ihr Sohn auf der Suche nach passender Therapie. Eheliche Belastungen werden im Erstgespräch deutlich, sollen aber im »Elternsetting« angesprochen werden. Fünf Sitzungen, sowohl im Einzel-, Familien- als auch Elternsetting, werden vereinbart, um anschließend aufgrund des Verlaufs das weitere Vorgehen gemeinsam zu entscheiden.
Im Einzelsetting mit Hans zeigt sich deutlich, dass dieses als »Konsilium« mit entsprechendem Empowerment (Zuversicht, Selbstwirksamkeit) im Hinblick auf die Arbeit mit den Eltern wichtig ist, aber eine Psychotherapie darüber hinaus wenig Sinn macht. Im Auftrag der Eltern (!) entwickelt sich aus dem Elterngespräch aufgrund massiver persönlicher Probleme und partnerschaftlicher Konflikte eine »Paartherapie«.
Die Sitzungen mit Hans werden zugunsten derjenigen mit seinen Eltern seltener. Der Zustand des Sohnes verbessert sich zum Erstaunen aller unerwartet schnell, so dass er nach circa sieben Wochen eine geplante Ferienreise mit Kollegen unternimmt und ein Wiedereintritt in die Schule gelingt!

Auch ein Wechsel, zum Beispiel vom Familien- zum Paarsetting, kann aus einem Prozess heraus angezeigt sein und sollte deshalb vom Therapeuten als Chance, als neuer Lernkontext genutzt werden.

Insbesondere die Arbeit mit Paaren (Kapitel 5, Fallbeispiel 2) macht deutlich, dass ein anwaltschaftlich verstandenes »Parteilichkeitsgebot« des Therapeuten für »(s)einen« Patienten problematisch ist und früher oder später zum Therapieabbruch führt.

Im Gegensatz zu einem juristischen Anwalt muss der Therapeut primär als *Anwalt der Entwicklung* arbeiten, bei Bedarf »die Ebene wechseln« (Piccard) können, um in einer Metaposition seine Neutralität zu behalten (Retzer, 2005).

Zusammenfassend darum meine *9+1 pragmatischen Leitlinien*:
1. Sei dir bewusst, dass nicht das Setting die Therapie definiert, sondern die Wahl eines passenden, günstigen Settings vom Auftrag(geber), von der »Störung« (z. B. Familientherapie bei Essstörungen oder

Paartherapie bei Beziehungsstörungen) wie auch von deinem »Gusto« und deinem Verständnis von Psychotherapie abhängt.
2. Mache dir Fragen bewusst (z. B.: Welches ist das passende Setting oder Vorgehen? Ist Paartherapie angezeigt oder ist eine solche gar kontraproduktiv?) und spreche auch mit den Betroffenen (und Kollegen und Klienten) darüber. Warum nicht auch einmal nach dem Motto: »Wenn du nicht mehr weiter weißt, frage deine(n) Klienten.«
3. Sei ehrlich zu dir (und damit auch zu Klienten und Kollegen), wenn du merkst, dass eigene Ängste, Unsicherheiten die Indikation mitbestimmen. Versuche nicht, aus der »Not eine Untugend zu machen«, indem du Therapien einfach an den/die Klienten oder Kollegen abschiebst.
4. Mache deine Überlegungen Klienten gegenüber transparent, wenn du das Setting wechselst (Therapie in einem offenen Setting), einen weiteren Therapeuten einbeziehst oder die Therapie abgibst.
5. Sei dir bewusst (und dies gilt auch für die Settingwahl), dass Therapien nur dann ins Rollen kommen, wenn es passt (generisches Prinzip 6), und genau in diesem Sinne muss vielleicht das Setting gewechselt werden.
6. Mache in Diagnose und Therapie nicht vorschnell Störungen als Probleme Einzelner zu Paarproblemen oder Familienproblemen (vice versa!). Im Sinne der Kompetenzorientierung hat sich eine Praxis bewährt, die sich am Patienten und seinen Bindungen orientiert und in seinem Auftrag das Setting erweitert.
7. Sei dir bewusst, dass Familien (als System) nach anderen Regeln als zum Beispiel eine Paar- und/oder Liebesbeziehung (dys)funktionieren und dies auch Konsequenzen für die Therapie (Setting, Vorgehen) hat.
8. Sei dir bewusst, dass bei Paartherapien die gezielte Fokussierung auf einen Indexpatienten (als den »Kranken«) kontraindiziert ist und der Therapeut in diesem sozialen Beziehungssystem »als Dritter im Bunde« anders gefordert ist, sich in jeder Hinsicht allparteilich und so lange wie möglich neutral positionieren muss.
9. Schicke, wenn möglich, deinen Klienten nicht in eine Paar- oder Familientherapie, nur weil du als »Einzeltherapeut« nicht mehr weiter weißt. Du vermittelst damit indirekt und unausgesprochen Botschaften über die Genese der Störungen, über die Schwierigkeiten

in der therapeutischen Beziehung, deine fehlende Bereitschaft für ein therapeutisches Bündnis.

+ 1: Sei dir bewusst, dass weder Setting noch Therapiemethode allein den Therapieerfolg ausreichend beschreiben und bestimmen und darum auch scheitern können (Fallbeispiel 6). Psychotherapie ist immer nur eine der möglichen Interventionen – und nicht immer die passende! Als Experte musst du auch bereit sein, mit einer Klinikeinweisung oder einer Gefährdungsmeldung (z. B. das Kindeswohl betreffend) gegebenenfalls deine Neutralität, Allparteilichkeit und Rolle als Psychotherapeut zu Gunsten von Maßnahmen der sozialen Fürsorge aufzugeben, um Schlimmeres zu vermeiden.

4 Therapie als Prozess

»Caminante, no hay camino: se hace camino al andar«
(»Wanderer, es gibt keinen Weg, der Weg entsteht beim Gehen«;
Machado, 1907/2001).

4.1 Alles nur Placebo?

»Sie selber haben ja gar nicht viel gesagt, aber unsere Herzen geöffnet« (Fallbeispiel 2). Was Herr Fausey dem Therapeuten nach einem turbulenten Erstgespräch in der zweiten Sitzung zurückmeldet, ist in der Tat ernüchternd. Zumindest dann, wenn man davon ausgeht, dass Therapieerfolg in erster Linie das Produkt der (sichtbaren) Interventionen des Therapeuten ist. So könnte man dann weiter fragen: Ist Psychotherapie nicht viel mehr ein Placebo und der Therapeut, der »Herzen öffnet«, vielmehr ein Geistheiler als ein Experte für psychische Störungen?

Psychotherapien und die Therapeuten so zu bewerten, wäre allerdings nur so lange erlaubt, wie das Verständnis von Wirkprozessen sich ausschließlich an der Erforschung des Behandlungsmodells orientiert anstatt – wie in einem Kontextmodell (Frank, 1985; Wampold, 2001) – am Therapieprozess, und die Patienten wie auch den Therapeuten (Schiepek, 2010; Lambert, 2010b) aktiv in die Therapieforschung einbezogen werden.

Schaut man auf der Klientenseite nämlich genauer hin (Feedback-Prozesse), kann man zum Beispiel sehen, dass in Therapien ein Reframing, weg von einer demoralisierenden Bewertung der Beschwerden (»ich bin gestört«, »ich kann das nicht verstehen«, »ich kann das nicht verändern«) hin zu einer moralisierenden Bedeutung, stattfindet, das heißt eine Transformation der Bedeutung (»ich bin nicht krank«, »ich bin froh, dass es mir/uns besser geht, auch wenn ich nicht genau weiß, warum«). Wichtig ist dabei die *Bedeutung der Bedeutung* (z. B. Erwartungserwartungen) im System von Klienten.

Therapeuten sehen sich in Therapien durch direkte oder indirekte Anwesenheit von Mitbetroffenen nicht nur mit dem Patienten, sondern mit »kognitiven und affektiven Systemen« (Erwartungen, Annahmen,

Vorurteilen, Überzeugungen, Glaubenssätzen, Bindungen usw.) bedeutsamer Anderer konfrontiert. Dies könnte erklären, warum Klienten im Einbezug des sozialen Umfeldes oft unerwartet schnelle Veränderungen erleben (Fallbeispiele). In der Systemischen Therapie wird diese »Kollektivität« als Wirkfaktor explizit genutzt (vgl. Kapitel 3.4). Der Therapeut wird dann sozusagen zu einem Experten für die »kollektive Umstrukturierung« kognitiver und emotionaler Muster.

Mit Blick auf das Placebo könnte man sagen: Es gibt keinen Placeboeffekt, sondern das Placebo hat eine Bedeutung und die Bedeutung hat einen unspezifischen, aber relevanten Effekt, der nun – vergleichbar mit den allgemeinen Wirkfaktoren in der Psychotherapie – spezifisch genutzt wird. Aus dieser Perspektive wirken sowohl Psychotherapie als »Verwaltung der vagen Dinge« (Fuchs, 2011) als auch Placebo über Bedeutungen. Beides sind Mittel zur Bedeutungsveränderung mit entsprechendem Effekt, auch wenn die Ursache und Wirkung der »Uncodiertheit von psychischen Problemen« (Fuchs, 2011, S. 37) wissenschaftlich (noch) nicht eindeutig bestimmt werden kann. »Im Blick auf psychische Systeme fallen dabei (Leidensdruck erzeugende) Unschärfeprobleme an, auf die sich dann Psychotherapie bezieht« (Fuchs, 2011, S. 37).

»The power of placebo« (Wampold et al., 2005) lässt sich in unzähligen Erfahrungen aus der Praxis, insbesondere der somatischen Medizin, belegen. »Placebos wirken stärker und sehr viel komplexer als bisher angenommen. Ihr Einsatz ist von enormer Bedeutung für die ärztliche Praxis« (Jütte, Hoppe u. Scriba, 2011, zit. nach GEO 8/2011, S. 129). So haben viele Studien in der somatischen Medizin eindrücklich gezeigt, dass »allein die Mitteilung, dass ein Schmerzmittel verabreicht werde (auch wenn es Kochsalz ist), dieselbe Wirkung hat wie 6 bis 8 mg Morphium. Bei verdeckter Verabreichung eines Schmerzmittels (z. B. in einer laufenden Infusion, ohne Angabe, wann das Schmerzmittel beigefügt wird) werden 50 Prozent höhere Dosen benötigt, als wenn der Zeitpunkt der Wirkstoffzufuhr bekannt ist« (Kesselring, 2009). Genauso hat die Anwendung von Akupunktur bei bestimmten Beschwerden sogar bessere Resultate gezeigt als schulmedizinische Eingriffe, selbst wenn die Nadeln »falsch« gesetzt wurden (Brinkhaus u. Witt, 2006, zit. nach GEO 8/2011, S. 123), genauso wirkt Placebo auch in der Psychotherapie jenseits störungs- oder schulenspezifischer Prämissen. Placebo ist also »nicht einfach nichts«.

Wie bei Placebos in der somatischen Medizin werden mit Psychotherapie ähnliche Hirnregionen aktiviert. »Im Heilprozess ist nicht nur das Mittel selbst wichtig, sondern auch das Gefühl des Patienten, dass für ihn gesorgt wird oder dass er für sich selbst sorgen kann« (Kesselring, 2009).

Im Gegensatz zu biomedizinischen Modellen, die sich vor allem an der Ätiologie einer Krankheit orientieren, wird in der Psychotherapie das Placebo nicht als »Störung« isoliert (und wie in der Pharmaforschung und Pharmakotherapie streng zwischen Verum und Placebo unterschieden), sondern Patienten- und Therapeutenvariablen (z. B. Zuversicht des Patienten oder Überzeugtheit des Therapeuten) werden *aktiv mit konzeptualisiert* (Wampold et al., 2005; Clarkin u. Levy, 2004; Baskin et al., 2003).

Dabei ist in hohem Maße der Kontext der Therapie (Struktur, Rahmen, Setting) wie auch der Kontext des Klienten (Lebensumfeld, Mitbetroffene) von Bedeutung. Die mit dem Handeln verbundenen Lernprozesse geschehen meist »unbewusst« und wie sich die Wirkung ergab, bleibt oft unerkannt. Dieses Wissen und die damit verbundenen Behandlungseffekte sind Teil eines systemischen Verständnisses von Psychotherapie als eine Praxis der Selbstorganisation.

Fallbeispiel:

Roland Buchmann, 19 Jahre, meldet sich kurz vor Abbruch, aber auch Abschluss seiner Lehre in einem zweiten Lehrbetrieb erneut (nach Einzel- und Familientherapie vor ca. einem Jahr) verzweifelt bei mir: »*Wahrscheinlich bin ich doch depressiv und brauche Medikamente.*«
Indem ich als Therapeut
- *meine diesbezügliche Offenheit für seine Problembeschreibung (Depression) und sein Anliegen (Medikamente) deutlich signalisiere,*
- *seine Optionen »abbrechen« (bzw. ein Jahr verlängern) oder »durchziehen« als Entscheidungsgrundlage benenne und als Dilemma würdige,*
- *die positiven und negativen Konsequenzen (z. B. Arztkontakt, Wirkungen und Nebenwirkungen von Medikamenten usw.) mit seiner Entscheidung verbinde,*

entsteht Zuversicht und daraus mobilisiert Herr Buchmann, vorher durch Angst und Panik blockiert, Selbstvertrauen und Aktivität (Selbstwirksamkeit). Tatsächlich kommt er eine Woche später und berichtet, dass er
- *sich für »abschließen« entschieden habe,*
- *von seinem Lehrmeister gestern ein gutes Feedback erhalten habe und*
- *vorläufig auf Medikamente verzichten möchte.*

Obwohl damit noch nichts über die Nachhaltigkeit dieser Krisenintervention gesagt ist (außer, dass der Klient schließlich die Prüfung bestanden hat!), ist die Bedeutungsveränderung das Ergebnis von Prozessen, in der Placeboeffekte nicht gegen andere, spezifische und allgemeine Wirkfaktoren abgegrenzt werden können.

So verstanden kann Psychotherapie als »ein Schaffen von geeigneten Bedingungen für die Möglichkeit von Übergangen zwischen dynamischen Mustern« (Schiepek, 2003, S. 240) interpretiert werden, und der Therapeut als »Kontextmacher« (Asen, 2008) wird zum Geburtshelfer für sich selbstorganisierende Prozesse des Wandels.

Auf dem Boden von Klientenvariablen gilt es also zu entscheiden, welche Therapeutenvariablen als therapeutische Kompetenzen bedeutsam sind, damit das Placebo auch seine Wirkung zeigen kann. Dann aber, wenn Therapien nicht anlaufen oder die erwünschte Wirkung nicht eintritt, müssen auch die Nocebo-Effekte und der Umgang damit beachtet werden: »Mangelnde Motivation, Misstrauen auf Seiten der Patienten oder auf Seiten der Behandler, fehlende Empathie, Zeit- und Interesselosigkeit […] Therapeutische Handlungen finden eben immer in einem komplexen psychosozialen Kontext statt« (Kesselring, 2009). Therapeuten, die Prozesse komplex verstehen wollen, um einfach handeln zu können, sind also gefordert.

4.2 Passt der Schlüssel?

Jeder Therapeut, ob Anfänger oder Fortgeschrittener, ist bestrebt, dass das, was er macht, vielleicht doch auch tiefere, nachhaltigere Wirkungen zeigt als das Placebo allein. Therapieeffekte mit Placeboeffekten gleichzusetzen, wäre genauso falsch wie der Glaube, dass allein Interventionen den Effekt erzeugen.

Vielmehr geht es darum, als Therapeut einen passenden »Weg nach Rom« zu finden und sich dann mit dem Patienten in der Sitzung, sozusagen vor Ort, zu orientieren. »Man kann sich nur in Rom auf Rom vorbereiten« (Goethe, 1816/1981, S. 130).

Damit stellen sich auch die *Fragen nach der Passung* von Fall zu Fall:
- Unterstützen oder behindern zum Beispiel testpsychologische Abklärungen und störungsspezifische Diagnosen den Anschluss?
- Welches ist das passende Tempo (z. B. beschleunigen oder verlangsamen)?
- Wie kündet sich der günstige Augenblick (Kairos) kritischer Instabilität an?
- Gilt es »auszuhalten« und/oder zu konfrontieren?
- Ist Exposition angezeigt?
- Braucht es ein Skills-Training?
- Arbeite ich mit Metaphern, Reframings, Aufgaben oder einfach nach meinem Gusto?
- Wie viele Sitzungen sind nötig und wer oder was entscheidet darüber? usw.

Auch wenn alle Forschungen die Bedeutung von Techniken in der Psychotherapie relativieren (Wampold et al., 1997; Wampold, 2001; Lambert u. Ogles, 2004) und deren Anteil am Erfolg auf der Grundlage von Metaanalysen dauernd nach unten korrigiert werden (von 15 % gegen 5 %), nehmen Therapeuten sich als Interventionisten nach wie vor zu wichtig. Fortbildungsangebote, immer wieder neue spezifische Methoden für spezifische Störungen machen den Praktiker glauben, dass es spezifische methodische Essenzen (Rezepte) gibt, die ihm bei der Navigation durch die Turbulenzen helfen können. »Manchmal wünsche ich mir verhaltenstherapeutisch geschulte Klienten, die das, was ich gelernt habe und mit ihnen machen möchte, auch genauso verstehen und machen würden«, wie ein Supervisand, ausgebildet in kognitivbehavioraler Psychotherapie, sein Dilemma lakonisch formulierte.

Aus einem Blickwinkel auf therapeutische Professionalisierung »jenseits des Standardmodells« (Schiepek, 2008) müssen auch Therapiemanuale vor diesem Hintergrund, so hilfreich diese für den Anfänger auch sein mögen, kritisch beleuchtet werden. »The map is not the territory« (Bateson, 1981, in Anlehnung an Korzybsky, 1958) oder wie es Freud einmal sagte: »Speisekarten und Rezepte machen nicht satt« (zit. nach Revenstorf, 2009, S. 145).

»Manualtreue« kann die natürlichen sozialen Kompetenzen von Therapeuten auch behindern (Henry et al., 1993) und ist, wie neuere Untersuchungen zeigen, kaum wirksam für die Etablierung und Multiplikation psychologisch-therapeutischen Wissens im Rahmen von Aus- und Weiterbildungen (Herschell et al., 2010). Oft zu linear und losgelöst vom realen »Modell« stehen sie in der Landschaft.

Störungsspezifische Techniken und Interventionen greifen gerade in »schwierigen Interaktionssituationen« (Kapitel 3.3) zu kurz, zumal die meisten in kontrollierten Settings außerhalb des therapeutischen Alltags beforscht und entwickelt wurden. »Oft sind es Patientenvariablen, die für den Therapieerfolg eine Rolle spielen. Mehr als auf die Diagnose und die Schwere der Problematik kommt es dabei offenbar auf die prämorbide Anpassung, auf persönliche und interpersonelle Kompetenzen und Ressourcen, und vor allem auf die Veränderungsmotivation und Aufnahmebereitschaft des Patienten an« (Schiepek, 2008, S. 1140)

4.3 Diagnostik: Muster erkennen und Prozesse verstehen

Psychotherapie ist ein bewusster und geplanter Interaktionsprozess zwischen einem oder mehreren Patienten und einem oder mehreren Therapeuten (Kächele u. Kordy, 1997). Er kann als Abfolge unterschiedlicher Formen der Beziehungsgestaltung verstanden und beschrieben werden (Villmann et al., 2011).

Im Selbstorganisationsmodell wird die Therapeuten-Patienten-Beziehung als ein offenes (Energie-)System mit intrinsischer Dynamik angesehen. Dies hat nachhaltige Wirkungen auf das Verständnis einer Diagnostik. Verwurzelt in der medizinischen Tradition orientiert sich die vorläufig noch gültige klinische Diagnostik psychischer Störungen (ICD-10, DSM-IV) vorwiegend am medizinischen (Standard-)Modell.

Diese Klassifikationssysteme verstehen sich (noch) nicht dimensional (wie vorgesehen im DSM-V) und zudem losgelöst vom psychosozialen Kontext und den Ressourcen von Patienten kategorisiert (z. B. narzisstisch anstatt selbstbewusst usw.). Leider werden in der Alltagspraxis Störungen noch zu oft mit (unklaren) Bauchentscheidungen diagnostiziert, etikettiert (z. B. persönlichkeitsgestört) und Patienten so entlang von Eigenarten pathologisiert (vgl. Fallbeispiel 3).

Welche Diagnostik(en) brauchen Therapeuten für Indikationsentscheidungen, so dass »nichtcodierte Probleme« (Fuchs, 2011), das heißt ungefasste Probleme, fassbar gemacht werden können?

Oft gelingt es gerade darum nicht, den Draht zu einem Klienten zu finden, weil Therapeuten (entlang dem medizinischen Verständnis) den Patienten solcher Art erfassen wollen, indem sie deren Probleme testpsychologisch »kodieren«. »Für das objektive Verständnis seiner Krankheit und für das Schaffen einer menschlichen Beziehung ist Wissen notwendig – und zwar nicht nur rein medizinisches Wissen« (Jung, zit. nach Alt, 1991, S. 82).

Therapeuten brauchen in erster Linie *prozessbegleitende Entscheidungsregeln* und Beurteilungsmöglichkeiten. Die Orientierung an Störungsbildern (DSM-IV) und klinischer Diagnostik ist in aller Regel für das konkrete »Fallverstehen« nicht ausreichend, oft engt sie als Landkarte der Psychopathologie den Blick sogar ein, so dass viele, auch therapeutisch erfolgreiche Kollegen, auf klinische Diagnosestellung verzichten, solange eine solche nicht vom Kostenträger verlangt wird.

Auch wenn Therapeuten ihre (klinische) »Wanderkarte« als Orientierungshilfe dabei haben, über Konzepte, Techniken oder Therapiemanuale verfügen, wissen sie mit klinischen »Bauchdiagnosen« nämlich doch nie genau, ob
- sie denn tatsächlich auf dem richtigen Weg sind;
- die Karte für den eingeschlagenen Weg und das Konzept im entsprechenden Kontext passt (oder hinderlich ist);
- der Weg viel steiler, die Widerstände größer sind als erwartet;
- die Fitness und Kondition genügt, ihre Belastbarkeit oder die Kompetenz ihrer Klienten ausreichend oder viel besser ist als erwartet;
- sie für diesen Weg, für unerwartete Komplexität auch entsprechend ausgerüstet sind;
- sich Abkürzungen zeigen, sich unerwartete Wendungen für schnelle Lösungen oder eine Therapie in einem neuen oder erweiterten Setting anbieten;
- Umwege nötig sind oder die Witterungsverhältnisse sie zur Umkehr zwingen, Therapien abgegeben oder vorzeitig abgebrochen werden.

So wie »der Weg beim Gehen entsteht«, ist auch Psychotherapie ein Prozess mit unterschiedlichen Prozessebenen und Strukturierungsprinzipien: Wahrnehmung, Bewusstsein, biosomatische Prozesse und interpersonelle Beziehungen (Kriz, 2010). »Psychotherapeuten sind insofern Experten, als sie über spezielle Beobachtungstechniken verfügen, mit denen das je Unbeobachtbare wieder eingeführt wird. Die Klienten werden konfrontiert mit ›Lücken‹ in ihrer Selbstbeobachtung, mit der möglichen Fehlerhaftigkeit von Selbstbeschreibungen« (Fuchs, 2011, S. 22).

Eine Diagnose muss sich nicht nur als klinische, sondern in erster Linie als Problembeschreibung (Hypothesen) für Mustererkennung im Therapieprozess bewähren. Ob es sich dabei um eine »krankheitswertige Störung« handelt, ist zwar in verschiedener Hinsicht entscheidend. Immer aber gilt es kritisch zu bedenken, wie weit die Diagnose »Krankheit« einen Therapieprozess fördern oder allenfalls auch behindern kann (vgl. anschließendes Fallbeispiel sowie weitere Ausführungen dazu in Kapitel 6). Für die Therapie heißt dies: lieber keine störungsspezifische als eine falsche oder stigmatisierende (Eindrucks-)Diagnose.

Hilfreich für die Prozessführung ist eine Diagnose dann, wenn sie einen Horizont von Fragen und neuen Verstehensmöglichkeiten im Interesse des Klienten eröffnen kann. »Die Fachperson arbeitet sich von Hypothese zu Hypothese vor, als wären es Eisschollen in einem Fluss, den es zu überqueren gilt. Die einen Eisstücke tragen mehr, die anderen sinken ein« (Liechti u. Liechti-Darbellay, 2010, S. 332). Diese kreative Komponente beim Hypothetisieren hilft bei der Orientierung und eröffnet Therapeuten wie Klienten neue Sichtweisen und Denkmodelle. »Aus dieser Sicht sind Therapeuten Unschärfe-Aushalte-Meister« (Fuchs, 2011, S. 96).

Erst am konkreten Fall lässt sich zeigen, kommentieren und nachvollziehen, wie
- ein Vater, selbst mehrere Jahre alkoholabhängig und dadurch stigmatisiert, als Bündnispartner für die Therapie seines drogengefährdeten Sohnes gewonnen werden kann (Rufer, 2012),
- eine Mutter, die mit ihrem Trauma allein gelassen wird, eine Sichtweise entwickelt, die es ihr ermöglicht, ihrem Sohn (trotz Trauma) Autonomie in Verbundenheit zu ermöglichen (Fallbeispiel 4), oder
- eine Frau, die wegen sexueller Übergriffe seitens ihres inzwischen

verstorbenen Vaters ihre Sexualität eingefroren hat, trotzdem zu einer Konfrontation (mit der Mutter) geführt werden kann (Fallbeispiel 5).

Das Erkennen von Handlungs- und Beziehungsmustern als Teil einer biografischen Strukturierung, ihre Bedeutung für Klienten und Angehörige, die Wahrnehmung von Unterschieden und Ressourcen im System und die ganzheitliche Vermittlung bilden die Grundlage für den handwerklichen Umgang und den passenden Einsatz therapeutischer Interventionen und Techniken. »Es ist dieses Schließen, Errechnen, dieses (Um-)Deuten, das die Operation der Psychotherapie bestimmt« (Fuchs, S. 98), im Wissen, dass manifestes Verhalten nicht alles erklärt.

Dieses *Diagnostizieren von Mustern* (Prozesse und Strukturen) ist eine Lesart, mit der sich passendes Vorgehen aus dem Therapieverlauf heraus entwickelt. Daher lässt sich Diagnostik in der Alltagspraxis kaum vom therapeutischen Prozess abgrenzen. Dabei können durchaus auch internetbasierte Hilfsmittel (z. B. synergetisches Prozessmanagement SNS, Strunk u. Schiepek, 2007; Schiepek, 2011a) zum besseren Verständnis von Problemen und Prozessen helfen.

Metaphorisch gesprochen, geht es darum, einen Weg zu gehen, der gut genug ist, um
- »Unwissenheit« als Chance für neue Erfahrungen zu nutzen, aber seine Aufgabe als Bergführer ernst nehmen und im Bedarfsfall auch Karte und Kompass zu gebrauchen, wenn man nicht mehr sicher ist. Je nachdem, *wie* eine Seilschaft in den Berg einsteigt, gelingt die Bewältigung des Berges oder nicht.
- Tempo, Rhythmus so zu wählen, dass man selbst gefordert ist, aber der Klient nicht unter- oder überfordert wird, und schließlich
- einen langem Atem zu haben, gerade wenn der Weg beschwerlich wird.

4.4 Prozesssteuerung: Veränderung anstoßen und gestalten

In der Psychotherapie geht es vornehmlich darum, dass sich Kognitions-, Emotions- und Verhaltensmuster der Patienten nachhaltig verändern. Dies verlangt Therapie- und Systemkompetenz. Die Theorie der Selbstorganisation als einer Theorie von Veränderungsprozessen schafft die Grundlage für therapeutische Kompetenz.

Mit ihrem Modell therapeutischen Wandels geht sie – ähnlich wie die mit ihr verwandte Chaostheorie – davon aus, dass
- kleine Ursachen (Impulse, Anregungen) große Wirkung haben können;
- für neue Ordnungen (Wandel) Phasen der Instabilität durchlaufen werden;
- Wandel, wenn er passiert, nicht linear, sondern kaskadenartig verläuft;
- starke Problemattraktoren (z. B. komplexe Traumatisierung) Ordnungsübergänge auch hemmen können;
- Therapeuten an systemeigene Kräften und Prozessen ankoppeln.

»Der systemische Psychotherapeut ist nicht länger Archäologe, der nach dem vermeintlich vorhandenen, aber gut zugeschütteten Schatz sucht, mit dem Ziel, echtes Gold zu finden. Er ist eher ein Erfinder, ein Tüftler, der versucht, mit unscheinbaren Kupferdrähten, Röhren und allerlei anderem, mehr unedlem als edlem Metall einen halbwegs brauchbaren Radioempfänger zu basteln« (Retzer, 2002, S. 59).

An die Stelle einer Fokussierung auf Interventionen tritt eine *Fokussierung auf Resonanzen* und Synchronisationsprozesse im Beziehungs- und Bindungssystem. Da systemische Psychotherapie das Lösungspotenzial als im System schon vorhanden voraussetzt (vgl. weitere Ausführungen dazu in Kapitel 3.1), sind Interventionen
- nicht spezifisch plan-, programmier- und voraussagbar;
- nicht aus sich selbst, sondern nur aus dem Prozess und den Wirkungsmomenten heraus zu bestimmen;
- auf störende Beziehungsmuster (auch im Helfersystem) ausgerichtet;
- am Therapeuten/Therapiesystem als strukturierendem Element orientiert;
- eine Chance, Sicherheit zu vermitteln als auch Phasen der Instabilität mit passenden Impulsen (z. B. auch mit Humor) therapeutisch zu nutzen.

Dies verlangt unterschiedliche Behandlungsperspektiven im Wissen, dass »alles, was wir entscheiden, im Lichte des emotionalen Erfahrungsgedächtnisses entschieden wird« (Roth, 2007, S. 199; LeDoux, 1998; Ciompi, 1982).

So brauchen zum Beispiel depressive oder ängstlich-zwanghafte Patienten eher eine Emotionen stimulierende Therapie, während emotional instabile oder traumatisierte Patienten vorrangig eine strukturierende, die Gefühle stabilisierende Therapie brauchen. »Therapeutische Techniken für sich sind dumm, erst ihre Kontextanpassung macht sie intelligent. Die Kompetenz bei der Steuerung eines systemischen Therapieprozesses besteht darin zu erkennen, welche der vielen zur Verfügung stehenden Techniken – abhängig vom Kontext – gerade produktiv, welche nicht produktiv oder welche gar kontraproduktiv sind« (Clement, 2004, S. 3).

Das Rollenverhalten des Therapeuten kann dabei den Resonanzen entsprechend erheblich fluktuieren: schonend, fördernd, gewährend; aber auch fordernd, indirekt und direkt provozierend (verstörend); ernsthaft-mitfühlend, aber auch humorvoll umlenkend.

Im Sinne des »dialektischen Prinzips« (Clement, 2004) heißt dies, dass es in jeder Technik einen Antagonisten gibt, also die gegenläufige Technik. Erst wenn die Technik und ihr Gegenteil (oder die Unterlassung) gleich gut möglich ist, steht die Technik als Technik zur Verfügung. Der *Umgang mit Komplementarität* (empathisch vs. beobachtend, stabilisierend vs. destabilisierend, ernsthaft vs. humorvoll, aushalten vs. agieren usw.) ist daher der zentrale Teil therapeutischer Kompetenz in der Prozesssteuerung und Gesprächsführung.

Intervenieren in einem solchen Sinne heißt demnach,
- Feedbacks von Klienten richtig lesen,
- Bindungen als Ressourcen erkennen und sie auch nutzen,
- den Kompetenzen von Klienten zu vertrauen,
- Unerwartetes tun: verstören, aber nicht stören,
- mutig sein: respektlos Problemen gegenüber, aber respektvoll Patienten (und Mitbetroffenen) gegenüber.

Studien haben gezeigt, dass sich auch für die Therapie günstige Phasen der Instabilität unbemerkt ankündigen und zu plötzlichem, auch unerwartet schnellem Wandel führen (vgl. Kapitel 2.1).

Vielleicht treffender, als es ein Therapeut jemals könnte, beschreibt Bob Dylan, ein Meister der Vereinfachung und Verwandlung, in seinen

»Chronicles« diesen Prozess: »Manchmal weiß man, dass sich etwas ändern muss, ändern wird, aber es ist nur eine Ahnung, so wie in Sam Cookes Song ›A Change Is Gonna Come‹ – man hat es nicht klar und zielsicher vor Augen. Unscheinbare Vorzeichen kündigen einen Wandel an, doch sie sind nicht leicht zu erkennen. Und dann gerät auf einmal alles in Bewegung, man springt ins Unbekannte und findet sich in einer anderen Welt wieder, die man instinktiv versteht – man ist befreit. Man muss keine Fragen stellen, denn man weiß schon, wo es langgeht. Wenn so etwas geschieht, dann kommt es einem vor, als gehe es rasend schnell vor sich, wie von Zauberhand, aber in Wirklichkeit verhält es sich ganz anders. Es ertönt kein dumpfer Gongschlag, und dann ist der große Moment da – es fällt einem nicht wie Schuppen von den Augen, und man ist sich plötzlich seiner Sache ganz sicher. Es passiert nach und nach. Jemand hält den Schlüssel hoch, schließt die Tür auf – die Tür wird aufgerissen, man wird hindurchgeschubst und muss sich völlig neu orientieren. Manchmal braucht man eine helfende Hand, wenn man sich zurechtfinden will« (Dylan, 2008, S. 69).

Wie diese »helfende Hand« aussehen könnte, damit sich Menschen in den Turbulenzen akuter Belastungssituationen »zurechtfinden«, soll nun in den Fallbeispielen ausführlich dargestellt werden.

5 Systemische Fallkonzeption – Fallbeispiele

5.1 Stefan Haller

> »Mir selber bringt das nichts. Wenn es sie (die Eltern) beruhigt,
> dass ich komme und mitmache, dann mache ich das«
> (Stefan Haller, 18 Jahre).

Übersicht und Lerninhalte

Bei Missbrauch psychoaktiver Substanzen und Substanzmittelabhängigkeit sind Fachleute gefordert, damals (1996) wie heute. Viel Resignation hat sich unter Psychotherapeuten breit gemacht: fehlende Verbindlichkeit und Motivation, wiederholte Rückfälle, Therapieabbrüche.

Insbesondere in der Früherfassung von drogengefährdeten Jugendlichen hat sich deshalb der aktive Einbezug von Angehörigen schon früh etabliert (z. B. Kaufman u. Kaufman, 1983; Küstner, Sack u. Thomasius, 2003). Drogen sind eben nicht nur psychoaktiv (ICD-10), sondern in hohem Maße »sozioaktiv«. Systemische Therapie/Familientherapie bei Substanzmittelmissbrauch (Osterhold u. Molter, 1992) ist deshalb angezeigt. Sie hat sich auch bewährt und Erfolge lassen sich in wissenschaftlich kontrollierten Studien nachweisen (von Sydow et al., 2007).[5]

In diesem ersten Fallbeispiel geht es um einen suchtgefährdeten 18-jährigen Jugendlichen. Die ausführliche Darstellung der Prozesssteuerung unter Einbezug individueller und familiärer Ressourcen steht deshalb im Zentrum.

---

5 Die wissenschaftliche Anerkennung der Systemischen Therapie begründet der Wissenschaftliche Beirat Psychotherapie Ende 2008 mit spezifischem Verweis auf »Drogenmissbrauch« (vgl. Fußnote 3).

Der Aufbau eines Therapiesystems und die passenden Indikationsentscheidungen (Settingwahl, Problemfokus, Interventionen) entlang generischer Prinzipien werden Schritt für Schritt aufgezeigt und kommentiert. Besonderes Augenmerk liegt auf der Selbstorganisation des Klientensystems und der Gesprächsführung des Therapeuten in unterschiedlichen Settings (Familie, Eltern, Geschwister).

Verblüffende Wendungen machen deutlich, dass Psychotherapie weniger ein ausgeklügeltes Intervenieren als vielmehr ein Schaffen von Bedingungen für anstehende Klärungs-, Entscheidungs- und Entwicklungsprozesse ist.

Schlüsselwörter: Substanzmittelmissbrauch, Früherfassung, Motivation, familiäre Ressourcen, Selbstorganisation, Prozesssteuerung, Gesprächsführung.

Anmeldung

Frau Haller meldet sich telefonisch wegen ihres Drogen konsumierenden Sohnes Stefan. Es bestünden aufgrund der Drogenproblematik große familiäre Probleme, insbesondere eskaliert der Streit zwischen Vater und Sohn. Sie wünscht sich einen »harten Therapeuten« und bittet mich um einen Termin sobald wie möglich. Die Empfehlung hätte sie von einer befreundeten Familie.

Zur Familie: Herr Haller (48 Jahre) ist Anwalt in eigener Kanzlei. Frau Haller (46 Jahre), Mutter von zwei Kindern, arbeitet als Teilzeitsekretärin in der Kanzlei ihres Mannes mit. Stefan, bald 18-jährig, absolviert das erste Lehrjahr als Schreiner. Renate (17 Jahre) besucht das 10. Schuljahr einer Privatschule und strebt eine Ausbildung als Pflegefachfrau an

Kommentar und Vorgehen: Eine Therapie beginnt mit der Anmeldung. Schon vor dem Erstgespräch sollte deshalb das Anmeldungsszenario reflektiert werden.

1. Was veranlasst die Mutter, zum jetzigen Zeitpunkt anzurufen und »Soforthilfe« bei einem »harten Therapeuten« zu suchen?

Die Erfahrung in der Therapie von Menschen mit Drogenproblemen hat gezeigt, dass Kinder und Jugendliche Drogenkonsum verheimlichen und Eltern aus Schuld- und Schamgefühlen damit verbundene Probleme so lange aufschieben, bis es dann plötzlich brennt und schnell Lösungen gefunden werden müssen.

Aus einer therapeutischen Perspektive stellen sich deshalb schon im Vorfeld Fragen:
- Warum ruft bei einem bald erwachsenen Sohn die Mutter an?
- Was heißt dies für die Wahl des Therapiesettings?
- Welche Rolle spielen die von der Mutter erwähnten familiären Probleme?
- Warum ein »harter Therapeut«?

2. Welche Helfer/Institutionen wurden schon aufgesucht?
In der Regel ist man nicht der Erste und doch derjenige, von dem nun die ultimative Hilfe erwartet wird. Rund um Drogenprobleme, wenn sie dann als solche wahrgenommen werden, etabliert sich schnell ein Helfersystem aus Freunden und Fachleuten. Es lauern viele Fallen: Bei Drogenproblemen zeigt sich eine ausgeprägte Tendenz, die Verantwortung an einen Experten zu delegieren. Der Therapeut muss sich dann als Spezialist beweisen und zeigen, dass er der Empfehlung gerecht wird und mehr bewirken kann als andere. Das macht ihm Druck und beeinträchtigt den Anspruch auf Offenheit und Neutralität.

3. Wer will was? Wer wird zum Erstgespräch eingeladen?
Grundsätzlich sind alle Familienmitglieder betroffen, wenn auch unterschiedlich motiviert. In der Regel stehen bei Kindern und Jugendlichen die Mütter in ihrer Erziehungsrolle am stärksten unter Druck und der Indexpatient (Stefan) kommt – wenn überhaupt – unfreiwillig zu einem Erstgespräch. Die »Motivierung von Jugendlichen« (Liechti, 2009) ist damit auch ein Beziehungstest für den Therapeuten. Bewährt hat sich deshalb ein Vorgehen, das der Türöffnerin – in diesem Fall die Mutter – die Entscheidung für das Setting in einem Erstgespräch überlässt. Als Therapeut erhalte ich am Telefon erstmals Gelegenheit, mich zu positionieren:

Therapeut: Mir wäre das Kennenlernen aller Betroffenen und ihrer Sichtweisen sehr hilfreich, so dass ich meinerseits gern alle zu einem Erstgespräch einladen möchte.

Diese offene, nicht bewertende Haltung/Intervention im eigenen (professionellen) Interesse ermöglicht den Betroffenen, dem Therapeuten so zu helfen, dass er vielleicht auch ihnen helfen könnte.

4. Welche Vorannahmen hat der Therapeut nach dem telefonischen Erstkontakt?

Aus ersten Hinweisen oder Signalen (Telefonat der Mutter), aus Erfahrung, oft aber auch aus bewertenden Vorannahmen konstruieren wir unweigerlich Hypothesen, zum Beispiel:
- In einer Akademikerfamilie hat der Sohn als Handwerker schlechte Karten.
- Ein »harter Therapeut« (Zitat Frau Haller) soll die Vaterrolle übernehmen.
- Hinter den familiären Schwierigkeiten stehen Eheprobleme.

Das Erstgespräch dient darum in erster Linie dem Schaffen von *Stabilitätsbedingungen* [1], indem der Anschluss an unterschiedlich motivierte Klienten gefunden werden muss, so dass auch ein möglicher Auftrag formuliert werden kann. Dabei gilt es aufgrund von ersten Eindrücken und Verhaltensmustern auch Vorannahmen über seine Klienten (z. B. einzelne Familienmitglieder) kritisch zu prüfen.

Erstgespräch mit der Familie

Kommentar: In der Auftragsklärung hat es sich bewährt, zwischen Auslösebedingungen von Problemen und den Anliegen von Klienten zu unterscheiden:
- Vorannahmen (des Therapeuten und der Klienten),
- Anlass oder Auslöser (Wer/was hat zur Anmeldung geführt?),
- Anliegen (Wer will was und was nicht?).

Daraus lassen sich zusammen mit den Betroffenen ein Therapieauftrag, ein therapeutisches System und ein Therapieplan entwickeln. Die folgenden drei Ebenen gilt es dabei zu berücksichtigen:
- Kontext-, Klienten- und Anschlussorientierung,
- Problem-, Störungs- oder Krankheitsorientierung,
- Prozessorientierung.

Die Rahmung der Therapie geschieht immer in einer Einheit von prozessorientierter Systemdiagnose und Therapie (Kapitel 4.3) und in einer Haltung der Offenheit gegenüber allen und der Bereitschaft zur Kooperation. Für die Gestaltung des Anschluss- und Therapieprozesses können folgende Fragen helfen, zum Beispiel:
- Was wird von wem wie »gesagt«?
- Welche beziehungs-, bindungs-, entwicklungs- und störungsspezifischen Muster zeigen sich und wie können diese genutzt werden?
- Beim wem ist der Leidensdruck und beim wem der Widerstand am größten?
- Welche Interessen und Bedürfnisse müssen beachtet werden?
- Wo zeigen sich Ressourcen und welches sind die Schlüsselpersonen?

Vorgehen: Weil es brennt und der ansonsten beruflich unabkömmliche Vater am darauffolgenden Tag seinen Kollegensonntag hat, komme ich der Familie entgegen und ermögliche so umgehend ein Erstgespräch, zu dem alle wie vereinbart kommen.

Wichtig ist, dass ich als Therapeut meinen Fokus nun nicht sofort auf den Indexpatienten als Problemträger lege. Gerade Jugendliche geraten durch ihr störendes Verhalten und den damit oft verbundenen monatelangen familiären Reibereien immer mehr in die Rolle des schwarzen Schafes. Unweigerlich erwarten sie von einer Therapie und dem Therapeuten mehr von demselben (Vorwürfe), das heißt: in der Regel eben nichts.

Alles, was ich in dieser Situation tue, ist gut, wenn es nicht mehr desselben ist. Ziel ist, alle Betroffenen ins Boot zu holen, damit sie ihren Möglichkeiten entsprechend mitrudern können. Aus der diagnostisch-therapeutischen Perspektive sollen deshalb im Erstgespräch die Probleme jedes Einzelnen verstanden und bisherige, auch dysfunktionale Problemlösungsversuche gewürdigt werden.

Mit Bezug auf die akute Krisensituation eröffne ich darum die Sitzung mit einer offenen Frage, die zum Ziel hat, die besonderen Umstände für eine unmittelbare Lösung, das heißt den Anlass und die (unterschiedlichen) Anliegen, zu verstehen.

Nach dem ich mit jedem Familienmitglied Kontakt aufgenommen und die strukturellen Bedingungen der Therapie (Finanzierung, Sitzungsdauer, eventuell Time-out des Therapeuten usw.) erläutert habe, gebe ich den Ball wieder zurück.

Therapeut: Was führt Sie – sozusagen in einer Blitzaktion – zu mir?

Die Mutter, nachdem sie sich per Augenkontakt mit allen anderen kurz abstimmt, beantwortet als Erste meine Frage.

Kommentar und Vorgehen: Ich beobachte nun aufmerksam den damit angestoßenen familiären Selbstorganisations- und Entscheidungsprozess, schaffe Raum für ihre Problemdarstellung und kann so vielleicht erste *Muster im relevanten System* erkennen [2].

Die Mutter beginnt zu erzählen: Stefan konsumiere seit einiger Zeit Ecstasy, betreibe offensichtlich auch Handel damit. Seit einem halben Jahr wüssten sie davon. Stefan gehe jedes Wochenende auf Partys, vernachlässige die Schule, zeige ungenügende Leistungen. Der Vater unterstreicht dies und führt aus, dass Lehrmeister und Berufsschule über den Drogenkonsum zwar nicht informiert seien, die Probezeit aber aufgrund schlechter Leistungen und auffallender Müdigkeit um drei Monate verlängert worden sei. Damit seien nicht nur Stefan, sondern auch seine Ausbildung gefährdet.

Vater: Dann hat es Reibereien gegeben zwischen allen, wie das eben in der Regel dann so ist. Solange da auch noch mit Drogen gehandelt wird, »drehe ich einfach den Hahn zu« und stelle mich ihm in den Weg. Meist eskaliert es und irgendetwas geht kaputt. So hat sich das schon mehrmals abgespielt.

Stefan nimmt die Ausführungen vorläufig wortlos – aber aufmerksam – zur Kenntnis, signalisiert mit seiner Körperhaltung aber unmissverständlich Widerspruch.

Der Vater (mit Anzug und Krawatte gut gekleidet) positioniert sich klar und unmissverständlich, indem er seinem Sohn, aber auch mir zu verste-

hen gibt, dass er das Verhalten des Sohnes nicht akzeptiert. Stefan quittiert die Kritik seinerseits, indem er sich aktiv vom Vater abwendet.

Kommentar und Vorgehen: Da im Erstgespräch *motivationale Bedingungen für eine Aufnahmebereitschaft* geschaffen werden müssen [4], bin ich als Therapeut in hohem Maße gefordert, meine Aufmerksamkeit auf die Kommunikationsprozesse, verbale wie paraverbale, als auch auf die strukturellen Bedingungen, wie Hierarchie und Rollenverteilung in der Familie, zu fokussieren.

Ich entscheide mich, Herrn und Frau Haller in ihrer Rolle als Eltern Raum und Zeit zu lassen für ihre Darstellung des Problems und bisheriger Lösungsversuche. Gleichzeitig aber muss ich in der Anschlussfindung aufmerksam und offen sein für die Signale von Stefan sowie seiner Schwester in ihrer Selbst- und Problemdarstellung. Dies bedingt, das familiäre Gefüge und darin gewachsene Hierarchien und Kommunikationsmuster erkannt, aber auch respektiert werden.

Fallen: Bei der spürbar rigiden Haltung des Vaters bin ich versucht, mich korrektiv einzubringen, sozusagen den Sohn als »Opfer« zu schützen vor der »harten«, leistungsorientierten Haltung des Vaters. Die Gefahr, dass Stefan gerade dadurch – wenn auch nicht intendiert – als Angeklagter ein Plädoyer zu seiner Verteidigung halten muss, wäre jedoch groß und die Gefahr, den Vater beim Aufbau des therapeutischen Systems zu verlieren, noch größer. Das Zünglein an der Waage könnte also der Vater sein. Deshalb halte ich mich bewusst zurück.

Andeutungsweise wird klar, was die Mutter mit dem Satz am Telefon, es brauche einen »harten Therapeuten«, gemeint haben könnte: Wir brauchen jemanden, der dem Vater und dem Sohn die Stange halten kann. Therapeuten sind aber weder Anwälte noch Friedensstifter. Was also tun oder nicht tun?

Die Spannung, die Dissonanz im Raum auszuhalten, ist hier die angemessene Intervention. Dies gelingt umso besser, je klarer die hinter diesen Sätzen stehende Not von Vater und Mutter und die Bindungen in der Familie gesehen und gehört werden können. Ich entscheide mich, Stefan weiterhin aus dem Spiel zu halten, über die Flügel zu spielen und Renate, seine Schwester, auf die elterliche Sorge anzusprechen.

Therapeut: Was, denkst du, hat deine Eltern veranlasst, gerade jetzt mit einem Therapeuten Kontakt aufzunehmen, obwohl das Problem seit mehr als einem Jahr aktuell ist?
Renate: Sie sind an einem Punkt angelangt, wo sie nicht mehr weiter wissen; nur dass es so nicht mehr weitergehen kann. Wahrscheinlich haben sie Angst, dass er total »abstürzt«.
Therapeut: Denkst du, dass es deinem Bruder gut geht?
Renate: Das weiß ich gar nicht so genau. Manchmal schon, aber wenn es zu Hause Streit gibt, gefällt es ihm gar nicht mehr.
Therapeut: Hast du diese (Drogen-)Probleme auch?
Renate: Nein.
Therapeut: Wie denkst du darüber, ist das mit den Drogen eine gefährliche Sache?
Renate: Ja, schon.

Vorgehen: Indem ich Stefan um Erlaubnis bitte, seine Schwester und die Eltern zu befragen, schaffe ich auch für ihn *motivationsfördernde Bedingungen* [4]. So signalisiere ich, dass ich
- ihn auch als Angeklagten ernst nehme,
- ihn in meine Überlegungen und mein Handeln mit einbeziehen will,
- ihm Entscheidungen zumute.

Indem er meinen Ausführungen interessiert folgt, signalisiert er in (wortloser) Aufmerksamkeit Aufnahmebereitschaft. Dieser *Sinnbezug* [3] ist Voraussetzung für eine *Energetisierung* [4] und eine willkommene erste Gelegenheit, Renate, seine Schwester, wahrzunehmen und anzusprechen.

Therapeut (zu Stefan): Darf deine Schwester hier alles sagen, was sie will? (Stefan nickt zustimmend.)
Mutter: Mich beängstigt am meisten, dass er sagt, er will einfach nicht aufhören. Es müsse von ihm selber kommen. Er versucht mich zu beruhigen, dass ich keine Angst haben soll. Aber er macht weiter. Dabei bleibt es doch nicht. Auch wenn er sagt, »Spritzen tue ich nicht, da brauchst du keine Angst zu haben.« Ich ängstige mich (ihrem Sohn zugewandt), dass du abstürzt.

Mutter (zum Therapeuten): Wir haben ihn gern, wir möchten nicht, dass er abstürzt. Jede süchtige Person, das weiß ich, glaubt, dass sie sich selber im Griff hat.

Vorgehen: Mit ihrer Aussage als besorgte Mutter gibt sie mir die Möglichkeit, den Fokus vom Fehlverhalten wegzunehmen und auf familiäre Muster und Bindungen zu lenken. Diese Chance zur *Ressourcenaktivierung und Annäherung an die Anliegen* [4] von Stefan selbst und die *Identifizierung familiärer Beziehungs- und Bindungsmuster* [2] gilt es zu nutzen. Vorsichtig und behutsam (aber nicht schonend) erkunde ich mich nach seinem eventuellen Anliegen.

Therapeut: Stefan, siehst du selber auch Probleme? – Jetzt haben deine Eltern ihre Sorgen geschildert. Du bist heute mitgekommen. Darf ich fragen, bist du den Eltern zuliebe mitgekommen oder weil du selbst ein Anliegen hast?
Stefan: Ich bin ihnen zuliebe mitgekommen. Wir haben wirklich nur noch Streit zu Hause und das nervt mich total. Ich habe mir deshalb zum Ziel gesetzt, dass ich nur noch nach Hause kommen kann, wann ich will, so dass ich nicht zu oft zu Hause sein muss. Ich will aber auch nicht, dass meine Mutter wegen mir nicht mehr schlafen kann. Darum komme ich meistens auch gar nicht mehr nach Hause, wenn ich irgendetwas konsumiert habe, weil es dann sowieso eskaliert.
Therapeut: Verstehe ich richtig, du siehst also kein Drogenproblem, aber Probleme zu Hause, so dass du keine Lust mehr hast, überhaupt noch nach Hause zu kommen.
Stefan: Ja.

Kommentar und Falle: Stefan signalisiert, dass er bei sich zwar kein Drogenproblem sieht, aber unter dem Streit zu Hause leidet. Dies wiederum heißt, dass für Stefan die Familie bzw. seine Eltern bedeutsam sind (Reframing).

Für den therapeutischen Prozess heißt es, ihn als Adoleszenten in seiner Autonomie nicht zu überschätzen und zu überfordern (Flammer u. Alsaker, 2002). Die Eltern, als *Schlüsselpersonen* (»wir haben ihn gern«) *im relevanten System* [2], müssen also im Interesse von Stefan (»den Eltern zuliebe«) unbedingt ins Boot (Liechti u. Liechti-Darbellay, 2011).

Ein Fehler wäre es, den Jugendlichen in seiner Noch-nicht-Autonomie – sozusagen gegen die Eltern – zu emanzipieren oder von ihnen ablösen zu wollen (z. B. »Du bist also nur deinen Eltern zuliebe gekommen.«). Hinweise auf Familienprobleme (»nicht gern zu Hause sein«) bergen die Gefahr in sich, die Familie zum Patienten zu machen und die Eltern zu beschuldigen.

Stefan (ergänzend): Aber auch wegen der Lehre, aber da bin ich mir sicher, dass ich die fertig mache. Ich will's einfach schaffen, ich will einfach grad so durchkommen.
Vater: Das ist doch Blödsinn. Da hättest du doch keine Freude dran, wenn du nur eine 4 oder eine 4– hast.
Stefan: Das ist doch gut, wenn man zwischen einer 4 und einer 4– steht.
(Es entwickelt sich ein Streit darüber zwischen Vater und Sohn.)
Fallen und Vorgehen: Damit wird erneut etwas von dem spürbar, was die Mutter am Telefon als »eskalierenden Streit zwischen Vater und Sohn« angesprochen hatte. Mit dem Blick durch die motivationale Brille (Liechti, 2009) wäre es allerdings fatal, sich in diesen Disput parteilich oder schlichtend einzumischen. Viel zu wenig noch wissen wir über die Haltung von Stefan selbst (z. B. seine Leistungsorientierung), da seine Aussage im Kontext Vater–Sohn verstanden werden muss. Den Blick und mögliche Interventionen richte ich vielmehr auf seine signalisierten Ressourcen (Zuversicht, Selbstwirksamkeit): »Ich will's einfach schaffen.«

Therapeut: Waren diese Probleme schon immer da, auch früher?
Mutter: Ich muss sagen, er war schon immer sehr eigenwillig. Er ging nie gern zur Schule. Er hat langsam gearbeitet und man musste immer schon etwas Druck machen. Aber er war ein lieber und sehr offener Junge. Und er war immer sehr fröhlich. Er war aber immer auch einer, der Herausforderungen gesucht hat. Er liebt das Extreme. Er war auch beim Skifahren ein sehr sportlicher Typ.
Vater: Er war immer sehr extrem, beim Skateboardfahren, beim Skifahren. Im Schwimmclublager im Tessin beispielsweise hat er sich hinten an den fahrenden Zug gehängt – Zugsurfen, wie das heute scheinbar heißt.

Kommentar: »Sucht ist ein Unfall auf der Suche nach Glück«, wie es der Neurowissenschaftler einmal formulierte (Zieglgänsperger, zit. nach Klein, 2002, S. 141). Dieses »Sensation Seeking« als ein neurobiologischer Kick gibt dem Therapeuten sowohl wertvolle Hinweise auf die Genese des Problemverhaltens als auch auf resiliente Faktoren. Untersuchungen haben nämlich gezeigt, dass »Sensation Seeking« potenziell gesundheitsgefährdend ist, dass aber »›High Sensation Seekers‹ in Verbindung mit einem ausgeprägten Kohärenzsinn besser gegen die Auswirkungen extremer Belastungen geschützt sind« (Menning, 2011, S. 257).

Andererseits erwähnt die Mutter frühes Asthma bei Stefan (mit zwei Jahren), damit verbundene Notfallhospitalisationen und über Jahre medikamentöse und teils auch stationären Therapien in einer Höhenklinik gemeinsam mit ihr. Ängste und Besorgnis um Gesundheit und Entwicklung des kleinen Kindes sorgten so für eine enge Mutter-Kind-Beziehung. Es darf vermutet werden, dass dadurch die Entwicklung zur Selbstständigkeit aufgeschoben wurde. Dieser entwicklungspsychologische Blick könnte helfen, *Muster zu erkennen* [2], das »Drogenproblem« in einem erweiterten Kontext zu verstehen und nicht anzuklagen (»asozialer Junge«, »überfürsorgliche Mutter«).

Angestoßen durch die Überlegungen seiner Eltern meldet sich nun auch Stefan selbst zu Wort.

Stefan: Es ist irgendwie ganz anders dazu gekommen. Ich war ganz extrem beim Schwimmen. Dann hab ich bei der Schweizer Meisterschaft mitgemacht und die Zeit, die ich mir vorgenommen hatte, nicht geschafft. Trotz dieses extremen Trainings, das ich durchgezogen habe. Kurz vorher hab ich ein bisschen mit Kiffen begonnen und dann hab ich mir überlegt, entweder höre ich jetzt auf mit Kiffen und trainiere noch härter, oder ich lasse es laufen und pflege ein bisschen das Leben. Ich hab mich dann eigentlich nie entschieden und dann wurde es einfach so.

Kommentar: Was uns hier im Hinblick auf Problemlösungen hellhörig machen muss, ist:
- der Hinweis auf die Ressource »Leistung« (der Beste sein),
- die Gefahr der Überforderung (extremes Training),
- das Entscheidungsdilemma (Totaleinsatz oder Spaß).

Indem sich Stefan nach eigener Aussage nicht entschieden hat, hat »es« sich entschieden. Das Peergroup-Verhalten (Spaß) konnte sich schließlich als stärkerer Attraktor durchsetzen. Paradoxerweise versagt unsere operative Intelligenz im Besonderen in Phasen der Instabilität genau dann, wenn es wichtig wäre. Wir treffen dann die riskanteste aller Entscheidungen – nämlich die, selbst so gut wie gar nichts zu unternehmen (Dijksterhuis, 2006).

Therapeut: Also was ich jetzt höre, ist das Thema Herausforderung, ans Limit gehen, das hat dich immer schon fasziniert. Aber das Ziel, das du dir gesetzt hattest, hast du nicht ganz erreicht.
Stefan: Ich bin damals schon zehn Jahre geschwommen. Ich habe jede Woche, jeden Tag trainiert mit Schwimmen, Krafttraining. Das war steinhart. Ich musste mir dann sagen: Die ganze Freizeit, alles machst du nur wegen des Schwimmens. Natürlich war ich immer einer der Besten. Aber auf die Dauer, was heißt das, das bringt doch nichts. Entweder ist man der Beste oder sonst ...
Therapeut: Was ich jetzt aus der Situation lerne, ist: entweder – oder. Entweder bis du »Schweizer Meister«, der Beste, oder sonst vergisst du es.
Vater: Das muss man schon sagen, er hat extrem trainiert. Man hat ihn ja wegen des Asthmas in den Schwimmclub geschickt. Damals hat nur noch das Schwimmen gezählt. Wie gesagt extrem. Schule war damals Nebensache.

Kommentar: Im Gegensatz zum Anfang der Sitzung wird nun weniger der Gegensatz Vater–Sohn, sondern ihre Ähnlichkeit (und damit Verbindendes) unüberhörbar. Zudem wird – ähnlich wie im Leistungssport – immer wieder das »Entweder-oder«- bzw. »Alles-oder-nichts«- Schema als ein *Muster des relevanten Systems* [2] sichtbar.

Falle: Nichts wäre naheliegender, als dieses Muster – sozusagen therapeutisch orientiert – infrage zu stellen (z. B. »Geht es bei dir, in Ihrer Familie denn immer nur um Leistung? Gilt man nur etwas, wenn man der Beste ist?«). Sich diese Frage zu stellen, ist zwar nicht grundsätzlich falsch, verstellt aber in ihrer Defizitorientierung den Blick auf den im *Muster* [2] auch enthaltenen *Sinn* [3] und *Ressourcen* [4] wie Ehrgeiz und Entscheidungskompetenz. Sie können in einem neuen, therapeutisch-bindungsorientierten Kontext als motivationale und kooperative Energie genutzt werden.

Therapeut: Drehen wir mal den Film vier Jahre in die Zukunft: Wo sehen Sie Stefan dann?
Mutter: Ich hoffe, dass er sich bis dann gefangen hat, dass er seine Lehre abgeschlossen hat, dass er weg ist von den Drogen. Ich hoffe das, aber zurzeit habe ich einfach Angst. Meine Hoffnung ist auch, dass er seine Lehre bis dann abschließt und zwar gut abschließt und Freude an seinem Beruf hat. Dass er weitere Interessen hat und sich vielleicht weiterbildet. Im Moment zählen nur noch die Technomusik, die Partys und die Drogen. Dass er bis dann selbständig geworden ist. Dass er Freude hat, etwas zu unternehmen – auch wenn das nicht nur mit der Familie sein muss.
Renate: Ich habe das Gefühl, dass er die Lehre fertig macht. Ich weiß es aber nicht genau. Vielleicht, dass er sich beruflich noch weiterbildet, weil ich bin mir nicht sicher, ob er beim Schreinerberuf bleibt.
Therapeut: Renate, was denkst du, welche Bedingungen müssten erfüllt sein, dass die Hoffnungen deiner Eltern sich realisieren lassen?
Renate: Dass er keine Drogen mehr nimmt. Er will ja, dass diese Entscheidung von ihm selber kommt.
Stefan: Ich habe das Gefühl, dass ich dann die Lehre abgeschlossen habe, dass ich dann vielleicht noch ein Jahr im Beruf bin und dann den Job wechsle. Ich bin überzeugt. Es gibt zwei Möglichkeiten: Entweder ich schaffe den Ausstieg und ich werde vernünftig oder ich stürze ab.

Kommentar und Vorgehen: Mit passenden, zirkulären oder zukunftsorientierten Fragen (z. B. Simon u. Rech-Simon, 2004) bilden sich für alle Betroffenen Perspektiven: Mutter und Schwester signalisieren, dass sie Stefan etwas zutrauen. Das gemeinsame Anliegen, dass Stefan die Lehre beendet, soll als Ziel zwar verbinden, darf aber unterschiedliche Sichtweisen nicht verwischen (Thema Drogen bzw. Streit in der Familie). Konsequent nehme ich mit der Frage an Renate Bezug auf die Anliegen der Eltern (keine Drogen mehr). So wird weder die Schwester trianguliert noch werden dem Sohn Veränderungswünsche in Sachen Drogenkonsum unterstellt. Ich zeige fortgesetzt und konsequent meine allparteiliche Haltung allen Familienmitgliedern gegenüber, behalte als Therapeut meine neutrale Haltung in Sachen Drogen und halte die

Option der Kooperation im Therapiesystem offen. Dieses Vorgehen ermöglicht es auch Stefan, sich vorsichtig festzulegen: »Ich habe das Gefühl, dass ich dann die Lehre abgeschlossen habe ...«

Fallen: Stefan als Therapeut durch zu frühes, konfrontatives Vorgehen zu zwingen, sich in Sachen Drogen festzulegen, könnte den Abbruch des Beziehungsaufbaus provozieren. Die therapeutische Herausforderung besteht für mich darin, im Interesse der Kooperation die Nichtentscheidung auszuhalten und nicht die moralisierende und belehrende Position der Eltern zu übernehmen. Genauso wäre harmonisierendes Schönreden fehl am Platz.

Therapie gelingt dann, wenn *Neues in den Entwicklungsprozess* [7] eingeführt wird. Das Neue für Stefan und die Familie ist vorerst die Begegnung auf einer anderen Ebene, das heißt in einem therapeutischen System. Dieser Prozess wird unterstützt mit meiner offenen, öffnenden und allparteilichen Haltung.

Ich entscheide mich nun für das eingangs erwähnte Time-out.

Therapeut: Wie anfangs erwähnt, möchte ich mich jetzt kurz zurückziehen, um mir von dem, was ich von Ihnen gehört und gesehen habe, ein erstes Bild zu machen, sozusagen die einzelnen Mosaiksteinchen zusammenzufügen und Ihnen dann meine Sichtweise mitzuteilen und eventuell einen Vorschlag für das weitere Vorgehen zu machen.

Ich verlasse den Raum und gebe damit der Familie auch die Möglichkeit, nun wieder unter sich zu sein.

Intervention und Kommentar: Genauso wie die Klienten gewinnt auch der Therapeut dadurch etwas Zeit, Raum und Distanz. Angelehnt an dieses klinische Modell kommt der Therapeut zurück mit einem Expertenurteil (Diagnose) im Sinne einer Problem- und Verhaltensanalyse. Diese allerdings soll weniger eine klinisch-psychodiagnostische sein, sondern eine, das sich an den kognitiven und emotionalen Verhaltensmustern orientiert (vgl. Kapitel 4.3). Nach dem Motto, alles zu tun, was die Motivation zur Kooperation unterstützt, sollte die Analyse als Intervention *Bezug zu den Zielen und Anliegen der Klienten* [4] herstellen, *passend zum therapeutischen Vorgehen und den Rhythmen der Klienten* [6] sein und wenn möglich *Strukturelemente des neuen Ordnungszustandes* [7] anstoßen.

Therapeut: Ich hatte heute zum ersten Mal Gelegenheit, mit Ihnen in Kontakt zu kommen, und ich weiß, dass dies ein bisschen Mut und die Überwindung von allen braucht und die Bereitschaft, sich in die Karten schauen zu lassen. In diesem Sinne habe ich Ihr Angebot angenommen, sich in die Karten schauen zu lassen. Sie haben mir dazu die Möglichkeit gegeben und das spricht für die Offenheit und auch das Temperament (an Vater und Sohn gerichtet) Ihrer Familie. Diese Bereitschaft trifft eigentlich für alle zu. Ich habe Sie alle als kooperativ, engagiert erlebt, wenn auch mit unterschiedlicher Bereitschaft, etwas zu verändern. Niemandem scheint es wirklich gleichgültig zu sein: freiwillig oder unter Druck ist gar nicht so wichtig. Alle haben hier mitgemacht und gezeigt, dass ihnen die Familie und der Anlass nicht gleichgültig sind. Ich spüre bei Ihnen auch ein Bemühen und eine Suche, miteinander weiterzukommen. Und das ist anstrengend (zu Stefan) – eben wie in einer Sportart.

Vorgehen: Immer auf der Suche nach Anschluss entscheide ich mich für einen weiteren Motivationstest.

Therapeut: Stefan, angenommen, ich würde dir eine Aufgabe stellen: Wie hoch wäre deine Bereitschaft, zwischen 0 = keine und 10 = sehr hoch, diese Aufgabe zu lösen?
Stefan (nach längerem Überlegen): 5.
Therapeut: Es könnte ja auch 0 sein.
Stefan: Ja, aber das nur ihnen (den Eltern) zuliebe.
Therapeut: Eben, Stefan, das meine ich mit deinem Engagement: Du zeigst nicht nur Gleichgültigkeit.

Kommentar: Mit einer Aufgabe (z. B. sich so verhalten, dass er damit seine Eltern in positivem Sinne verblüffen könnte), die er sozusagen als Katze im Sack kaufen muss, werden die Beziehungen im Therapiesystem weiter gefestigt. Stefan bleibt sich selbst treu, legt sich nicht fest. Mit solchen oder ähnlichen Verhaltensexperimenten, Übungen usw. werden *Differenzierungen eingeführt, die Fluktuationen verstärken und Muster unterbrechen* [7] können.

Ein die Ambivalenz (mittlere Position 5) würdigendes Vorgehen ist ein passender Schlüssel, der die Tür auch im Hinblick auf die *Realisa-*

tion von Strukturelementen eines neuen Ordnungszustandes [7] öffnen könnte.

Therapeut: Sie waren schon beim Arzt, Sie waren bei der Drogenberatungsstelle. Ob ich bei der Lösung des Problems mithelfen kann, weiß ich nicht. Ich bin kein Hexenmeister, ich mache Ihnen aber einen Vorschlag. Ich würde dir, Stefan, und, wenn du willst, unter Einbezug deiner Schwester, zuerst ein Gespräch anbieten und dann anschließend den Eltern, um danach in einem erneuten Familiengespräch das weitere Vorgehen zu entscheiden. Dann werden wir sehen: Wollen wir weiterfahren, was braucht es noch, ist das Problem vielleicht schon gelöst und, und, und …? Und diesen Vorschlag möchte ich Ihnen als Familie zur Diskussion stellen.

Kommentar und Vorgehen: Gerade bei Suchtproblemen ist es wichtig, dem Druck für Sofortlösungen nicht zu erliegen und allzu schnell zu viel Verantwortung zu übernehmen. Man würde unnötigerweise scheitern. Für eine Problemlösung ist die Mitarbeit der Eltern als *Schlüsselpersonen im System* [2] daher zentral.

Weiterhin wird aber nicht ausschließlich das Drogenproblem fokussiert. Vielmehr stehen persönliche und familiäre Probleme (»Wir haben wirklich nur noch Streit zu Hause und das nervt mich total.«) und dadurch blockierte Entwicklungsprozesse im Vordergrund. Individuation, Autonomie in Verbundenheit (Stierlin, 1988) ist Teil eines familiären Prozesses, auch in schwierigen Situationen.

Stefan wird die Möglichkeit »Sitzung mit oder ohne Schwester« angeboten. Eine Entscheidung, die er seinem Alter und seiner Ambivalenz entsprechend auch fällen kann, ohne dass er in die Ecke gedrängt wird, sich verleugnen und zwingend dagegen opponieren muss.

Stefan: Darf ich noch etwas sagen? Ich muss sagen, dass es in diesem Jahr viel besser gegangen ist, dass sie mir entsprechend Raum gegeben haben. Wenn dieser Druck einmal weg ist, bin ich überzeugt, dass ich auch das Andere schaffe. Sonst bin ich nicht mehr gern zu Hause, und dann gehe ich viel lieber zu Kollegen.

Kommentar: Einerseits signalisiert Stefan Veränderung und damit Zuversicht, andererseits könnte es auch im Hinblick auf das anvisierte, verpflichtende Vorgehen und den damit verbundenen Diskussionsvorschlag heißen: Lassen wir es doch, so schlecht ist es im letzten Jahr gar nicht gelaufen. Um seinen Vorschlag nun nicht selbst wieder zu entkräften, nehme ich die Aussage kommentarlos entgegen.

Therapeut: Frage an alle: Wollen Sie weitermachen?

Ich entscheide mich für ein zweites Time-out, damit die Familie unter sich über den Vorschlag diskutieren kann.

Kommentar: Familie Haller ist nun gefordert, trotz unterschiedlichen Sichtweisen »Farbe zu bekennen« und einen gemeinsamen Entscheid zu finden (Fortsetzung der Therapie oder nicht).

Der Vater, sichtlich überrascht über meine schnelle Rückkehr (Therapeut: »Störe ich?«), macht deutlich, dass man jetzt, wo »man schon angefangen hat, auch weiterfahren sollte, allerdings nicht zu oft«, und wiederholt dabei den letzten Einwurf von Stefan vor der Rückkehr des Therapeuten («nicht zu oft«). Indirekt, so könnte man ressourcenorientiert festhalten, zeigt sich der Vater »solidarisch« mit seinem Sohn.

Vorgehen: Mit einem weiteren Kommentar, anknüpfend an die vorausgegangene Intervention, biete ich in einer expliziten *Problembeschreibung von Mustern und Prozessen* [2] der Familie eine annehmbare und für den weiteren Aufbau des therapeutischen Systems verbindende Sichtweise an. Diese sollte diagnostische, problem-, ressourcen- und lösungsorientierte Elemente enthalten.

Therapeut: Darf ich Ihnen eine erste kurze Sichtweise des Problems geben: Sie haben einen Sohn, der der Ältere ist, der Erste, der den Schritt macht in eine nächste Phase, in die Selbständigkeit. Das ist ein schwieriger Schritt, das ist eine Schwelle. Vor allem haben Sie einen Sohn mit einem etwas speziellen Problem: Ich denke hier an das Asthma, was Sie als Mutter, aber auch Sie beide als Eltern über Jahre beschäftigt hat, indem Sie ihn begleitet und betreut haben (Mutter nickt fortgesetzt zustimmend). In dieser Sorge um seine Gesundheit haben Sie viel Verantwortung übernehmen müssen (Medikamentenkonsum, Inhalieren usw.). Das hat eine besondere Art von Beziehung, von Nähe ergeben. Diese Nähe und diese Verantwortung hat die Beziehung auch geprägt. Damit hatte Ihr Sohn vielleicht nicht so viele Möglichkeiten, selbst Verantwortung zu übernehmen, Selbstverantwortung zu trainieren ... und jetzt macht er es, aber auf eine nicht ganz einfache, nicht ungefährliche Art! Und in einem Punkt gebe ich dir, Stefan, absolut recht: Wenn du von dir aus etwas willst, dann müssen sich deine Eltern keine Sorgen mehr machen! Das spricht für das Temperament und den Willen in der Familie und du, Stefan, bist ja schließlich ein Kind deiner Eltern. Der Apfel fällt nicht weit vom Stamm.

Danach wird das weitere Vorgehen (»nicht allzu oft«, drei Sitzungen und dann Bilanz) noch einmal umschrieben, das heißt im Sinne von Vater und Sohn eingegrenzt, und dann das nächste Gespräch vereinbart.

Nachdem die Schwester vorsichtig, aber doch unmissverständlich (»ich würde schon mitkommen«) Stefan gegenüber ihr Interesse anmeldet, entscheidet (!) sich Stefan seinerseits ohne langes Zögern für eine gemeinsame geschwisterliche Sitzung. Er signalisiert daraufhin ein weiteres Mal seine Bereitschaft, in dem er mir bei der Terminwahl sogar entgegenkommt. Dies gilt es als weiteres Zeichen seiner Kooperationsbereitschaft für mich selbst festzuhalten, sozusagen als ein möglicher sinnbezogener Einstiegspunkt für die Sitzung mit Stefan und seiner Schwester Renate.

Erste Bilanz und Ziele für das weitere Vorgehen: Während Mutter und Tochter bereits im Boot sitzen, weil sie Hilfebedarf signalisieren, sind die beiden Männer eher zurückhaltend. Im Hinblick auf eine weitere Kooperation gilt es nun, sich ausgehend vom Auftrag (Sitzungen in Subsystemen) dort einzumischen, wo Widerstand und Ambivalenz am größten scheint (Vater und Sohn).

Im vereinbarten Gespräch mit Stefan und seiner Schwester erhoffe ich mir in einem neuen Kontext eine Chance, nun auch das Drogenproblem anzusprechen im Wissen, dass ich durch Konfrontation auch Widerstand provozieren kann.

Die langsam aufgebaute therapeutische Beziehung zu Stefan und seinen Eltern schafft mir den Boden, Fragen zum Drogenverhalten (Gefährdung? Missbrauch?) Stefan selbst, dem »Drogenexperten«, zu stellen.

Diesen Diagnoseprozess therapeutisch zu gestalten, fordert Systemkompetenz (Schiepek, 1999; Kapitel 3.4), also ein Handeln auf allen bedeutsamen Systemebenen: Beziehungen (Eltern, Schwester), Persönlichkeit (Stefan) und Drogen (Wirkungen).

Dieses zweigleisige Arbeiten in Subsystemen ermöglicht es mir auch, den unterschiedlichen Erwartungen, Bedürfnissen und Rollen (als Eltern bzw. Kinder) gerecht zu werden. Oberstes Prinzip bleibt aber Transparenz, Allparteilichkeit und Neutralität (keine Bewertung des Drogenkonsums), um sich nicht in unerwünschte Konflikte zu verstricken, zum Beispiel als Anwalt der Kinder gegen die Eltern (vice versa) anzutreten.

Einige Tage später erhalte ich von der Mutter einen Telefonanruf. Stefan sei heute Morgen zu einem Kollegen gezogen. Er habe ihr mitgeteilt, dass er vorläufig nicht mehr nach Hause komme. Frau Haller möchte nun von mir wissen, was richtigerweise zu tun wäre, abzuwarten oder ihn zurückzuholen.

Vorgehen und Falle: Auf die Rückfrage des Therapeuten, ob sie diese neue Situation schon mit ihrem Mann besprochen habe, erwähnt sie, dass dieser erst gegen Abend aus seiner Praxis zurückkomme. Diese Chance packe ich. Das Risiko, sich hier »falsch« festzulegen, die Neutralität aufzugeben, wäre zum jetzigen Zeitpunkt für den therapeutischen Prozess nicht förderlich. Ich verweise auf ihre Kompetenz als Eltern und verzichte auf persönliche Stellungnahme in dieser Phase der *Destabilisierung* [5].

Zweite Sitzung mit Stefan und Renate

Wie abgemacht und erwartet erscheinen Stefan und Renate gemeinsam. Eine gewisse Anspannung und motorische Unruhe bei Stefan ist dabei augenfällig. Ich hege den Verdacht, dass er unter dem Einfluss irgendwelcher Drogen (Amphetamine?) steht.

Kommentar und Vorgehen: Obwohl ich diese *instabile Situation* [5] und die Gunst der Stunde, den *Kairos* [6], im Sinne einer prozessualen Aktivierung (Grawe, 1998) nutzen möchte, geht es zuerst darum, in diesem neuen, veränderten Setting wieder den Anschluss zu finden. »Wenn du einen Patienten einer schmerzhaften Problemaktualisierung aussetzen willst, achte betont darauf, dass du gleichzeitig die Ressourcen des Patienten aktivierst. Wenn dir das nicht gelingt, unterlasse die Problemaktivierung« (Grawe, 1997, zit. nach Caspar, 2010, S. 17). In diesem Sinne soll die Annahme über akute Intoxikation (Problembearbeitung) allerdings in die Gestaltung des diagnostisch-therapeutischen Prozesses mit hineingenommen werden.

Therapeut: Ich habe mir erlaubt, noch einmal Ausschnitte aus dem Videoband der ersten Sitzung anzuschauen und habe dabei erneut deine (Stefans) Bereitschaft für dieses heutige Gespräch festgestellt. Ich habe mich gefragt: Warum eigentlich?
Stefan: Ja, das war eigentlich schon auf der Drogenberatungsstelle und nach dem Gespräch mit den Freunden der Eltern so: Mir selber bringt das nichts. Ich habe mir einfach überlegt: wenn es sie (die Eltern) beruhigt, dass ich komme und mitmache, dann mache ich das.
Therapeut: Also um die Eltern, im Speziellen die Mutter, zu beruhigen.
Stefan: Ich finde nicht unbedingt, dass ich Hilfe brauche. Aber die Eltern brauchen auf jeden Fall Hilfe.
Therapeut: Was bringt deine Eltern denn derart aus der Ruhe, dass sie Hilfe brauchen? Ich finde das ganz toll, dass du ihnen zuliebe hier mitmachst.
Stefan: Ja, weil sie das Leben mit den Drogen selbst nicht kennen. Sie begreifen dann auch nicht, dass ich nicht nach Hause komme. Dann haben wir so viel Krach, dass ich gar nicht mehr mit ihnen gut auskommen möchte und so kann es nicht weitergehen ...

Kommentar: Ambivalenz – nicht zuletzt Definitionsmerkmal von Adoleszenz (Flammer u. Alsaker, 2002) – wird hier deutlich: Einerseits kommt Stefan »den Eltern zuliebe«, andererseits will er »gar nicht mehr gut mit ihnen auskommen«. Diese Ambivalenz muss in diesem Kontext interpretiert und richtig übersetzt werden – als Stellungnahme für und nicht gegen seine Eltern, als ein Kooperationsangebot.

In konsequenter Fortsetzung des Erstgesprächs (mit andauerndem Krach zu Hause kann es nicht weitergehen) würdige ich seine Entscheidung (den Eltern zuliebe).

Falle (vgl. Passage im Erstgespräch): Auf *intrinsischer Motivation zur Veränderung* [4], auf Stefans fehlender Autonomie zu beharren (z. B. »Ich möchte aber wissen, was du für dich selbst möchtest.«), wäre ein Fehler. Jugendliche kommen zwar meist nicht freiwillig, aber – wenn der Therapeut im Kontext richtig kooperiert – durchaus zur Therapie (Liechti, 2009).

Über Fakten, das heißt hier zum Beispiel über Wirkungen und Nebenwirkungen von Drogen, belehrend zu diskutieren, würde als Information auf der Sachebene (Fakten, Zahlen usw.) gar nicht aufgenommen, weil alles, was nicht emotional verstanden wird, auch als unwichtig übersetzt wird (Ciompi, 1982; de Waal, 2006; Menning, 2011).

Es würde
- die von Stefan im Erstgespräch geäußerte Erwartung, dass hier »eine weitere Person gut auf ihn einredet«, bestätigen und auch
- meine therapeutische Beziehung zu den Eltern gefährden.

Stefan erzählt dann eine Geschichte über Polizeikontrolle und Beschlagnahmung von Drogen. Daraufhin hätte der Vater in einem Labor eine Drogenanalyse veranlasst, was Stefan als ungerechtfertigte Einmischung in eigene Angelegenheiten bezeichnet. Daraufhin hakt der Therapeut ein.

Therapeut: Stefan, verstehe ich das richtig, es ist durchaus so, dass du Drogen konsumierst? Habe ich das richtig verstanden, dass du das auch fortgesetzt so handhaben willst? Habe ich dies das letzte Mal (Erstgespräch) schon richtig verstanden? (Stefan nickt) Und du möchtest auch, dass die Eltern dies so »schlucken« und akzeptieren.
Stefan: Ja, mehr oder weniger.
Stefan: Das ist jetzt die fünfte Woche, die ich nicht mehr kiffe, und seit Silvester (vor drei Wochen) nehme ich auch keine Pillen mehr.
Therapeut: Wieso hast du denn damit aufgehört?
Stefan: Ich habe es während des letzten Jahres schon ein bisschen übertrieben: jedes Wochenende und oft auch während der Woche.
Die Zellen, die glücklich machen, die sind bei mir wahrscheinlich schon längst abgestorben. Wenn ich weiter konsumiere, komme ich entweder auf den »Birefigg« oder »Depro« (Szenensprache für Depression).
Therapeut: Dann verstehe ich jetzt aber gar nicht, warum sich die Eltern weiterhin Sorgen machen, wenn du damit aufgehört hast?! (Bei mir verstärkt sich durch Stefans körperliche Unruhe, seine Anspannung und Ambivalenz der Eindruck, dass er doch unter Drogeneinfluss steht.)
Stefan: Ja, das ist eben so: Ich nehme zurzeit noch Trips (oraler LSD-Konsum).

Therapeut: Also LSD?!
Stefan: Ja, danach hab ich immer einen ganz klaren Kopf.

Kommentar, Fallen und Vorgehen: Indem ich ihm ein Dilemma aufzeige, lässt sich Stefan weiter in die Karten schauen. Mit offenen Fragen und einer aktiv interessierten, aber nicht bewertenden oder elterlich besorgten Haltung geht es darum, weitere Informationen zu gewinnen und den »Druck« zu erhöhen. Stefan macht deutlich, dass die Lage ernster ist als bisher angenommen. Meine Neutralität steht damit erneut auf dem Prüfstand.

Keinesfalls sollte Stefan ohne entsprechenden Auftrag aber ein Bedürfnis nach Veränderung unterstellt werden. Also keine direkte Behandlung des Klienten ohne expliziten Auftrag des Klienten! Motivation zur Veränderung entsteht erst dann, wenn die Betroffenen eine Diskrepanz zwischen ihrem gegenwärtigen Verhalten und bedeutsamen persönlichen Zielen wahrnehmen (Miller u. Rollnick, 1999).

Die Anzeichen von *Destablisierung* [5] sollen so genutzt werden, indem das Gefährdungspotenzial klärungsorientiert in einem sokratischen Dialog »herausgearbeitet« wird. Mein Bauchgefühl (Intoxikation) gilt es dabei ernst zu nehmen und den *günstigen Augenblick/Kairos* [6] als *kritische Instabilität* [5] zu nutzen. Turbulente Phasen eröffnen tendenziell Chancen für Wandel und Veränderung.

Ich entscheide mich für eine beziehungsorientierte Intervention (vgl. Kapitel 3.2), in dem die Chance des Settings (Geschwisterbeziehung) und der weiterhin triadisch definierte therapeutische Kontext (Stefan–Renate–Therapeut) genutzt wird.

Therapeut (zu Renate): Siehst du deinem Bruder an, wenn er Drogen konsumiert hat? (Renate nickt)
Therapeut: Ist er jetzt unter Drogen oder nicht? (Renate blickt ihn an)
Renate: Schau mich mal an. Nein, ich glaube nicht. (obwohl Stefan nonverbal durch Nicken die Frage positiv beantwortet)
Therapeut: Stehst du unter Drogen oder nicht?
Stefan (ziert sich): Ja, nein, ja, nein, ein bisschen ...
Therapeut: Wann hast du das letzte Mal etwas eingenommen?
Stefan: Heute morgen.
Therapeut zu der Schwester: Ja, das ist nicht so einfach.

Renate: Ehrlich gesagt, er hat es mir vorhin draußen im Wartezimmer gesagt.

Therapeut: Aha. Und du hast gedacht, du möchtest ihm eine Chance geben, dass er hier diese Frage selber beantworten kann. Ich verstehe, dass du nicht mitkommst, um deinen Bruder zu verraten. Das ist ja auch nicht deine Aufgabe. Und abgesehen davon habe ich es ja Stefan überlassen, ob er dich zu diesem Gespräch mitnehmen will oder nicht.

Kommentar: Die Entscheidung, die Schwester in die Sitzung mit einzubeziehen, sie mit ins Boot zu nehmen, kam vom Bruder. Geschwisterliche Beziehungen als Bindungen erlauben eine Intervention, die der Schwester ein Entscheidungsdilemma zumutet: Verneint sie die Frage, ob sie erkennen kann, wenn der Bruder unter Drogen steht, würde sie ihn zwar schonen, gleichzeitig aber auch ausdrücken, wie »schlecht« sie ihren Bruder kennt. Die Wahrscheinlichkeit, von Renate ein »Ja« zu erhalten, ist deshalb groß, woraus sich für den Therapeuten eine Probe aufs Exempel machen lässt: »Hat Stefan jetzt tatsächlich Drogen konsumiert?« Renate hat nun die Chance, ihren Bruder zu schützen, nicht zu verraten, so dass der Therapeut ihr mit einer Anschlussfrage an ihn (»Stehst du unter Drogen?«) zu Hilfe kommt. Der Therapeut übernimmt diesen Part, damit Schwester und Bruder als Klienten ihr Gesicht wahren können.

Stefan selbst beginnt sich weiter zu öffnen, Klartext zu sprechen und so können sich »Kaskaden von Ordnungsübergängen« (Haken u. Schiepek, 2006, S. 135) eröffnen und Prozesse des Wandels anstoßen.

Falle: Zu frühe Konfrontation fördert den Widerstand! Zudem riskiere ich bei unvorsichtigem Vorgehen (z. B. »Hast du heute etwas konsumiert?«), in die Rolle des Kontrolleurs bzw. Vaters zu geraten. Mit einem »Nein« würde er sich in eine Beweisdiskussion verstricken. Der Preis wäre ein Verlust therapeutischer Kompetenz und Autorität und eine Schwächung der therapeutischen Beziehung.

Stefan erzählt dann sichtlich entspannt und offen die dazugehörige Geschichte. Wie er sich heute morgen unter Drogeneinfluss (Ecstasy als Aufputschmittel) voll Power engagiert und konzentriert erlebt habe, so dass Kollegen und Lehrer sich ihm zugewandt und ihm Komplimente für sein Engagement in der Arbeitsgruppe gemacht hätten …

Therapeut (in Anspielung auf die schulischen Probleme): Ja, man könnte auf den Gedanken kommen, dass jemand Drogen konsumiert, um irgendwelche Probleme zu lösen.

Stefan: Angefangen habe ich nicht, weil ich Probleme hatte. Mit Kiffen habe ich wirklich sehr blöd angefangen. Ich war ja Schwimmer. Und damals in der Schule haben alle anderen gekifft. Und wenn die Drogen konsumiert haben, waren die total gut drauf. Und dann hab ich mir gesagt, das will ich doch auch mal ausprobieren, und dann habe ich halt auch mal probiert und dann eben angefangen. Obwohl, die ersten paar Male wurde es mir dabei nur schlecht.

Damals hatte ich auch keine gute Meinung von mir selber. Ich wusste einfach nicht, was ich wirklich mit meinem Leben machen soll. Ich hab mich stark von anderen beeinflussen lassen. Heute bin ich der Meinung, dass wenn sich jemand nicht entscheidet – will ich das oder will ich das nicht –, dann macht er es schlussendlich einfach (Drogenkonsum). Irgendwann hab ich dann Ecstasy probiert. Ich weiß keine Details mehr, aber ich weiß, dass ich mich körperlich total fit gefühlt habe. Später habe ich dann maßlos eine nach der anderen (Pillen) geschluckt. Das war selbstverständlich viel zu viel, und dann hab ich einen »Happyflash« erlebt, wie ich es noch nie erlebt habe. In einem Normalzustand kann man gar nicht so glücklich sein. Ich bin nur noch herumgehüpft, habe alle Leute, die ich gesehen habe, umarmt und fühlte mich total glücklich. Ich war so glücklich, ich hätte die ganze Welt umarmen können. Dann habe ich gewusst, das werde ich noch häufiger machen!

Und dann ist es immer mehr zum Problem geworden und ich konnte mich so darauf einstellen, dass ich meine Eltern immer mehr dabei vergessen habe. Deshalb bin ich heute überzeugt, wenn man Drogen nimmt, ohne dass man selber Probleme hat, ist es nicht so schwierig. Allerdings, wenn man dann Probleme hat, wird es immer schwieriger.

Kommentar: Eindrücklich – sogar für mich mit einiger Erfahrung im Umgang mit Drogenabhängigen – spricht Stefan hier über seine inneren, für ihn *sinnhaften Motive* [3] und legt vertrauensvoll seine Karten offen. Und die Schwester, die wortlos daneben sitzt?

Therapeut (Renate zugewandt): Was würdest du sagen, ist dein Bruder gefährdet?

Renate: Also manchmal habe ich wirklich das Gefühl, ja. Ich habe ihn auch schon in einem sehr schlechten Zustand erlebt. Wenn er nur noch so da sitzt und nichts mehr sagt.
Therapeut: Also manchmal hast du das Gefühl, dass er gefährdet ist, süchtig zu werden?
Renate: Ja.
Therapeut: Wie gehst du dann damit um, mit diesem Gefühl?
Renate: Ich will ehrlich gesagt gar nicht zu viel Druck machen. Die Eltern machen schon genug Druck und sagen immer: Das sei nicht gut und das sei nicht gut, blablabla. Wenn ich dann auch noch so anfange und auf ihn einrede, dann kann nicht einmal ich mich noch mit ihm richtig unterhalten ...
Therapeut (Stefan zugewendet): Also haben wir hier drei Menschen, die sich Sorgen machen und damit auch – zum Beispiel die Eltern – Druck auf dich ausüben. Du selber aber hast nicht den Eindruck, dass du gefährdet bist?
Stefan (nach längerem Warten): Gefährdet bin ich schon! Irgendwie habe ich mich mit der Zeit auch darauf eingestellt, dass ich nicht älter als 30 oder 40 werde und alles ist mir irgendwie egal geworden. Vieles ist mir einfach so gleichgültig, und manchmal habe ich mir schon überlegt, ob ich nicht ganz abstürzen soll ...
Therapeut: Also keine sehr gute Perspektive. Wenn ich daran denke, dass hier ein 18-jähriger junger Mann vor mir sitzt, der vor kurzem noch in vollem Saft und mit voller Kraft im Nachwuchskader der Schweizer Schwimmer gestanden hat ... und jetzt, in den besten Jahren, sich die Frage stellt, ob das Leben überhaupt lebenswert ist!? Und daher stelle ich mir natürlich die Frage: Angenommen, diese Sitzung oder Therapie würde dir irgendetwas bringen, was hättest du dann überhaupt für Ziele? Dass deine Eltern in Sorge sind, das wissen wir ja, aber möchtest du selber etwas ändern?
Stefan: Ich hab gar kein Ziel. Ja, das ist wirklich so. Der einzige Höhepunkt ist, wenn ich einfach voll auf Drogen bin.
Therapeut: Die Chemie ist es dann, die dich glücklich macht?!
Stefan: Ja.

Kommentar und Vorgehen: Damit wird eindeutig, dass sich aus anfänglichem Probierverhalten ein hartes Konsummuster entwickelt hat. »Alltägliche Erfahrungen aus der Drogenberatung und -therapie zeigen, dass es nicht weiche und harte Drogen, sondern bei jeder Droge Konsumenten mit noch geringer und Konsumenten mit hoher persönlicher Gefährdung, also gewissermaßen ›weiche‹ und ›harte‹ Konsummuster gibt« (Heckhausen, 2000). Dieses neue, klärende Wissen hilft mir in der weiteren Therapieplanung. Eine aktive, nicht schonende klärungsorientierte Prozesssteuerung ist angezeigt.

Renate: Mir stinkt das, dass jeden Abend darüber (Drogen) gesprochen wird, obwohl wir nie zu einem Schluss kommen. Ich sage gar nichts mehr, was soll ich denn überhaupt noch sagen. Und wenn ich an die Mutter denke, für die ist es sehr, sehr schlimm. Das kriegt er wahrscheinlich gar nicht mehr mit.
Therapeut: Renate, wie geht es denn dir, wenn du ihn jetzt da so neben dir sitzen siehst und ihn reden hörst?
Renate (mit Tränen in den Augen): Mir tut es ehrlich gesagt auch weh. Ich habe ihn sehr gern!
Therapeut: Hast du ihm das schon einmal direkt gesagt?
Renate (mit Tränen in den Augen): Ja. Aber vielleicht auch dann, wenn er es gar nicht so richtig mitgekriegt hat ... Wenn er einfach auf Drogen war, und dann mag ich gar nicht mehr mit ihm sprechen, dann kriegt er das eh nicht mit ...
Therapeut: Stefan, ich möchte dir ein Kompliment machen für deine Offenheit und Ehrlichkeit.
Stefan: Ach, wissen Sie, das nützt mir mehr, wenn ich offen und ehrlich bin.
Therapeut: Warum denn?
Stefan: Weil mir dann andere Leute auch helfen könnten.
Therapeut: Ja, möchtest du dir denn überhaupt helfen lassen?
Stefan: Nein, eigentlich gar nicht. Aber es hilft mir selber, wenn ich offen rede, und es ist besser als zu vertuschen. Ich sitze einfach da, weil mir alles so gleichgültig ist.
Wenn ich den Job aufgebe, dann habe ich viel Freizeit und dann würde ich wieder abstürzen. Das heißt, wenn ich jeden Morgen weiß, dass ich wieder aufstehen muss, habe ich weniger Gelegenheit, um abzustürzen ...
Therapeut: Das würde heißen, aus dem laufenden Arbeitsprozess auszusteigen, wird deine Situation noch mehr verschlechtern?
Stefan: Ja.

Fallen: Die Karten werden auf den Tisch gelegt, nicht zuletzt, weil ich weder moralisiere noch in Panik oder »Problemtrance« (Clement et al., 2005) verfalle und externe Soforthilfe, zum Beispiel einen klinischen Entzug, signalisiere. Stefan würde in seinem Hilferuf zwar ernst genommen, aber der *Sinnbezug* [3] mit seinem schon im Erstgespräch verbalisierten Wunsch nach Selbstbestimmung und Selbstwirksamkeit übergangen.

Stefan: Wenn ich einmal aus den Drogen herauskommen soll, dann will ich es allein schaffen, das sage ich ja schon immer, ich will es schaffen ohne Hilfe der Eltern oder eines Therapeuten.

Kommentar und Vorgehen: Sich nicht helfen zu lassen, heißt für ihn, es selbst zu schaffen! Dies gilt es mit Bezug zu den Hinweisen im Erstgespräch (Schwimmsport, Ehrgeiz) zu bedenken und als Leistung zu würdigen. Auch dies ist Ausdruck therapeutischer Kompetenz: Handlungen und deren Konsequenzen (auch Erfolge) der Kompetenz von Klienten zuzuschreiben. Auszuhalten und achtsam ressourcenorientierte Lösungen im Interesse des Klientensystems zu prüfen, ist hier die Erfolg versprechende Strategie. Welche Rollen den Eltern im weiteren Vorgehen zukommen, gilt es im Interesse des Klienten zu prüfen.

Therapeut: Das Einzige, was ich dir, allenfalls deiner Schwester und eben deinen Eltern anbieten kann, ist eine Art von Coaching im Sinne eines Trainers. Schwimmen musst du! Ins Wasser gehst du und auf dem Podest stehst auch du. Was ich dir anbieten könnte, wäre ein Training, in dem du die Leistung dir selber zuschreiben könntest. Es gibt zwei Möglichkeiten: Entweder macht sich deine Umwelt Sorgen und dann müssten die sich überlegen, was sie jetzt tun wollen. Oder du übernimmst Verantwortung für dein Leben und versucht dich sozusagen an den eigenen Haaren aus dem Sumpf zu ziehen …
Stefan: Ich muss zuerst mal ein Ziel finden bzw. eine Beschäftigung, die mich befriedigt. Und das finde ich eben nicht. Drogen konsumieren ist einfach das, was mir zum jetzigen Zeitpunkt am meisten bedeutet.
Therapeut: Ja, das ist eine Antwort. Unter diesen Bedingungen müssen sich deine Schwester und deine Eltern überlegen, was sie, die eine Gefährdung sehen, damit tun wollen.

Mit bewegter Stimme hat deine Schwester gesagt, dass sie sich Sorgen macht um dich, dass du gefährdet bist.

Renate: Ja, manchmal würde ich auch erwarten, dass du, Stefan, auf mich zukommst und mich etwas fragst und Interesse zeigst.

Daraus entwickelt sich ein erster Dialog zwischen Bruder und Schwester.

Ziel und Vorgehen: Neben dem Informationsgewinn zum Drogenverhalten geht es mir darum, Renate – in ihrer Betroffenheit als Schwester – ins Spiel zu bringen: im Zeigen ihres Mitgefühls (bewegte Stimme, gemeinsame gute Erlebnisse) gelingt es vielleicht, ihren Bruder emotional zu erreichen. Ob dies unter den gegebenen Bedingungen (Intoxikation) gelingt, muss offen bleiben.

Therapeut: Ja, wahrscheinlich ist dein Bruder zurzeit zu stark mit sich selbst beschäftigt und er würde schon wollen, wenn er könnte ... (Stefan zugewendet) Du hast deine Schwester eingeladen und damit ihr und auch mir gezeigt, dass sie dir nicht völlig egal ist.

Die Therapiestunde geht zu Ende und ich mache den Vorschlag, dass sich die beiden zu Hause darüber absprechen sollen, ob sie gemeinsam dieses Coaching nutzen wollen und mich dies bis zum abgemachten Sitzungstermin mit den Eltern schriftlich wissen lassen.

Therapeut: Wie weit deine Eltern einbezogen werden bzw. deine Schwester, das wird sich dann im Laufe dieses Prozesses zeigen. Das liegt auch an dir, an deinem Verhalten.

Du hast es aber verdient, dass ich dir am Ende dieser Sitzung genauso klar wie du mir sage, wie ich deine Situation beurteile: Du steckst wirklich im Sumpf, dir geht es nicht gut und du bist gefährdet. Und noch etwas: Ich finde es ganz toll, dass du deine Schwester mitgenommen hast und du (zur Schwester) auch mitgekommen bist.

Kommentar: Mit der Einladung (unter coachender Begleitung des Therapeuten), sich als Gefährdeter selbst aus dem Sumpf zu ziehen, nehme ich Stefan beim Wort. Gleichzeitig halte ich mir die Option der Systemerweiterung durch den aktiven Einbezugs der Eltern offen. Es gilt immer wieder neu, das *für die Problemlösung relevante System* [2] zu bestimmen.

Dritte Sitzung mit den Eltern

Zu Beginn der Sitzung übergibt mir die Mutter im Auftrag ihrer Kinder in einem unverschlossenen Briefumschlag zwei von Hand geschriebene Zettel. Ich entscheide mich, diese nun auch zu lesen:

> »Sehr geehrter Herr Rufer,
> ich möchte mich nochmals für Ihr Angebot bedanken, doch ich weiß, dass ich trotz Ihrer Hilfe nicht länger als drei Wochen ohne Drogen sein kann. Außerdem möchte ich auch gar noch nicht drogenfrei sein.
>
> Mit freundlichen Grüßen
> Stefan«

> »Sehr geehrter Herr Rufer,
> leider hatten Stefan und ich nicht viel gemeinsame Zeit, um die Lösung zu besprechen. Er ist immer noch überzeugt, dass er keine Hilfe braucht. Ich hatte keine Argumente, um gegen ihn anzukämpfen. Er will mit LSD und Speed nicht aufhören. Ich finde es schade, denn letzten Freitag war er zu Hause. Ich habe ihn gefragt, ob er meine Haare schneiden würde. Wir hatten riesigen Spaß, da er 10 cm anstatt 1 cm schnitt. Ich vermisse solche Dinge. Trotzdem möchte ich Ihnen für Ihre Bemühungen danken.
>
> Mit lieben Grüßen
> Renate«

Kommentar und Vorgehen: Nicht ganz unerwartet betont Stefan erneut, dass er von sich aus, aus eigenen Stücken, nichts verändern will oder kann. Diese Haltung mutet er auch seinen Eltern zu. Indem beide Geschwister ihre Botschaft den Eltern mitgeben, unterstützen sie gleichsam (wenn auch indirekt) deren Einmischung. Mich unterstützen sie in der Option, die (Drogentherapie als) Familientherapie fortzusetzen und so die *Instabilität* [5] kooperativ zu nutzen.

Die therapeutische Herausforderung besteht nun darin, die Eltern so zu engagieren, dass diese richtig, das heißt adäquat, authentisch und verbindlich reagieren können. Eine engagierte, klare, aber nicht rigide Positionierung könnte helfen, dass ihr Sohn seine verlorenen Ziele (»Ich muss zuerst mal ein Ziel finden«) wiederfindet.

Vater: Wir wussten gar nicht, ob Stefan auch kommen würde, weil er ja zurzeit von zu Hause weg ist (vgl. Telefonat der Mutter und Info von Stefan).
Mutter: Stefan hat mir gesagt, dass Sie ihm (dem Therapeuten zugewandt) gesagt hätten, dass er im Sumpf stünde. Und er hat mir auch gesagt, dass er keine Hilfe wolle, und er wisse auch, dass er ein Versprechen (drogenfreies Leben) auch nicht einhalten könnte.
Therapeut: Was Sie da gerade sagen, heißt ja, dass Stefan von sich aus keine Hilfe in Anspruch nehmen und von sich aus keine Veränderung will, weil er nicht glaubt, dass er eine solche allein durchhalten könnte.

Ich erkundige mich nach den zwischenzeitlichen Ereignissen wie dem Auszug von zu Hause.

Mutter: Am Freitag war er zu Hause, und wir hatten einen sehr schönen Abend. Er hat auch seiner Schwester die Haare geschnitten. Sie hatten Spaß zusammen, und ich habe gesehen, wie Renate aufgeblüht ist. Kurz darauf ist er dann aber wieder verschwunden
Therapeut (zum Vater): Wie sehen Sie die Situation zurzeit?
Vater: Ja, im Moment ist er ja weg und da kann man gar nicht viel machen. Ich gehe ihn zurzeit auch nicht suchen. Wenn er zu Hause ist, habe ich mich auch zurückgehalten. Allerdings kommt man immer wieder nur auf dieses Thema, und man kann über nichts anderes mehr sprechen.

Die Eltern nehmen die Haltung ein, dass sie nicht zusätzlich Druck machen möchten, dass sie ihr Haus für Stefan weiterhin offen halten. Sie formulieren auch ihre Ambivalenz zwischen Zuversicht und Absturzangst.

Mutter: Ich habe oft auch gemerkt, dass er, wenn er dann wieder von zu Hause weggeht, eigentlich traurig geht.
Therapeut: Mein Eindruck deckt sich mit Ihren Erfahrungen: Ihrem Sohn geht es schlecht. Er ist gefährdet, drogenabhängig zu werden. Er bestätigt das ja auf unterschiedlichste Weise, und das ganz offen. Nun, was heißt dies jetzt für Sie als Eltern? – Stefan hat mit mir und offensichtlich auch mit Ihnen offen und ehrlich gesprochen: Er macht meines Erachtens »Suizid auf Raten«.

Kommentar: Im Interesse von Stefan und vereinbarter Transparenz spreche ich Klartext. Damit verliere ich weder meine Allparteilichkeit noch meine Neutralität. Bestenfalls bestätige ich den Ernst der Lage und kann so die Eltern – insbesondere den Vater – mobilisieren. Im Sinne generischer Prinzipien gilt es aus dem laufenden Prozess heraus immer wieder neu zu entscheiden, was passt (vgl. auch Kapitel 4.2).

Mutter: Ja, was kann ich machen? Es macht mich einfach traurig.
Therapeut: Er sagt es ja selber: Allein kriegt er die Kurve nicht. Er selber ist ratlos und in gewissem Sinne verzweifelt.

Die Eltern informieren mich, dass sie durch die Drogenberatungsstelle über stationäre Therapieprojekte informiert wurden.

Vater: Wenn schon, dann braucht es einen radikalen Tapetenwechsel. Zu Hause bleibt er im selben Kollegenkreis.
Therapeut: Was Sie als Eltern machen, liegt ohnehin in Ihrer Entscheidung. Wichtig ist, dass Stefan nicht nur Ihre Besorgnis spürt, sondern wahrnehmen kann, dass Sie die Zügel in die Hände nehmen. (Eltern nicken zustimmend)
Mutter: Vielleicht wäre dieses externe Drogenprojekt nur eine Flucht und alles bleibt nachher beim Alten?
Vater: Ja, und irgendwann kommt dann die Polizei.
Therapeut: Ja, aber dann wäre es eben die Polizei und nicht Sie. Was Stefan braucht, sind nicht Diskussionen über Drogen und entsprechende Warnungen. Das ist im Moment für ihn nur warme Luft. Stefan muss spüren: Meinen Eltern ist es nicht gleichgültig, was mit mir passiert. Und zwar so, dass er merkt, wenn ich nicht handle, dann handeln sie. (Eltern reagieren nachdenklich)

Kommentar und Vorgehen: Wir erinnern uns an das Erstgespräch und die anschlussfähige Problemsicht: Stefan hat wenig Gelegenheit (Asthma) gehabt, Eigenständigkeit zu entwickeln, überfordert und gefährdet sich und alle Mitbetroffenen mit einer inadäquaten Ablösung über exzessiven Drogenkonsum. Autonomie und Individuation in Verbundenheit, eine altersentsprechende und für alle passende und verpflichtende Übernahme von Verantwortlichkeiten wäre ein möglicher Weg aus der Sackgasse. Neben rigiden Problemmustern wurden im therapeutischen System unzählige Ressourcen, individuelle und familiäre Kompetenzen sichtbar. Betroffenheit, Bindung, Ehrgeiz, langer Atem, Support, die sich in einer internen Lösung nutzen ließen. Der

Prozess wird zeigen, ob diese Arbeitshypothese aufgrund der individuellen und familiären Muster und Ressourcen den richtigen Weg vorgibt.

Die Tendenz der Eltern, Verantwortung an Spezialisten abzugeben, ist verständlich. Eine stationäre Therapie einzuleiten, wäre aber zu diesem Zeitpunkt eine verpasste Chance, in der die Familie sich gegenseitig ihre Kompetenzen zeigen kann. Jetzt, wo nicht mehr über den Einstieg ins Boot, sondern über die Rollen im Boot verhandelt werden muss, gilt es zu handeln, etwas zuzumuten und nicht zu schonen. Dabei muss den Eltern in Zeiten der Verunsicherung geholfen werden, ihre Kompetenzen zu erkennen: »Eine Familie kann sich nur solche Probleme stellen, die zu lösen sie auch selber in der Lage ist« (Ausloos, 2000, S. 25).

Therapeut: Ich habe den Eindruck, dass Stefan Eltern möchte, die sich als Eltern mit Klarheit und Eindeutigkeit, aber auch mit altersentsprechender Flexibilität positionieren, damit er dann auch wirklich seinen eigenen Weg gehen kann.

Vater: Natürlich ist diese ganze Therapie und Betreuung früher (Asthma) vor allem über die Mutter gelaufen.

Therapeut: Wenn ich das jetzt aus der Entwicklungsgeschichte heraus verstehe, waren Sie beide immer wieder diejenigen, die ihm über Krisen hinweg geholfen haben. Jetzt ist ja wieder so eine Krise. Und wenn ich ein bisschen über Stefan nachdenke, über sein Asthma und die Atemnot, dann habe ich auch heute das Gefühl, dass Stefan bildlich gesprochen am Ersticken ist und es nun darum geht, dass Sie ihm als Eltern in dieser schwierigen Zeit des Übergangs ins Erwachsenenleben wieder Sauerstoff geben müssen, Luft verschaffen, damit er wieder Perspektiven im Leben sieht.

Vater: Ich habe mich ihm in den Weg gestellt und wollte tatsächlich so den »Hahn zudrehen«. So haben wir es x-mal versucht, und so können wir es eben auch nicht lösen.

Therapeut: So, wie mir das jetzt erscheint, haben Sie aber Ihr Arsenal an Möglichkeiten noch nicht ausgeschöpft.

Fortsetzung und weiteres Vorgehen: In der verbleibenden Zeit geht es noch darum, dieses »Arsenal« zu öffnen. Nicht Nacherziehung ist angesagt, sondern eine elterliche Haltung, die Stefan verpflichtet. Damit werden nun mit Bezug zu ihren Ressourcen *restabilisierende Maßnah-*

men [7] eingeleitet und der Therapeut – den Prozess aktiv steuernd – kann seine therapeutische Kompetenz zeigen.

Die Eltern werden sich bis zur nächsten abgemachten Sitzung gemeinsam überlegen müssen, ob, wie und was sie konkret einfordern wollen. Im Hinblick auf die vorgesehene Rückkehr nach Hause muss sich Stefan seinerseits entscheiden, wo und mit welchen Regeln und Annehmlichkeiten er in den nächsten Wochen und Monaten leben will.

So könnte das »Entweder-oder-Muster« (Gewinner sein oder es gar nicht erst versuchen) als *sinnhaft* [3] und Ressource für Entscheidungen, Verpflichtungen und Verbindlichkeiten produktiv genutzt werden. Der Fokus läge damit nicht auf den Drogen, sondern auf der Beziehung. »Zunehmend wird deutlich: die stärkste und beste Droge für den Menschen ist der andere Mensch« (Bauer, 2006, S. 42). In dieser authentischen Haltung, was weitgehend einem günstigen, autoritativen Erziehungsstil entspricht, kann Stefan Verbundenheit und eine vertrauensvolle Beziehung erfahren.

Ein nächstes Familiengespräch kann in der Folge abgemacht werden.

Vierte Sitzung mit den Eltern und Stefan

Die Eltern entschuldigen ihre Tochter Renate aus schulischen Gründen.

Vorgehen: Die Rückkehr des verlorenen Sohnes nach Hause und die Zusage des Lehrmeisters für die Fortsetzung der Lehre kann die angelaufene Entwicklung weiter festigen. Als Coaching und mit Empowerment können Diskussions- und Verhandlungskompetenz der Familie gestützt und die selbstorganisatorischen Kräfte im Hinblick auf die *Realisation neuer Ziele* [7] genutzt werden. Themen wie Selbstständigkeit, Rechte und Pflichten sollen anstelle von Diskussionen über Drogen am Familientisch Platz nehmen. Die Therapie kann die Individuation (Stierlin, 1988) nur unterstützen und so gilt es, den angestoßenen Prozess, das heißt den Dialog Eltern–Sohn, laufen zu lassen und nicht durch intervenieren zu stören.

Therapeut: Das heißt nun, du ziehst die Lehre durch?
Stefan: Ja, das hab ich vor.

Therapeut: Ich war sehr beeindruckt vom Gespräch mit dir und deiner Schwester, beeindruckt über die Offenheit und Ehrlichkeit. Ich hatte dann anschließend ein Gespräch mit deinen Eltern und war genau so ehrlich und offen ihnen gegenüber, wie du es mir gegenüber warst, das heißt, ich habe Klartext gesprochen.

Die Eltern nicken. Stefans Mutter betont, dass sie zwischenzeitlich wieder recht gut mit Stefan reden könnten, dass sich die Situation ziemlich entspannt hätte.

Mutter: Wenn er eine andere Meinung hat als ich, das macht mir manchmal noch Angst. Aber ich kann mit ihm darüber reden, ohne dass ich sofort sagen muss: Du musst jetzt aufhören damit.

Therapeut: Was hat sich denn in den letzten vier Tagen aus deiner Sicht verändert?

Stefan: Es hat wieder mal ein normales Tischgespräch gegeben.

Vater: Er hat mir auch erzählt von seinen Ferientagen und darüber, dass er sich kaum mit Drogen hätte aufpeitschen müssen. Ich betrachte das als sehr positiv. Und am letzten Wochenende hätte er überhaupt keine Drogen konsumiert. Ich habe ihm Mut gemacht, dass es durchaus ein weiteres Wochenende ohne Drogen geben könnte.

Therapeut (zum Vater): Woran merken Sie, dass er Ihnen die Wahrheit sagt?

Vater: An der Art, wie er es mir gesagt hat, und an seinem Aussehen. Daran, dass er sich auch selbständig auf den Arbeitsweg macht usw. Er war auch mit seiner Schwester ausgegangen und war sogar früher zu Hause als abgemacht.

Therapeut (zu Stefan): Stehst du morgens selber auf?

Stefan: Nein, das schaffe ich nicht. Bis ich schließlich den Wecker und die Musik und alles gehört und abgestellt habe, ist meine Mutter schon längst im Zimmer und meckert.

Therapeut: Es entsteht dann sozusagen ein Teufelskreis, den man etwa so beschreiben könnte: Mutter weckt, wartet, ruft, schreit, bis Stefan schließlich genervt aufsteht. Daraus ist ein Morgenritual entstanden, wo jeder schon im Voraus weiß, wie es läuft.

Therapeut (zu Mutter und Sohn): Meine Frage: Möchten Sie ihn weiter wecken bzw. möchtest du selbständig aufstehen? Wessen Verantwortung ist das jetzt: deine oder die der Mutter?

Stefan (zögernd): Meine. Damals, als ich ausgezogen war und beim Kollegen gelebt habe, habe ich es ja auch geschafft aufzustehen.
Therapeut: Dann müsstest du eigentlich deiner Mutter den Auftrag geben: Komme mich nicht wecken. Den Preis für das Verschlafen (zur Mutter) zahlen ja nicht Sie.
Therapeut (zur Mutter): Schaffen Sie das, ihn nicht zu wecken? Das heißt, ihn ab und zu mal ins Offside laufen zu lassen.
Mutter: Ja, das schaffe ich.
Therapeut: Wenn ich das richtig verstehe, dann würde das ab morgen gelten?
Stefan: Ja. Kann man schon machen.
Therapeut (zur Mutter): Also Sie machen einen Schritt zurück und Stefan macht einen Schritt vorwärts.
Therapeut: Gibt es weitere Details, bei denen du zeigst, dass du diese Verantwortung selber wahrnehmen kannst?
Stefan: Ja, bei der Ordnung in meinem Zimmer, die ich selbst verantworten muss. Dann würden wir auch nicht mehr dauernd darüber streiten. Auch wenn es meine Sache ist, ob ich dann schließlich eine Stauballergie bekomme oder nicht.
Mutter: In Teilen bin ich damit einverstanden, aber dass du im Zimmer rauchst, damit bin ich nicht einverstanden.
Stefan: Ja, gut.
Therapeut: Sie alle haben mir mit Ihrer Fortsetzung der Therapie sozusagen den Auftrag gegeben, Stefan und Sie zu begleiten auf dem Weg in die Selbständigkeit. Von diesem Moment an, wo Sie mir sagen, der eingeschlagene Weg funktioniert, denke ich, ist mein Auftrag beendet. Jetzt geht es offensichtlich um kleine Details, in denen bekanntlich der Teufel steckt: wie Aufstehen, Wecken usw. Vielleicht gelingt es dann nach diesen ersten guten Erfahrungen auch, miteinander über anderes als Drogen zu reden, eben normale Tischgespräche zu führen.

Nach dieser gegenseitigen Verpflichtung beginnt die Familie über diese kleinen Dinge des familiären Alltagslebens neu zu diskutieren, zu verhandeln und zu entscheiden, was in welchen Grenzen und in wessen Verantwortung liegt.

Die Mutter kommentiert außerdem die etwas rigide, manchmal autoritäre Haltung des Vaters und gibt so Stefan die Chance, im Rahmen von abgesteckten Grenzen, die Ordnung in seinem Zimmer selbst zu bestimmen.

Therapeut: In diesen Punkten müssen Sie nun wirklich neu miteinander verhandeln, was wo unter welchen Bedingungen für wen gilt.

Therapeut (zu den Eltern): Angenommen, Sie würden sich im Rahmen dieser Grenzen zurückhalten, würde die Unordnung zunehmen, gleich bleiben oder abnehmen?

Eltern (beide): Es würde in etwa gleich bleiben.

Stefan: Es würde wahrscheinlich noch etwas zunehmen, bis es mir dann selber auf den Geist geht und ich dann von selber aufzuräumen beginne.

Therapeut: Es könnte sein, dass Sie als Eltern mit Ihrem Handeln immer gerade etwas früher kommen als Stefan und ihm damit eine wichtige Erfahrung vorenthalten. Stefan bleibt dann nur noch die Rebellion über die Vorschriften oder Auflagen und auf der Strecke bleibt die eigene Erfahrung, sozusagen das Feedback aus der konkreten Situation. Mutter und Vater sind schon da, bevor Stefan die Chance selber packen kann. Zurück bleibt der aufreibende Kampf gegen die Maßnahme.

Therapeut (zur Mutter): Es gibt Situationen, wo es sich bewährt, dass Sie unnachgiebig sind und von Stefan etwas verlangen, und es gibt Situationen, in denen Sie (zum Vater) merken, dass Sie hier für eigene Erfahrungen von Stefan Raum und Luft schaffen müssen.

Die Diskussion um Privat- und Familiensphäre wird fortgesetzt. Es wird darüber verhandelt, wie mit der Abfallentsorgung umzugehen ist, wenn Stefan sich tatsächlich ein eigenes Zimmer im Keller einrichtet.

Ich ermuntere dazu, Regeln zu Beginn lieber etwas strikter zu formulieren, damit sie in der Praxis auch wirklich greifen und damit Stefan genau weiß, womit er zu rechnen hat.

Therapeut: Wenn wir uns das nächste Mal sehen, müssten Sie auch gemeinsam darüber entscheiden können, ob die Abmachungen eingehalten wurden oder nicht.

Schlussfrage: Was könnten Sie alle dazu beitragen, dass der eingeschlagene Weg auch eine Chance hat?

Stefan: Nicht mehr Freude daran haben, zu provozieren.

Mutter: Das wir besser miteinander sprechen können, nicht nur über Drogen.

Therapeut: Okay.
Ein weiterer Termin circa in einem Monat wird vereinbart.

Fünfte Sitzung mit der Familie

Die Familie erscheint in entspannter Stimmung. Insbesondere der Vater wirkt spürbar wohlgelaunt. Er betritt als Erster den Therapieraum und beginnt ein Gespräch mit dem Therapeuten über die Wintersportferien. Zum Erstaunen seiner Tochter und Ehefrau wählt er einen anderen als den bisher von ihm besetzten Stuhl. Er setzt sich auf den in vorigen Sitzungen von Stefan gewählten Stuhl mit dem Kommentar: »Warum nicht mal etwas Neues.« Stefan, der aufgrund einer kleinen Operation an Krücken geht, betritt etwas später den Raum, worauf Vater und Therapeut aufstehen und ihm Platz machen.

Therapeut: Sie sind heute innerhalb weniger Wochen zum fünften Mal hier. Angenommen Sie würden den Ausgangspunkt unserer Gespräche mit einer 1 und Ihr Ziel, die Lösung Ihrer Probleme, wenn meine Hilfe nicht mehr benötigt wird, mit 10 festhalten, wo stehen Sie heute?
Therapeut (zu Renate, die spürbare Entspannung und Offenheit unterstützend): Was meinst du, wer nennt die kleinste Zahl?

Dies löst in der Familie allgemeine Heiterkeit aus und die Familie beginnt sich dann reihum festzulegen, wobei ich Stefan als »Hauptperson« als Ersten anspreche: Er legt sich auf »7 oder 8« (wie anschließend auch Schwester und Mutter) fest. Der Vater gibt zum allgemeinen Erstaunen mit 9 die höchste Zahl in der Familie.

Therapeut: Kompliment an Familie Haller! Es hat sich etwas verändert in der Zwischenzeit. (Alle nicken zustimmend.)
Vater: Ja, es geht gut.
Therapeut: Was hat sich denn verändert in der Zwischenzeit?
Therapeut: Darf ich dich fragen, Stefan – schließlich warst du sozusagen »das Eintrittsbillet« für diese Veranstaltung?
Stefan: Ja, ich habe mit Drogen aufgehört, nehme nichts mehr. Das seit jetzt genau sechs Wochen. Indem ich fortgelaufen bin, haben alle ein

bisschen Distanz voneinander gehabt, und seitdem ich wieder zurück bin, läuft es wesentlich besser. Alle geben sich Mühe, miteinander zu reden.
Therapeut: Geht es dir selber auch besser dabei?
Stefan: Ja, mir ist viel wohler!
Therapeut: Was denken Sie, Frau Haller? Sie waren ja diejenige, die als Erste mit mir Kontakt aufgenommen hat?
Mutter: Ich weiß es nicht. Ich bin nur froh, dass das so passiert ist. Ich weiß nicht, warum. Er selber sagt, er hätte einfach genug, und früher hat er immer gesagt: Ich höre einmal auf, aber ich will es selber schaffen. Aber genau erklären kann ich es mir nicht.
Therapeut: Also eine Art Erinnerung an etwas, über das wir hier gesprochen haben.
Stefan: Wenn ich ein Ziel habe, dann erreiche ich es auch.
Therapeut (zu Eltern und Schwester): Ja. Er ist offensichtlich der »Winnertyp«.
Mutter: Er hat sich in den Kopf gesetzt: Irgendwann laufe ich davon. Genauso, wie er sich in den Kopf gesetzt hat: Irgendwann höre ich mit den Drogen auf. Er sagt auch nicht, dass er nie mehr etwas nehmen würde, aber zurzeit will er nichts davon wissen. Und ich bin sehr froh darüber.
Vater schildert in Folge seine Wahrnehmungen, dass Stefan gepflegter aussieht, ab und zu auch mal früher nach Hause kommt, auch bei Familienanlässen wie zum Beispiel gemeinsamem Skifahren mitmacht.
Mutter: Wir sprechen sicher auch noch ab und zu über Drogen, aber was nun anders geworden ist, ich höre selber besser zu. Ich lasse ihn fertig reden. Das ist meine Veränderung gegenüber vorher. Früher habe ich nur gewarnt usw.
Therapeut: Stefan, weißt du noch, zu was du dich letztes Mal verpflichtet hast?
Stefan: Die Zeitungen zusammenräumen und Flaschen runterzutragen. Das habe ich selbständig auch gemacht.
Renate: Jetzt kann man wieder miteinander reden. Früher waren es immer nur Drogen, Drogen, Drogen und nichts anderes.
Vater: Eigentlich reden wir jetzt gar nicht mehr davon am Tisch.
Am Schluss betont der Vater noch, dass sie ein gemeinsames Projekt hätten, den 80. Geburtstag der Schwiegermutter. Die Anspannung in der Familie hat nachgelassen.

Vorgehen: Maßnahmen zur *Restabilisierung und Integration neuer Kognitions-Emotions-Verhaltensmuster* [8] werden nun etabliert. Der Abschluss der Therapie wird angesprochen und das heißt für den Therapeuten auch: Beende rechtzeitig.

Renate: Zurzeit beginnt Stefan auch, mich wieder mehr einzubeziehen, Fragen zu stellen, wie es mir geht. So wie damals, kurz nach dem Gespräch bei Ihnen.
Therapeut: Ja, ich denke, dass Stefan hier einen großen Beitrag zu dieser Entwicklung geleistet hat. Das andere ist, dass Sie alle – insbesondere auch du, Renate – nicht bedingungslos bereit wart, Stefan zu schonen. Du hast dich als Schwester getraut, ihm da auch etwas zuzumuten, dich einzumischen. Nicht zu vergessen die Leistung von Ihnen als Eltern, die mit einer klaren, fordernden, aber auch liebevoll zugewandten Haltung Stefan in die Selbständigkeit begleiten. Das sind große Fortschritte.
Mutter: Richtung 8 oder 9 würde es sich bewegen, wenn ich zunehmend merke, dass ich Stefan in den abgemachten Dingen wie dem Umgang mit Kollegen vertrauen kann.
Therapeut: Renate, was meinst du, hält sich dein Bruder an die abgemachten Hausregeln?
Renate: Ja, ich glaube schon.
Therapeut (zu Stefan): Was macht eigentlich, dass das Familienleben für dich inzwischen attraktiver geworden ist – vorher waren es ja nur die Drogen?
Stefan: Keine Ahnung. Es ist plötzlich einfach wieder anders geworden. (Ich hake nach.)
Früher habe ich provoziert oder es wurde als Provokation verstanden und dann ist die Situation sofort eskaliert. Heute kann man darüber reden. In den Zeiten des Drogenkonsums war für mich auch das Wochenendprogramm klar: Pillen »spicken«. Heute muss ich mir überlegen, was ich mit den freien Tagen anfange.
Therapeut (zu Renate): Warum bist du eigentlich immer mitgekommen?
Renate: Weil es mir nicht egal ist, ob Stefan abstürzt, schließlich ist er mein Bruder. Es ist mir nicht gleichgültig, weil ich ihn gern habe. Darum bin ich hierher gekommen.

Stefan (sichtlich berührt zur Schwester): Und weil wir jetzt auch weniger Krach zu Hause haben, musst du nicht immer wieder ins Zimmer flüchten.

Vater (zum Therapeuten): Wir sind auch erstaunt über die Kehrtwendung seit dem letzten Gespräch hier mit Ihnen. Anfang der Woche hat Stefan Geburtstag gehabt. Ich habe ihm einen persönlichen Brief geschrieben und ihn gelobt, dass es jetzt so gut läuft, und dass wir immer zu ihm stehen werden. Ja, vielleicht ist es darum anders, weil wir ihn einfach ein bisschen ermuntert und gestärkt haben. Ich weiß nicht, was alles sonst noch eine Rolle gespielt hat. Diese Kehrtwendung ist wie ein Wunder. Natürlich, sechs Wochen drogenfrei ist noch wenig, aber wir sind sehr zuversichtlich und hoffen das Beste.

In gegenseitigem Einverständnis wird die Therapie beendet mit der Möglichkeit für die Familie, sich bei Bedarf wieder bei mir melden zu können.

Schlusskommentar und Bilanz

Vielleicht werden Sie als Leser sich jetzt fragen: »Wie ist das möglich, Drogenabhängigkeit in nur fünf Sitzungen zu behandeln?« Die Frage ist berechtigt. Dass hier – im nicht von Erfolg verwöhnten Bereich von Sucht- und Drogentherapie – ein guter Therapieverlauf zu verbuchen ist, ohne dass hier lang und intensiv »therapiert« worden ist, bedarf daher einiger zusammenfassender Überlegungen.

Besonders in diesem Fallbeispiel wird deutlich, was auch in Forschungen nachgewiesen werden konnte: »Welcher Patient die Störung hat, ist wichtiger als welche Störung der Patient hat« (Norcross, 2002; zit. nach Revenstorf, 2009, S. 139). Dies hat unweigerlich Einfluss auf den Therapieverlauf, der darüber hinaus vom Support aus dem Umfeld des Patienten wie auch von der Kompetenz des Therapeuten (Lambert, 2010b) abhängt.

Folgende Klienten- und Kontextvariablen waren entscheidend:
- Kompetenzen und Ressourcen;
- Leistungsmotivation (»Winnertyp«);
- familiäre Bindungen, elterliche Hierarchie und Geschwisterbeziehung;
- gemeinsames Ziel (Lehre absolvieren);
- Resilienz und Aufnahmebereitschaft von allen für neues Verhalten.

Folgende Therapeuten- und Therapievariablen waren (mit)entscheidend:
- Überzeugtheit des Therapeuten in sein Tun,
- Vertrauen in die Kompetenzen von Stefan und seinen Angehörigen,
- Prozesssteuerung im relevanten Familiensystem,
- konsequente, verpflichtende Klienten- und Auftragsorientierung,
- Neutralität und Allparteilichkeit,
- Nutzen der Krise (Drogenmissbrauch) als kritische Instabilität im Aufbau eines neuen Ordnungszustandes und der Restabilisierung (bessere Kommunikation in der Familie, Fortsetzung der Lehre, sinnhaftes Leben ohne Drogen).

Der Anschluss ans elterliche System war genauso wichtig wie die Orientierung an der Kompetenz des (stigmatisierten) Sohnes als »Sensation Seeker« (Menning, 2011). Ein Schlüssel zu verschlossenen Türen war sicherlich das klärende, offene und öffnende Gespräch (Problemaktualisierung) mit den Geschwistern (Subsystem auf gleicher Augenhöhe) jenseits von Moral (therapeutische Neutralität). Die Turbulenzen ermöglichten es dem Therapeuten, im Interesse von Stefan vor allem den Eltern zu helfen (»ihnen zuliebe«), so dass diese ihm gegenüber eine verpflichtende Haltung einnehmen konnten. Getragen von diesen Bindungsbeziehungen (Grossmann u. Grossmann, 2004, 2008; von Sydow, 2008) konnte schließlich auch Stefan seine Kompetenzen mobilisieren und den »Sieg« als seinen Sieg auch für sich selbst verbuchen.

Therapeutische Impulse am richtigen Ort, zum richtigen Zeitpunkt (Kairos) erzeugen Resonanz und können selbstorganisierende Prozesse anstoßen. Diese Prozesse aus dem Inneren des Systems (Patient, Familie, Therapiesystem) führten zu »Kaskaden von Ordnungsübergängen« (Kapitel 2.1). Nicht anders war es vorher rund um das eskalierende »System Droge«, allerdings mit Kaskaden, die in die falsche Richtung liefen.

Nachtrag

Etwas mehr als zwei Jahre nach Abschluss der Therapie wurde die Familie im Hinblick auf eine Weiterbildungsveranstaltung um Erlaubnis für eine Präsentation eines »Videoausschnittes« angefragt. Im Gegenzug bat mich Stefan anschließend um Einsicht in die Videobänder. Die Bänder kamen zurück mit einem Begleitbrief des Vaters:

»Für Ihre Mithilfe zur Lösung des Familienproblems möchten wir Ihnen noch einmal sehr danken. Stefan hat vor zwei Wochen die Lehre erfolgreich beendet und am letzten Montag ist er in die Rekrutenschule eingerückt. Es geht ihm sehr gut und er hat Freude an seinem Beruf.«

Wiederum gut zwei Jahre später wurden mir anlässlich eines Erstgesprächs in einem Jugendheim Grüße von Stefan ausgerichtet, der in der angegliederten Werkstatt in leitender Funktion arbeitet.

Im Zusammenhang mit der Arbeit an diesem Buch schrieb ich die Familie mit der Frage an: »Was kann ich heute rückblickend auf die damalige Therapie sagen?« (siehe auch Fallbeispiele 2, 3 und 5).

Aus der Mail der Tochter Renate:

»Ich habe die Sprechstunden positiv erlebt, es war der einzige Ort, wo wir gemeinsam als Familie miteinander sprechen konnten, ohne dass jemand ausgerastet ist oder gar handgreiflich wurde. Ich kann mich auch erinnern, dass Sie jeden zu Wort kommen ließen und dass jeder seinen Standpunkt nennen musste. Das war für mich von Wichtigkeit, weil ich immer die Sandwichrolle hatte.

Es war ein Ort, wo ich frei sprechen konnte und nicht Angst haben musste, das Vertrauen von den Eltern oder meinem Bruder zu missbrauchen. So war es auch gut, eine Therapiesitzung ohne Eltern zu haben und die Eltern ohne uns Kinder ... Die Therapie hat unserer Familie den Grundbaustein gegeben, den zerbrochenen Weg wieder aufzubauen. Das haben wir Ihnen zu verdanken.«

Renate erwähnt in ihrer Mail auch, dass damals zum Schutze des Bruders und der Familie nach außen nicht darüber gesprochen werden durfte, dass die Familie Hilfe in Anspruch nahm. Für sie sei dieses Verbot eine Belastung gewesen.

Aus dem Brief des Vaters (Eltern):

»Ich erinnere mich noch sehr gut an unsere Familientherapie-Sitzungen bei Ihnen. Ich habe mich damals sehr geschämt, dass wir als Familie ›aus gutem Hause‹ zu Ihnen kommen mussten. Im Nachhinein bin Ihnen sehr dankbar für Ihre Hilfe ... Nach unserer letzten Sitzung ist das Problem schnell verschwunden ... Im März dieses Jahres hat er seine Zweitausbildung als Rettungssanitäter mit Bravour abgeschlossen. Er ist seit drei Jahren verheiratet und wird in den nächsten Tagen zum zweiten Mal glücklicher Vater.«

Gerade Letzteres macht neben dem Erfolg auch deutlich, was Therapeuten in und nach den Therapiesitzungen in der Regel kaum direkt erfahren: Psychotherapien sind und bleiben ein Sonderfall psychologischer oder medizinischer Hilfe und sind aus Sicht der Betroffenen oft mit einem Stigma behaftet (vgl. auch Kapitel 6.2). Dies gilt insbesondere bei Drogenproblemen (im Gegensatz etwa zur Magersucht), wo Angehörige als Mitbetroffene mit dem Makel der Unfähigkeit, Inkompetenz und dem Versagen dastehen und mit ihren Scham- und Schuldgefühle allein sind. Diesem Umstand gilt es Rechnung zu tragen, in dem die systemeigenen Kräfte und Kompetenzen aktiviert werden und als Psychotherapeut oder Berater sorgfältig und sparsam interveniert werden sollte. Dies gilt genauso und noch verstärkt in Zwangskontexten, wie in einem Fallbeispiel an anderer Stelle gezeigt wird (Rufer, 2012).

5.2 Ehepaar Fausey

»Sie selber haben ja nicht viel gesagt,
aber unsere Herzen geöffnet«
(Marius Fausey, 33 Jahre).

Übersicht und Lerninhalte

Frühere Missbrauchserlebnisse (Fallbeispiel 5) oder aktuelle Erfahrungen von Gewalt (Fallbeispiel 4) sind oft Auslöser für Kriseninterventionen, sich chronifizierende Störungen und die Etablierung von Helfersystemen.

Bei Gewalt in Paarbeziehungen (Opfer-Täter-Dynamik) sind Psychotherapeuten, wenn sie denn überhaupt involviert sind, in besonderem

Maße gefordert: Kann ich überhaupt in einer offenen und allparteilichen Haltung arbeiten? Wer will Therapie und was soll (Paar-)Therapie?

In diesem Fallbeispiel mit einem bikulturellen Ehepaar (Afrika–Schweiz) soll gezeigt werden, wie in einer akuten Krisensituation (Gewalt des Ehemannes, Frau mit Kindern im Frauenhaus) unter Voraussetzung sorgfältiger Kontextgestaltung beziehungs-, klärungs- und prozessorientiert paartherapeutisch gearbeitet werden kann, ohne trianguliert zu werden.

Dabei soll (wie in Fallbeispiel 1) deutlich werden, dass es in der Rolle als Therapeut nicht darum geht, soziale Kontrolle zu etablieren, sondern so lange möglich therapeutisch zu arbeiten. Aus Klagenden können so Kunden werden, die dem Therapeuten den Weg aufzeigen. Auch in turbulenten, schwierigen Interaktionssituationen (Kapitel 3.3) zeigen sich unerwartete Wendungen und Krisenintervention kann so zu einer Paartherapie werden, die Entwicklung anstößt.

Schlüsselwörter: Gewalt im bikulturellen Kontext eines Elternpaares, Helferrollen und Auftragsklärung, Allparteilichkeit und/oder Neutralität, Selbstorganisation und Ordnungsübergang, Paartherapie als Krisenintervention und Klärungshilfe.

Überweisung und Einstieg

Frau Martin, Mitarbeiterin eines Frauenhauses, fragt an, ob ich bereit wäre, ein Ehepaar in Paartherapie zu nehmen. Gabriele Fausey (35 Jahre) befinde sich mit ihren beiden kleinen Kindern (viereinhalb und zwei Jahre alt) im Frauenhaus. Frau Fausey, eine Schweizerin, sei seit fünf Jahren mit Marius Fausey (33 Jahre), einem Kenianer, verheiratet.

Fallen und Vorgehen: Frauenhäuser sind Zufluchtsorte für Frauen, die Opfer von Gewalt geworden sind. Sie werden von Frauen für Frauen geführt und haben sich über die Jahre als sicheres, klar parteiliches Hilfsangebot etabliert. Die Adressen sind unbekannt, das heißt, sie werden nach außen (Angehörige, Fachleute) nicht kommuniziert. Umso erstaunlicher ist die Anfrage aus einem »Frauenhaus« für eine »Paartherapie«, da ja in der Regel in diesem Kontext der Mann von der Frau

fernzuhalten ist. Die Besonderheiten eben dieses Kontextes gilt es zu beachten:
- unterschiedliche Helferkontexte: Frauenhaus vs. Paartherapeut,
- unterschiedliche Haltungen: parteilich (weibliches Frauenhaus) vs. allparteilich (männlicher Therapeut),
- unterschiedliche Kulturen: Schweiz vs. Kenia,
- Gewaltdynamik: Opfer (Frau) vs. Täter (Mann),
- Auftrag(geber): Frauenhaus? Ehefrau? Ehepaar? Therapeut?

Zum Zeitpunkt der Anfrage und Anmeldung ist unklar, wer in diesem »Problemsystem« (Kapitel 3.1) die Probleme wie definiert und wer was konkret von der Paartherapie erwartet. Für Paartherapeuten als »Dritte im Bunde« (Kapitel 3.4) muss Allparteilichkeit oberstes Prinzip sein.

Dafür allerdings bedarf es einer Metaposition (Retzer, 2006). Die Gefahr der Parteilichkeit und damit der Triangulation (Therapeut und Ehefrau bzw. Ehemann in Koalition vs. Ehemann bzw. Ehefrau) ist zwangsläufig in jeder Paartherapie gegeben. In diesem Problemsystem (Dreieck: Frauenhaus/Frau Martin – Ehefrau/Ehemann – Paartherapeut) ist das Risiko besonders groß. Aus der Komplexität dieser Triade heraus als »Dritter mit Dritten im Bunde« ein Therapiesystem zu gestalten, verlangt Systemkompetenz (Kapitel 3.4).

Eine sorgfältige Auftragsklärung (Wer will was?) wird damit zur Pflicht und ist integrativer Teil von Klärungshilfe und Krisenintervention in der Paartherapie. Für den Therapeuten heißt dies vorerst, eigene Vorannahmen oder Vorurteile zu reflektieren: Bewertung und Umgang mit Gewalt in Beziehungen, Täter-Opfer-Thematik, Bikulturalität bei Paaren usw.?

Die Anfrage, die Besonderheit des Kontextes, interessiert mich. Ich erfahre, dass die Mitarbeiterin mich auf Wunsch ihrer Klientin kontaktiert. Unter der Voraussetzung, dass beide Partner mit einer Paartherapie (ähnlich wie bei einer Mediation) einverstanden sind, bitte ich um telefonische Kontaktaufnahme von Frau Fausey, damit ich mit ihr das weitere Vorgehen, insbesondere auch die Kontaktaufnahme mit ihrem Ehemann, klären kann (Erreichbarkeit, Sprachkompetenz, Termin usw.).

Kommentar: Es geht also nicht um einseitige (parteiliche) Informationsbeschaffung, sondern im Gegenteil um die Positionierung des

Paartherapeuten als allparteilich. Gerade hier könnte die Chance für Neues liegen.

Ein Terminvorschlag mit Einladung in zweifacher Ausführung an beide (Wohnadresse sowie Postfachadresse Frauenhaus) wird daraufhin vereinbart.

In der Konkretisierung wird deutlich, dass dieses Arrangement mit Komplikationen verbunden sein wird. So fragt Frau Fausey, ob ich im Hinblick auf dieses Zusammentreffen eine zeitlich versetzte Einladung machen bzw. getrennte Warteräume anbieten könne. Sie befürchte, dass Herr Fausey sie sonst schon vor der Sitzung »belege«, insbesondere auch, was den Kontakt zu den Kinder angeht. Ich zeige zwar Verständnis für ihre Bedenken, »verteidige« aber in Bezug auf ihr Anliegen (Paargespräch) mein Vorgehen, das heißt, die Ehepartner wie gewohnt im Wartezimmer abzuholen.

Kommentar: Es ist eine erste Herausforderung, sich im (anderen) therapeutischen Rahmen und Kontext zu positionieren, das heißt, »auf der Suche nach neuen Winden die Ebene zu wechseln«, wie Bertrand Piccard in einem Interview in einer Tageszeitung die Bedeutung der Ballonfahrt für seine Tätigkeit als Psychotherapeut beschrieb (Piccard, 2005, S. 1).

Zwei Tage nach der schriftlichen Einladung für dieses Erstgespräch erhalte ich einen Telefonanruf von Herrn Fausey, der mir in gut verständlichem Deutsch den Termin bestätigt und seine Kooperationsbereitschaft signalisiert, auch wenn er selbst keine Vorstellung von »Paartherapie« habe. Er mache alles, damit seine Frau und seine beiden Kinder wieder nach Hause kommen. Allerdings möchte er mir vorgängig noch einige Informationen geben. Ich verweise, wenn auch verständnisvoll, auf das Erstgespräch, und betone, dass ich auch von seiner Frau keinerlei Informationen habe.

Fallen und Vorgehen: Erwartungsgemäß wird in der Konkretisierung die explosive Paardynamik spürbar. Für mich kommt erschwerend hinzu, dass ich nicht weiß, welche Rolle das Frauenhaus, die Kinder, die Herkunftsfamilien, Kollegen usw. spielen, im Wissen, dass Dritte in Entstehung, Aufrechterhaltung und Beilegung von Paarkonflikten einflussreich sind. Mache ich nun in Anbetracht der Besonderheit und Undurchschaubarkeit des Kontextes Ausnahmen und führe zum Beispiel ausführliche telefonische Vorgespräche, biete getrennte Warteräume oder gar Einzelgespräche mit den zerstrittenen Partnern an?

Aus einer therapeutischen Perspektive wären solche dann angezeigt, wenn sie für die weitere Gestaltung des Prozesses nützlich wären. Eine solche Ausnahme aus Rücksichtnahme wäre hier unproduktiv, bestenfalls ein unnötiger Umweg. Die Wahl eines Settings oder einer Technik lässt sich nur aus dem Kontext und Prozess heraus bestimmen.

Vor- und Nachteile von Ausnahmeregelungen gilt es deshalb im Hinblick auf den Aufbau eines therapeutischen Systems gut abzuwägen. Gerade deshalb entscheide ich mich rasch und spontan, aber ohne Erklärung oder Bewertung für das ordentliche Vorgehen. Genauso wie ich mich gegen das Anliegen von Frau Fausey bezüglich getrennter Warteräume abgrenze, genauso bin ich nun mit einer klaren und klärenden Entscheidung Herrn Fausey gegenüber gefordert. Dass er (Täter) mich in seiner Not als seine Vertrauensperson (Frau findet Unterstützung im Frauenhaus) gewinnen will, ist nachvollziehbar. Als »Dritter im Bunde« wäre es aber kontraproduktiv, darauf einzusteigen, dadurch die neutrale Rolle (Metaposition) aufzugeben und Teil des Problemsystems anstatt des Lösungssystems zu werden. Mit der Entscheidung für Paartherapie soll sich auch ein anderer, neuer Kontext mit neuen Chancen entwickeln können.

Verständnisvoll, aber unmissverständlich mache ich daher Herrn Fausey am Telefon klar, dass ich weder von seiner Frau noch von irgendjemand anderem (Frauenhaus etc.) Informationen über ihr Problem habe und dass ich mich bemühe, weder in seiner noch in Anwaltschaft seiner Frau oder im Dienste von Außenstehenden zu arbeiten.
In einem Erstgespräch geht es mir als Psychologe – und nicht als Anwalt – darum, ihr Problem, ihre unterschiedlichen Sichtweisen zu erfassen und versuchen zu verstehen. Gemeinsam würden wir dann bei Bedarf in gegenseitiger Absprache (Paar und Therapeut) eine weiterführende Kooperation, das heißt einen weiterführenden Auftrag, vereinbaren.

Kommentar: Schon vor dem Erstgespräch, das heißt mit dem Erstkontakt, gilt es generische Prinzipien zu beachten: *Maßnahmen zur Erzeugung struktureller und emotionaler Sicherheit* [1] schaffen Vertrauen und die *Identifikation von Mustern des relevanten Problemsystems* [2] helfen bei der Systemdiagnostik (vgl. Kapitel 4.3).

Die Gefahr, in diesem – schon mit der Anmeldung eröffneten – verzwickten Spiel ein Eigentor zu schießen, ist also groß. Nichts weniger als die therapeutische Beziehung steht auf dem Spiel, wenn der Therapeut seine Metaposition verliert. Neben den strukturellen Bedingungen müssen also auch die (z. B. telefonischen) Interventionen zu den Anliegen der Klienten passen: *Identifizieren von Kontrollparametern und dem Ermöglichen von Energetisierungen* [1].

In meinem Verständnis von Therapie als Praxis der Selbstorganisation gilt als Ziel für ein Erstgespräch:
– unterschiedliche Sichtweisen und Anliegen der Klienten zu verstehen;
– Probleme zu aktualisieren (Grawe, 1998);
– eine passende, für alle nachvollziehbare Problembeschreibung zu finden;
– kooperativ und ressourcenorientiert Bedingungen für Veränderungsmotivation zu schaffen.

Erstgespräch

Beide Ehepartner erscheinen pünktlich (wenn auch unabhängig voneinander) und warten wie abgemacht gemeinsam im Wartezimmer.
Ich nehme zu Beginn der Sitzung Bezug auf die schriftliche Einladung (nach der Anmeldung an beide verschickt), den Praxiskontext, die Finanzierung, den Datenschutz und hole mir die Erlaubnis für die Videoaufnahme ein. Des Weiteren positioniere ich mich als Psychologe, (und nicht als Anwalt) in meiner therapeutischen, neutralen Rolle. Ich umschreibe nochmals das Ziel des Erstgesprächs. Ob sich daraus eine Fortsetzung in Form von weiteren Paargesprächen ergibt, soll offen bleiben. Ich begrenze lediglich den zeitlichen Rahmen auf maximal 90 Minuten für die Sitzung. Während Frau Fausey sich auf dem Stuhl etwas zurücklehnt, sitzt ihr Ehemann auf der Stuhlkante und beginnt auch sofort zu erzählen: Neben seiner Arbeit (Angestellter in einer Botschaft), seinem Studium und der Mitgliedschaft in einer Freikirche verbringe er seine Zeit ausschließlich mit Frau und Kindern.

Herr Fausey: Wir hatten es gut zusammen. Erst als die Kinder da waren, wurde es schwierig …

Mit großem emotionalem Engagement, oft den Tränen nahe, erzählt er »seine Geschichte«. Seine Erziehungsvorstellungen, sein Verhalten den Kindern gegenüber – zum Beispiel mit erhobenem Finger kommunizierte Verhaltensregeln – könne seine Frau nicht akzeptieren und mische sich dann ein. So komme es immer wieder zu Streit, meist wegen der Kinder.

Herr Fausey: … wenn ich meinen Sohn Auge in Auge anblicke, dann weiß er: Ich bin Saib, der Sohn von Marius (Vater)! Das sind keine Drohungen, denn ich liebe meinen Sohn. Er bedeutet alles für mich. Es gibt auf dieser Welt nichts Wichtigeres als ihn. Damals als ich so (er hebt den Zeigefinger) mit meinem Sohn geredet habe, hat mich meine Frau von hinten an der Hose gepackt und weggezogen. Ich habe ihren Arm gefasst und gesagt, dass sie mich loslassen soll. Meine Frau sagt, dass ich sie geschlagen habe! (Frau Fausey erhebt keinerlei Widerspruch.)

Sichtbar aufgewühlt erzählt Herr Fausey dann in aller Ausführlichkeit weiter, wie es anlässlich eines Ausfluges gemeinsam mit den Kindern zu einem eskalierenden Streit gekommen sei. Er »dominiert« in dieser Weise mehr als zwanzig Minuten (!) das Gespräch, währenddessen seine Frau aufmerksam zuhört, ohne ihn zu unterbrechen.

Vorgehen und Fallen: Und der Therapeut? Im Wissen um die explosive Situation sind *Maßnahmen zur Erzeugung struktureller und emotionaler Sicherheit* [1] und ein *Verständnis von Systemprozessen und -mustern* [2] spielentscheidend. Nicht als Schiedsrichter, sondern vielmehr in der Rolle als Moderator, Mediator oder Gastgeber versuche ich mit dem Aufbau eines therapeutischen Systems einen sicheren Ort zu schaffen. »Eine Klärung von Konflikten ist nur möglich, wenn die subjektiv als verletzt angesehenen normativen Erwartungen an die Partner artikuliert werden« (Montada, 2011, S. 201). In diesem Sinne ist es wichtig, eine Annäherung der divergenten normativen Überzeugungen zu erreichen, das heißt konkret:
– Raum zu geben für die Problemaktualisierung und
– einen Rahmen zu setzen, ohne mit selektiven Gesprächsregeln die Beziehungsdynamik einzuschränken.

»Was stellt für menschliche Veränderungs- und Entwicklungsprozesse die ›Energie‹ bereit? Unseres Erachtens ist dies die Veränderungsmotivation (sei es hin zu etwas oder weg von etwas) und die emotionale Intensität der Problembearbeitung« (Haken u. Schiepek, 2006, S. 422).

Für eine Problembearbeitung bin ich auf die *Analyse und Beschreibung von Mustern und Prozessen* [2] im (Paar-)System angewiesen. Mit einer pathologisierenden Sichtweise (Ehemann als »Gewalttäter«, mangelnde Impulskontrolle usw.) würde ich seinerseits einen Opfer-Täter-Kontext etablieren. Nur in einem therapeutischen Kontext mit einem Therapeuten, der von beiden Teilen als vertrauenswürdig und unparteiisch anerkannt wird, lässt sich auch therapeutisch arbeiten.

Es ist in der Regel gemeinsame Not, die Paare in die Therapie führt, auch wenn sie unterschiedlichste Betroffenheit und Problemdefinitionen als Motive einbringen. Also gilt es sowohl das Gemeinsame (z. B. Leiden in der Beziehung) als auch die Unterschiede (z. B. Wunsch nach Trennung vs. Zusammenbleiben) zu erfassen und zu benennen. Im vorliegenden Fall gilt, offen, achtsam, aber unparteilich zu erkennen, dass man mit großer Wahrscheinlichkeit sowohl auf einen Ehemann trifft, der alles daran setzt, als Täter (Angeklagter) sein Gesicht zu wahren, als auch auf eine Ehefrau, die als Opfer Hilfe erwartet.

Selbstverständlich sind auch Therapeuten nicht immun gegen Viren im Problemsystem und lassen sich als Helfer durch Opfer infizieren (Kapitel 3.2). Dabei besteht die Gefahr, in eine Problemtrance (Clement et al., 2005) zu fallen, die Allparteilichkeit und damit den anderen signifikanten Partner zu verlieren. Therapeutisch geimpft entscheide ich mich, dem Ehemann vorläufig den Raum zu lassen, den er für seine Problembeschreibung braucht. Dies stützt seinen Selbstwert und hilft, dass weniger Reaktanz (Brehm, 1966) entsteht und somit auch weniger leidvolle Paarprozesse ablaufen. Wenn ich seinen Monolog nicht unterbreche, so geschieht dies genau aus diesem Grund und nicht etwa aus Schonverhalten oder Parteilichkeit. Gleichzeitig wahre ich dabei eine hohe Aufmerksamkeit und Achtsamkeit für die Ehefrau und ihre Signale: Bleibt sie innerlich engagiert oder klinkt sie sich aus?

In der festen Überzeugung, dass nicht in erster Linie der Therapeut für das von Klienten gewählte Verhalten verantwortlich ist, überlasse ich es der Verantwortung (Kompetenz) der Ehefrau, gegebenenfalls ihren Mann zu unterbrechen, Aussagen zu kommentieren, ihre verletzten oder bedrohten Erwartungen einzubringen. Mich ihr hier vorschnell als Anwalt anzubieten, würde genau das provozieren, was aus einer therapeutischen Position verhindert werden soll: selbst Teil des Problemsystems und der damit verbundenen Dynamik zu werden. Mein Schweigen, meine Zurückhaltung versteht sich deshalb als (passive) Intervention im Prozess. Es gilt auszuhalten und abzuwarten, bis sich die Gelegenheit, die passende Konstellation ergibt, aktiv zu intervenieren. Bei dem vorliegenden Fall dauert es 20 Minuten, bis ich mich schließlich persönlich in das Gespräch einbringe.

Herr Fausey: Ich bin hierher gekommen, weil ich meine Frau liebe. Ich habe sie so sehr geliebt, dass wir jetzt zwei Kinder haben. Langsam aber stirbt nun diese Liebe in mir ...
Therapeut: Ich habe mir die Zeit genommen, Ihnen zuzuhören, und versucht, Sie zu verstehen.
Therapeut (der Ehefrau zugewandt): Der Dank gilt vor allem auch Ihnen, dass Sie Ihrem Mann zugehört haben. Es geht mir nicht darum, Geschichten oder den Erzähler zu bewerten. Ich erlaube mir aber, in meinen Worten kurz zusammenfassen, was ich bisher verstanden habe: Hier sitzt ein Ehemann, der leidet. Ich habe auch gehört, dass es immer wieder auch körperlich ausgetragene Konflikte gegeben hat. Wo und wie weit dabei Gewalt im Spiel war, sehe ich hier nicht als meine Aufgabe zu klären. Gehört habe ich aber, dass Probleme vor allem in Zusammenhang mit der Kindererziehung eskalieren. Aus meiner Erfahrung – gerade auch als ausgebildeter Kinder- und Jugendpsychologe – weiß ich, dass es für junge Eltern mit kleinen Kindern oft schwierig ist, gemeinsam den richtigen Weg zu finden.

Kommentar und Vorgehen: Ich würdige, was unter den gegebenen Bedingungen auch gewürdigt werden kann: die gemeinsame Präsenz, sich Raum nehmen (Mann) und Raum geben (Frau).

Mit Bezug zur erzählten Geschichte entscheide ich mich, den Fokus über die Paardynamik hinaus auf die Familiendynamik des Paares als Eltern auszuweiten, solange noch kein Paartherapieauftrag im engeren Sinne besteht. Ich nehme die Klienten schon für eine erste explizite Problembeschreibung beim Wort, normalisiere *Muster des relevanten Systems* [2] und plausibilisiere die Konfliktdynamik. Ich biete mit einem

Reframing eine funktionale Einordnung und Bewertung der Probleme an, einen möglichen *Sinnbezug* [3].

Herr Fausey (unterbricht mich, wirkt verzweifelt): Sie ist hierher gekommen ohne die Kinder! Ich habe sie vorhin (im Wartezimmer) gefragt: Wo sind meine Kinder?
Therapeut: Ich verstehe Sie, Herr Fausey. Mir geht es heute darum, Ihr gemeinsames Problem zu verstehen und zu erkennen, wie ich Ihnen beiden vielleicht helfen kann.
Therapeut (zur Ehefrau gewandt): Es ist mir sehr wichtig, die Situation auch aus Ihrer Sichtweise heraus zu verstehen. Warum sitzen Sie, Frau Fausey, heute hier?
Frau Fausey: Die ersten Dinge, die mein Mann bisher gesagt hat, sind genau so. Ich habe ihn geliebt und bin deshalb auch schon so lange mit ihm zusammen. Es gibt einige Dinge, die sehe ich anders. Eine Aussage möchte ich korrigieren, dass ich gesagt haben soll, dass er seinen Sohn nicht liebe.

Kommentar und Vorgehen: Nachdem Herr Fausey sich ausreichend Raum nehmen konnte und diesen von seiner Frau auch erhalten hat, gebe ich nun seiner Frau Raum. Durch das (aktive) Zuhören, das Interesse an seiner Geschichte habe ich mir mit meiner Zurückhaltung bei ihm einen Kredit erarbeitet. Dies auszuhalten, bedeutet gerade für Anfänger des Fachs oft Schwerstarbeit. Gerade damit schaffe ich mir aber die Möglichkeit zu intervenieren, das heißt, Herrn Fausey gegebenenfalls auch zu unterbrechen, wenn es passt.

Wider Erwarten klar bestätigt die Ehefrau seine Erzählung und verblüfft damit auch mich. Mit diesem Verhalten unterstreicht sie sowohl die Paarbindung als auch ihre Kooperationsbereitschaft. Als Therapeut erhalte ich damit zudem eine Bestätigung für ein an der Selbstorganisation des Klientensystems orientiertes Vorgehen und für meine »konstruktneutrale« (Retzer, 2006) Sichtweise. Wo massive Konflikte sind oder gar Gewalt herrscht, kann trotzdem Liebe sein und/oder sich Autonomie entwickeln.

Diese von einem salutogenetisch orientierten Menschenbild motivierte Haltung hilft, die Kompetenzen von Klienten zu erkennen. Die Ehefrau braucht keinen Anwalt oder Retter, um sich gegen ihren Mann durchzusetzen. Das Ehepaar braucht einen kompetenten Therapeuten, der ohne Berührungsängste, aber mit passenden Interventionen motivationsfördernde Bedingungen gestaltet und die Entwicklung deeskalierender Prozesse ermöglicht.

Neben Verbindendem soll auch Gegensätzliches, Konflikthaftes benannt und gezeigt werden dürfen, ohne dass der Therapeut dies unterdrückt oder aus seiner Angst vor Konflikten beschwichtigt. Mit der Praxis der Selbstorganisation ist auch eine Haltung verbunden, die leidenden oder kranken Menschen etwas zumutet und Prozesse dementsprechend steuert (Kapitel 6.2).

Herr Fausey (emotional immer noch aufgewühlt): Das sei nicht Liebe (zwischen Vater und Sohn), hast du gesagt.
Frau Fausey (interveniert nun sofort): Jetzt möchte ich aussprechen!
Herr Fausey: Daddy liebt dich nicht! Das war dein Satz.
Therapeut (interveniert): Ich kann nicht beurteilen, was wie gesagt wurde. Vielleicht haben Sie (zu Frau Fausey gewandt) es anders gesagt?
Frau Fausey: Grundsätzlich habe ich den Eindruck, dass die Sache ungemein komplex ist. Das ist auch der Grund, warum ich trotz meinen Gefühlen für meinen Mann, die ich leider immer noch habe, den Mut nicht aufbringe, gemeinsam weiterzugehen. Wir haben sechs unglaublich harte Jahre hinter uns und haben hart gekämpft.

Kommentar und Vorgehen: »Wir haben hart gekämpft.« Diese an einem »Wir« orientierte kämpferische Selbstdefinition von Frau Fausey lege ich genauso in meinen Arbeitsspeicher wie die spürbare Verzweiflung. Hier sitzen emotional betroffene und engagierte Menschen, die nicht nur leiden, die sich im gegenseitigen Machtkampf nicht nur verletzen und manchmal den Mut nicht aufbringen, gemeinsam weiterzugehen, sondern die eben auch nicht so schnell aufgeben und Widerstände überwinden können. »Kämpfen« wird positiv bewertet und gilt daher verantwortungsvoll als Ressource zu erkennen und sich nicht unter spürbarem Druck als »Ehe-Retter« zu positionieren.

Therapeut: Für was haben Sie gekämpft?
Frau Fausey (mit Tränen in den Augen): Für unsere Beziehung, für unsere Liebe, für die Kinder, für alles, für die Akzeptanz innerhalb der Familie, der Arbeitsstelle, für eine Wohnung ...

Therapeut: Sie mögen nicht mehr?
Frau Fausey (beginnt zu weinen): Nein.
Therapeut: Das war anstrengend. Das ist nicht spurlos an Ihnen beiden vorbeigegangen.
Frau Fausey: Ich will mich nicht rechtfertigen. Aber wenn mein Mann mir den kleinen Finger gebrochen hat – und das ist ärztlich erwiesen – und er mir sagt, dass er mir den Arm breche, wenn ich ihn nicht loslasse, dann ist das ein falsches Verhalten. Zweimal bin ich weggegangen, weil ich realisiert habe, dass ich plötzlich mein Kind an den Haare zu ziehen beginne … Das will ich nicht. Ich spüre einen unheimlichen Druck meines Mannes auf mein Erziehungsverhalten. Er will, dass sein Sohn nicht genauso wird wie alle anderen Schweizer Kinder … (Herr Fausey versucht zu unterbrechen. Frau Fausey deutet mit dem Zeigefinger auf ihre Armbanduhr.)
Frau Fausey: Ich habe dir eine halbe Stunde zugehört, und jetzt möchte ich sprechen. Danke!
Ich habe mir ein Time-out genommen. Ich musste raus. Ich will meinen Sohn nicht anschreien. Das stimmt für mich nicht. Das ist für mich nicht der Weg. Mein Mann hat mich zurückgeholt (im ersten Time-out), weil wir einander lieben. Das ist auch gut so. Das erste Mal seit sechs Jahren sind wir dann für drei Tage weggefahren! Ich bin gegangen, weil ich das Vertrauen verloren und nur noch Angst hatte. Marius versteht nicht, dass er ein Mann ist, wenn er mir »so« (zeigt den erhobenen mahnenden Zeigefinger) den Finger entgegenstreckt, macht er mir Angst! Ich bin eine Frau und habe keine Chance. Und ich bin sicher, wenn wir damals nicht draußen in der Öffentlichkeit gestanden wären, hätte er mich geschlagen. So musste er seine Wut kontrollieren.
Herr Fausey: Aber ich weiß nicht, warum ich meine Kinder nicht sehen darf?
Therapeut: Vielleicht ist dies eine andere Ebene, aber ich komme gleich darauf zurück.
Frau Fausey: Lass mich sprechen. Ich habe dir eine halbe Stunde zugehört. Ein Kind auf den Boden zu legen und mit erhobenem Drohfinger zu sprechen, das ist für mich Gewalt. Und wenn er dann nachts einnässt, das hat mit unserem Verhalten zu tun. Ich will einen anderen Weg. Für mich ist ein solches Verhalten zu hart. Ich will das nicht. Ich will einen anderen Weg: Entweder die Scheidung oder wir können anders miteinander umgehen.

Kommentar und Vorgehen: »Was Prügel sind, das weiß man schon; was aber Liebe ist, das hat noch keiner herausgebracht« (Heine, zit. nach Precht, 2009, S. 223). Alle Zeichen stehen auf Sturm. Die Turbulenzen, die spür- und sichtbaren Emotionen (z. B. Tränen) können und sollen auch nicht weggeredet werden. Im Gegenteil: »Emotionen sind unser Kompass« (de Waal, 2005, S. 259) oder wie es der Nobelpreisträger Eric Kandel einmal in einem Interview formuliert hat: »Die Einspeicherung in das Langzeitgedächtnis geschieht dann besonders gut, wenn die Inhalte wichtig sind, wenn sie emotional geladen sind und wenn sie oft wiederholt werden« (Kandel, 2008). Dies gilt für Klienten genauso wie für Therapeuten. Eine Phase *kritischer Instabilität* [5] zeichnet sich ab. Im Wissen um die Chance von *Destabilisierung* [5] ist erhöhte Präsenz und Aufmerksamkeit gefragt. Es handelt sich um eine veränderungssensible Phase, offen für neues Verhalten, zum Beispiel Differenzierungen, Neubewertungen, Unterscheidungen, Musterunterbrechungen.

Beide Ehepartner sehen sich als Opfer: Während Frau Fausey sich als Opfer männlicher Gewalthandlungen (gegen Frau und Kinder) erlebt, sieht sich ihr Ehemann als Opfer weiblicher Dominanz (»Es muss immer so laufen, wie meine Frau das will.«).

Für einen Afrikaner ist es offensichtlich unvorstellbar, dass eine Mutter ohne ihre Kinder hierher kommt. In der scheinbar unüberbrückbaren kulturellen Konfliktdynamik blitzt aber auch immer wieder die Ambivalenz, das heißt auch die Verbundenheit auf (»Entweder die Scheidung oder wir können anders miteinander umgehen.«): »Keine Eintracht ohne Zwietracht, aber auch keine Zwietracht ohne Eintracht« (Retzer, 2009, S. 57).

Genau diese Ambivalenz und die darin zum Ausdruck gebrachte gemeinsame Not gilt es auszuhalten. Die Versuchung, sich parteilich auf eine Seite zu schlagen, ist nachvollziehbar, würde aber die Prozesse der Selbststeuerung (Selbstwirksamkeit) blockieren. Anstatt vor der Komplexität dieses Problemsystems in einer Problemtrance zu resignieren, anerkenne ich ihr Copingverhalten.

Die Aussagen der Ehefrau zusammenfassend würdige ich sowohl die erwähnten Gemeinsamkeiten als auch die Unterschiedlichkeiten in ihren Geschichten. Aus dieser Selbstdarstellung heraus steht die Frage nach der Fortsetzung ihrer Beziehung klar im Raum. Immer deutlicher, aber auch konfliktbetonter wird um ihre ungewisse Zukunft gerungen. Aus tiefen Verletzungen heraus wird zwar mit Scheidung gedroht, der Respekt aber gewahrt. Die »apokalyptischen Reiter« (Kritik, Verachtung, Rechtfertigung und »Mauern«), wie Gottman (1994) seine vier identifizierten Beziehungskiller in der Paarkommunikation nennt, sind (noch) nicht erkennbar.

Ausgehend von der spürbaren Verbundenheit schlage ich mich als Therapeut auf die Seite der Ambivalenz und nicht der drohenden Ent-Scheidung und visualisiere diese als Optionen an der Wandtafel:
A: Fortsetzung der Paarbeziehung und Elternschaft unter einem Dach?
B: Trennung/Scheidung und Elternschaft unter zwei Dächern?

Wo sich Klienten mit einem Entweder-oder in ihrer Entwicklung blockieren, empfiehlt sich eine therapeutische Position des Sowohl-als-auch. Keine Entscheidung also, aber ein Weg.

Beide signalisieren ihre Bereitschaft für ein zweites, fortsetzendes Klärungsgespräch in einer Woche. Das anfangs für das Erstgespräch gesetzte Zeitlimit von neunzig Minuten ist erreicht. Die weitere Entwicklung ist offen und Herr Fausey macht nun erneut Druck, seine Kinder zu sehen. Der Therapeut in seiner Rolle als Gastgeber ist nun gefordert.

Herr Fausey: Ich möchte nun einfach meine Kinder sehen.
Therapeut: Ich muss nun die Sitzung leider beenden.
Frau Fausey: Ich werde jetzt das machen, was ich will.
Herr Fausey: Du kannst deine Dinge tun, aber ich werde dir folgen.
Frau Fausey: Dann rufe ich die Polizei.
Herr Fausey: Dann ruf die Polizei, jetzt. Rufe die Polizei, aber ich gehe mit dir.
Frau Fausey: Nein.

Frau Fausey steht auf, macht einige Schritte im Raum, setzt sich wieder. Beide bleiben sitzen.

Kommentar und Vorgehen: Der Druck steigt weiter, was tun? »Therapeuten haben manchmal schlicht Angst davor, dem Drachen ins Auge zu schauen« (Sachse, 2004, S. 123). Alles ist besser, als jetzt, in Zeiten zunehmender Instabilität, in Panik zu geraten (Therapeut als

Modell). Im Gegenteil: Ich bin nun gefordert, »dem Drachen ins Auge zu schauen« und mich nicht von der Problemtrance steuern zu lassen.

Die therapeutische Kontrolle zu halten gelingt in dem Maße, indem sich die Paardynamik auf dem Hintergrund einer Liebesbeziehung verstehen lässt: Je mehr man sich liebt, desto schwieriger wird es eben auch, zu verhandeln. Bindung ist immer mit dem Gefühl verbunden, gekämpft zu haben.

Auch wenn der Ehemann mit Stalking droht, wäre es ein Fehler, belehrend und disziplinierend zu intervenieren. Für diesen Fall wurde ja schon die Polizei erwähnt. Also orientiere ich mich an der Fairness und Kooperation und als Gastgeber an der Kompetenz und Verantwortung meiner Gäste, indem ich nun auch mit Nachdruck meine Grenzen signalisiere.

Herr Fausey: Gabi, dieser Weg ist kein Weg für uns beide. Du kannst nicht sagen »Ich liebe dich« und gleichzeitig an diesem Weg festhalten. So gibst du mir keine Chance, mit dir einen neuen Weg zu gehen.
Therapeut: Leider muss ich Sie nun beide bitten, das Gespräch draußen fortzusetzen.
Frau Fausey: Dann rufe ich die Polizei.
Herr Fausey: Ja, dann mach das.
Therapeut (steht auf): Sie haben bei mir das Gastrecht. Ich möchte gehen und bitte Sie nun auch zu gehen. (Frau Fausey steht langsam auf.)
Herr Fausey: Ich will nur die Kinder sehen. Ich bitte dich darum. Wo, ist mir egal.
Frau Fausey: Genauso wird es auch laufen, wenn wir geschieden sind …

Frau Fausey bewegt sich Richtung Tür, während Herr Fausey sitzen bleibt. Der Therapeut geht ebenfalls zur Tür. Herr Fausey steht nun auch auf, so dass sich der Therapeut mit Händedruck von beiden verabschieden und die Türe hinter ihnen schließen kann. Von draußen sind weitere Worte und dann Schritte hörbar, die andeuten, dass beide die Therapieräumlichkeiten verlassen …

Kommentar und Vorgehen: Instabilität und Turbulenzen bedeuten Stress, nicht nur für die Klienten, sondern sicher auch für Therapeuten. Gerade weil wir auch Teil des therapeutischen Systems sind, sind wir mit betroffen (Kapitel 3). »Der Psychotherapeut sollte sich restlos darüber klar werden, dass die seelische Behandlung eines Kranken eine Beziehung ist, in welcher der Arzt ebenso sehr darin steht wie der Patient« (C. G. Jung, zit. nach Alt, 1991, S. 100). Dieses menschliche Mitschwingen soll auch für die Klienten erfahrbar sein. Jetzt, wo alles offen für Neues ist, ist deshalb Besonnenheit gefragt. Was aus der Not des Therapeuten geboren ist (aushalten), wird modellhaft dem Paar zugemutet (aushalten). Ein Signal, dass ich auch in akuter Krise die Verantwortung nicht allein übernehmen kann und ihnen und mir im Vertrauen (auf sich selbstorganisierende Prozesse) etwas zumute. Viele Fragen müssen dabei offen bleiben:

- Wie wurde die akute, scheinbar ausweglose Konfliktsituation gelöst?
- Nimmt jemand mit mir Kontakt auf und sucht persönlichen Rat?
- Wie wird über das Erstgespräch im Frauenhaus berichtet und was denkt sich Frau Martin, die mit mir Kontakt aufgenommen hat, dabei?
- Kommt ein nächster Termin zustande und wenn ja, mit beiden?

Zweite Sitzung

Frau Fausey betritt eine Woche später allein den Therapieraum mit dem Hinweis, dass ihr Mann noch auf der Toilette sei. Sie wirkt sichtbar entspannt, setzt sich (auf denselben Stuhl) und wartet.

Vorgehen: Da ich seit dem Erstgespräch nichts mehr gehört habe, ist die Neugier groß. Gerade daher gilt es, von Anbeginn die bedeutsamen generischen Prinzipien zu beachten. Anknüpfend an das Erstgespräch müsste *emotionale und strukturelle Sicherheit erzeugt* [1] und *Kongruenzen* [1] sollten beachtet werden. Außerdem muss die Vorgehensweise (z. B. Fragen) mit den *sozialen und psychischen Rhythmen und Prozessen* [6] meiner Klienten übereinstimmen.

So lange nicht beide im Raum sind, entscheide ich mich daher, mit Fragen zur vergangenen Woche zu warten. Stattdessen unterhalte ich mich im Smalltalk mit Frau Fausey über die richtige Aussprache ihres Familiennamens und warte.

Therapeut: Vor einer Woche haben Sie mir die Gelegenheit gegeben für ein Gespräch mit Ihnen. Für alle Beteiligten war es ein schwieriges Gespräch mit offenem Ausgang. Schon damals war mir klar – falls Sie überhaupt wiederkommen –, dass ich Ihnen die Frage stelle: Wie haben Sie es anschließend an das Gespräch bei mir geschafft? Ihre Bedürfnisse waren damals ganz gegensätzlich! (Beide lächeln.)
Frau Fausey: Ich würde sagen: Wir haben es eben nicht geschafft. Wir haben Hilfe gebraucht. Wir haben den Weg nicht gefunden.
Therapeut: Nämlich? Was haben Sie gemacht?

Kommentar und Vorgehen: Es selbst nicht zu schaffen, Hilfe zur Selbsthilfe anzufordern, ist eine Kompetenz und muss den Therapeuten interessieren. Die aufgeräumte Stimmung trägt dazu bei, dass *Strukturelemente eines neuen Ordnungszustandes* [7] sichtbar werden. Diesen neuen Wind (Frau Fausey beginnt zu erzählen) will ich für die *Restabilisierung* [8] nutzen. In der neu erzählten Geschichte zeigen sich mit Bestimmtheit Möglichkeiten, *neue Kognitions-, Emotions- und Verhaltensmuster zu erkennen, zu stabilisieren und zu generalisieren* [8]. Diese gilt es herauszufinden, als selbstwirksam positiv zu konnotieren und dementsprechend zu würdigen. Schließlich liegt gerade darin ein entscheidender Faktor psychotherapeutischer Wirksamkeit.

Frau Fausey: Wir sind bei der Polizei vorbeigegangen, beide zusammen. Von dort aus bin ich dann zurückgefahren. Mein Mann ist geblieben. Bei mir hat das alles sehr viel ausgelöst. Am Abend haben wir zusammen telefoniert und am nächsten Tag gemeinsam mit den Kindern (!), trotz des schlechten Wetters, einen Spaziergang gemacht. Auch für die Kinder war das gut. Insbesondere Saib, unser älterer Sohn, hat das sehr genossen. Anschließend gingen wir, wie abgemacht, getrennt zurück.
Therapeut: Wie haben Sie das geschafft, sich dort zu trennen, Sie (zur Frau gewandt) Ihren Weg und Sie (zum Ehemann gewandt) Ihren zu gehen?
Herr Fausey (entspannt): Ja, für mich war es so okay.

Kommentar: Auch wenn die Erklärung dafür ausbleibt, wird die neue Richtung von den Klienten positiv konnotiert und signalisiert. »If it works, do more of it« (de Shazer, 1989, S. 20). Wie sich in Therapien immer wieder zeigt, ist es für Klienten oft schwer, dem Therapeuten die Lösung des Problems zu erklären oder zu begründen. Ausgehend von der Opfer-Täter-Dynamik lässt sich sagen, dass aus Opfern des Problems Problemtäter geworden sind und nun – sich selbst und mich verblüffend – als Lösungsopfer dasitzen (Retzer, 2006).

Frau Fausey: Am vergangenen Samstag haben wir uns ein weiteres Mal getroffen zu einem Ausflug mit dem Schiff. Es war sehr schön und wieder ein nächster Schritt. Unserem Sohn habe ich es überlassen, ob er anschließend mit dem Papa nach Hause fährt. Er hat sich dann doch entschieden, mit mir zu kommen, aber gefragt: »Warum kommt Daddy nicht mit uns?« »Wir gehen auch nach Hause«, sagte ich ihm, worauf mich mein Sohn weiter fragte: »Ja, aber wo ist denn nun ›zu Hause‹?«
Therapeut: Ja, wer ist wo wie zu Hause?
Frau Fausey: Ja. Wir haben uns am Sonntag wieder getroffen und dann war für alle klar: Jetzt ist die Zeit der Trennung vorbei. Mein Sohn wollte unbedingt wieder zum Vater zurück. Wir haben dann abgemacht, dass ich am Mittwoch (übermorgen) mit den Kindern wieder nach Hause zurückkommen werde. Ja. Das war diese ereignisreiche Woche. (Frau Fausey lehnt sich im Stuhl wieder etwas zurück.)
Therapeut: Ja, da haben Sie tatsächlich etwas geschafft!
Herr Fausey: Ja, wir haben viel geschafft. (lacht entspannt)
Therapeut (Herrn Fausey zugewandt): Sie sitzen heute viel entspannter da als vor einer Woche. Darf ich Sie fragen: Was war hilfreich in dieser Zeit, ausgehend von unserem ersten Gespräch?

Kommentar: Als Psychotherapeut weiß ich um die wissenschaftlich belegte Wirksamkeit von Psychotherapie. Diese aber mir zuzuschreiben oder Prognosen zu machen, wäre vermessen, denn ich weiß zu gut, dass nicht nur Therapeutenvariablen, sondern vor allem kontextuelle und Klientenvariablen wirken (Kapitel 6.1). Im vorliegenden Fall darf angenommen werden, dass neben Risikofaktoren (Gewalt, Bikulturalität) in der Beziehung auch protektive Faktoren (Liebe, Bindung) den Therapieprozess beeinflussen (vice versa).

Herr Fausey: Als ich letzte Woche hierher gekommen bin, da habe ich nichts Positives mehr gesehen. Es hat mir sehr geholfen, sie (seiner Frau zugewandt) zu sehen. Ich wollte ja auch nicht, dass wir schließlich doch bei der Polizei vorbeigehen mussten (lacht erheitert). Das war für mich

sehr schwierig. Ich konnte es nicht glauben, musste aber erkennen, wie weit wir gehen mussten. Zu Hause habe ich viel überlegt. Es war nicht einfach für mich. Das Wissen um unsere Liebe hat mir geholfen, wieder positiv zu denken. Meine Eltern (in Kenia lebend) haben auch mit mir gesprochen. Ich habe meine Kinder, die ein Teil von mir und ein Teil von ihr sind, wiedergesehen. Als ich Gabi bei Ihnen wiedergesehen habe, habe ich in ihr auch meine Kinder wiedergesehen. Das hat mich beruhigt. Wir haben gekämpft. Und dass wir bei Ihnen darüber offen sprechen konnten, das hat geholfen. Sie selber haben ja nicht viel gesagt, aber unsere Herzen geöffnet. Was ich sagen wollte, konnte ich sagen. Gabi hat auch das gesagt, was sie sagen wollte. Vielleicht zum ersten Mal vor jemandem, der neutral ist.
Therapeut: Herzlichen Dank. Was hat Ihnen bei der der Entscheidung für den eingeschlagenen, gemeinsamen Weg geholfen?
Frau Fausey: Ich habe nun das Vertrauen, dass der nächste Schritt in unserer Beziehung möglich ist. Jetzt bin ich an einem Punkt, wo ich auch in der Schweiz heiraten könnte. Wir haben in Kenia geheiratet, weil der Glaube an uns dort vorhanden war. Auf dieser neutralen Plattform hier habe ich gemerkt: Ja, es gibt einen Weg. Und als Sie es an der Wandtafel aufgezeichnet haben, wusste ich: Es gibt einen Weg, und ich will Weg A (nimmt Bezug zu meiner Wandtafelskizze: A: gemeinsame Entwicklung vs. B: Trennung). Mmh. Ja, die Liebe (und lächelt liebevoll ihren Mann an) und das Vertrauen. Von außen mussten wir wieder zum Vertrauen zurückfinden, ja und die Liebe, die war einfach da ...
Therapeut: Wenn ich das so höre und sehe, verspüre ich großen Respekt für Ihre Entscheidung. Es beeindruckt mich auch rückblickend. Wenn ich denke, dass Sie hier emotional aufgewühlt weggehen konnten, ohne dass es eskalierte, und trotzdem zur Polizei gingen.
Frau Fausey: Ja, die haben uns dort auch komisch angeschaut, vor allem, als ich Marius als meinen Mann vorstellte. (Frau Fausey legt liebevoll ihre Hände auf den Arm ihres Mannes, während Herr Fausey etwas beschämt sein Gesicht verdeckt.)
Therapeut: Ja, wenn ich mir das so überlege, war dieser gemeinsame Weg zur Polizei hart erkämpft, paradox und logisch zu gleich. Im daran anschließenden Spaziergang signalisierten Sie einander ja auch wieder deutliche Zeichen der Versöhnung. Bleibt die Frage: Gibt es jetzt noch ein Anliegen, einen Auftrag über das hinaus, was Sie mit eigenen Kräften, Ihren eigenen Ressourcen geschafft haben? Nicht schaffen würden?

Frau Fausey: Für mich sind es eher Fragen, die bleiben, zum Beispiel zum Thema Gewalt, auch elterliche Gewalt.

Kommentar und weiteres Vorgehen: Im Wissen, dass Veränderungen in Therapien vor allem in den ersten Sitzungen geschehen, geht es darum, Therapien insbesondere als Kriseninterventionen auch rechtzeitig zu beenden. Über die Krisenintervention und Klärungshilfe und damit verbundene offene Fragen hinaus (z. B. Thema Gewalt) müssten Ziele und ein weiterführender Auftrag formuliert werden. Im *Antizipieren und Realisieren von Zielen* [7] gilt es nun:

- Unterschiede und Gemeinsamkeiten des Paares zu erkennen und benennen;
- ein Verständnis dafür und damit auch Kontrolle zu entwickeln, wie eine eskalierende Dynamik gestoppt werden kann (miteinander statt gegeneinander kämpfen), ohne zu meinen, dass man als Therapeut ein instabiles und konfliktanfälliges Ehesystem halten kann oder muss;
- offen zu bleiben für eine allfällige Fortsetzung der Paartherapie, wenn auch zu einem späteren Zeitpunkt;
- offen zu bleiben für die Bearbeitung von individuellen, früheren, in der Paartherapie aber aktualisierten Problemen.

So gelingt es sogar, dass sie ihre eigene, familiäre Gewalterfahrung anspricht und er auch seine ihn prägenden Clanstrukturen erwähnt.

Therapeut: Unter gewissen Bedingungen, und dies habe ich in der ersten Sitzung selber hautnah miterlebt, werden auch Emotionen wach, die verletzen. Der Tiger wird geweckt. In solchen Situationen werden wir, entschuldigen Sie die Vergleiche aus der Tierwelt, vom Reptilienhirn gesteuert (Frau Fausey nickt zustimmend): Wenn Sie, Herr Fausey, im letzten Gespräch unnachgiebig darauf beharrten, Ihre Kinder zu sehen, und zwar jetzt und heute, oder Sie, Frau Fausey, die Polizei mobilisieren oder gar die Scheidung einleiten wollten, dann lässt sich dies nicht allein vernünftig erklären. Da werden andere, entwicklungsgeschichtlich ältere Hirnregionen aktiv. Dabei spielen eben auch Ihre unterschiedlichen kulturellen, sozialen und familiären Hintergründe als Frau bzw. als Mann eine wesentliche Rolle.

Kommentar und Vorgehen: Das Therapiesystem hat den Turbulenzen standgehalten. In kurzer Zeit hat sich eine Beziehungsebene entwickelt, in der ich nicht zu schonen brauche, sondern Stellung beziehe und den Klienten auch etwas zumute. So werden weitere *Energetisierungen* [4] für ihre *Zielorientierung* [7] und ihre gemeinsame Entwicklung möglich.

Dafür braucht es einen sichernden Rahmen. In dieser Phase der *Instabilität* [5] (Drohgebärden, gemeinsames Aufsuchen der Polizei usw.) müssen nun *neue Strukturelemente realisiert* [7] und/oder alte Ressourcen reaktiviert werden. Ich bleibe der Moderator und Übersetzer, der hilft, Verhaltensweisen einzuordnen, zu begreifen, auszuführen oder zu unterlassen. So zumindest entsteht Raum, einander auch wieder liebevoll zu begegnen.

Therapeut: Sie sind eine »Weiße« und Sie sind ein »Schwarzer«. Wahrscheinlich aber müssen Sie (dem Mann zugewandt) auch ein bisschen Schweizer werden und Sie (der Frau zugewandt) ein bisschen Afrikanerin. Ihre Kinder haben ja diese Mischung schon (beide lächeln liebevoll). Können Sie (zu ihr) Ihrem Mann sagen, was ihn als Afrikaner liebenswert macht? (Herr Fausey beginnt liebevoll zu lächeln.)
Frau Fausey: Dein Lachen. Deine Wärme. Deine Ausstrahlung. Ich habe das Gefühl, wenn du bei dir selber bist, ist das wie eine riesige Umarmung voller Leben, Lachen, geprägt von den Gerüchen und der Spiritualität, die ihr in Kenia habt. So fühle ich mich zu Hause. Da brauche ich nichts weiter. Da ist Paradies und Harmonie.
Therapeut: Was lieben Sie an Ihrer Frau als einer Schweizerin?
Herr Fausey: Ja, das ist für mich schwierig zu erklären. Als ich sie damals in Kenia getroffen habe und ich sie beim Abschied auf dem Flughafen umarmt habe, habe ich gemerkt, sie ist der wichtigste Mensch für mich. Ich habe sie als weiche, wunderbare Frau erlebt. Sie und unsere Kinder bedeuten mir wirklich alles!

Kommentar und weiteres Vorgehen: Lovestory mit Happy End? Warum nicht. Allerdings nur in einem solchen Sinne, wenn man diese Liebeserklärung im Kontext zu verstehen weiß, sie also nicht verallgemeinert und im Hinblick auf eine weiterhin schwierige Zukunft idealisiert.

Zu viele Fragen bleiben auch aus therapeutischer Sicht offen. Therapieerfolg ist nicht mehr, aber auch nicht weniger, als ein kooperativer

Prozess aus einer blockierten Sackgasse vorwärts in eine offene Landschaft. Am Ende dieser Beratungssitzung werden darum noch Optionen für das weitere Vorgehen besprochen: Abschluss und Kontaktaufnahme bei Bedarf oder Fortsetzung im Sinne von Erziehungsberatung.

Frau Fausey: Wir sind nun fähig zu erkennen, wann wir Hilfe brauchen. Ich meinerseits möchte mich mit dem Thema Gewalt weiter auseinandersetzen. Wir sind an einem Punkt angelangt, wo wir keine Hemmungen mehr haben, gemeinsam Hilfe zu holen.

Im Türrahmen verabschiede ich Herrn und Frau Fausey in die »offene Landschaft« mit dem Hinweis auf die stets »offene Tür« meiner Praxis.

Nachtrag 1

15 Monate später, kurz vor Weihnachten, meldet sich nach einem Zwischenfall Frau Fausey telefonisch bei mir mit der Bitte für einen Termin zusammen mit ihrem Mann. Eine Paarsitzung wird wie gewünscht abgemacht, tags darauf aber wieder annulliert.

Vorgehen: Mit einer E-Mail bestätige ich ihre Meldung auf meinem Telefonbeantworter:

> »Gehe ich richtig in der Annahme, dass Sie den heutigen Termin nicht mehr beanspruchen? In der Hoffnung, dass Sie die Dinge erneut selber regeln konnten, grüße ich Sie.«

Umgehend antwortet Frau Fausey:

> »Richtig, ja. Tja, wir sind wieder einmal tief ins Reptilienhirn abgesoffen, haben da aber doch einige sehr tiefe und schwerwiegende Muster gefunden, die es unbedingt aufzulösen gilt. Was wir auch machen. Nicht nur wir, sondern auch unsere Familien, und das ist neu und auch sehr nötig ...
> So weit, so gut, vielen Dank für den erneuten Anker.«

Zehn Monate später nehme ich von meiner Seite Kontakt auf. Kurze Zeit später erhalte ich von Frau Fausey folgende E-Mail:

»Herzlichen Dank für Ihre E-Mail. Es hat mich sehr gefreut und auch gerührt. Auf Ihre Frage kurz zu antworten, ist mir nicht möglich. Grundsätzlich sind wir durch unglaubliche Prozesse durchgegangen, die größtenteils noch nicht abgeschlossen sind, stetig aufwärts zwar, mit doch heftigen und schwierigen Tiefschlägen immer wieder.

Aus den Therapiestunden mitgenommen habe ich vor allem das Bild des ›Reptilienbrains‹ und die Aussage, unsere Ehe zu retten wäre wie nach dem Aufstieg auf den Eiger wieder unten anzufangen.

Grundsätzlich war damals dieser Schritt der einzige richtige. Sie konnten damals meinem Mann den nötigen Raum und das nötige Verständnis entgegenbringen, was dann den Dialog bei uns wieder möglich machte. Ich meinerseits hätte gebraucht, dass das Thema Gewalt genauer angeschaut worden wäre. Gerade weil das in meiner Kindheit (logischerweise) auch ein Thema war, ließ ich mich durch Ihre Aussagen in meinen Grenzempfindungen verunsichern und konnte mich meinem Mann, seiner Familie und seiner Kultur gegenüber erst vor kurzem durchsetzen, interessanterweise nachdem ich mit meinem Vater zum ersten Mal über dessen Gewalterlebnisse in seiner Kindheit gesprochen hatte. Ja, ja, das liebe Leben …

Wenn ich all die Probleme anschaue, die wir hatten, wenn ich die aktuellen Missstände anschaue, macht es keinen Sinn. Wenn ich aber die Heilungsprozesse begreife, die aufgelösten negativen Verhaltensmuster von uns allen, die Liebe dazu nehme und auf die göttliche Kraft als das alles Verbindende und Liebende annehme, weiß ich, dass es eben genau so sein musste und sein soll, damit wir eben gerade die Missstände erkennen und bereit sind zu lösen …

Nochmals kurz zu der Zeit damals: Die Opferhilfe war damals wirklich eine unbezahlbare Hilfe, die mir neben Geld auch Boden und Vertrauen in mein Tun schenkte.

Ganz schlimm und für mich in dem damaligen Zustand fast traumatisch war hingegen das Frauenhaus. Nicht nur, dass mir mein Gefühl in Bezug auf meinen Zustand, das Muttersein und meine Ehe genommen wurde, so ›durfte‹ ich eben für mich allein nicht zu der Therapeutin gehen, zu der ich wollte.

Das Schlimmste war aber für mich, dass für die Betreuerinnen zum größten Teil meine Beziehung bereits beerdigt war, respektive das einzige Ziel darin bestand, meinen Mann als einmal Täter immer Täter in einem entwürdigenden Scheidungskampf zu entmachten und mich somit endlich von der Opferrolle zu befreien. Raum und Bewusstsein des engen Zusammenspieles von Opfer-Täter, respektive wie sehr ein Opfer eben einen Täter braucht, ja geradezu provoziert, und ein Täter selber Opfer ist und wird, seiner selbst, seines Hintergrundes, durch die Umstände, fand nicht statt, ist den meisten wohl auch nicht bewusst, weil sie selber aus diesen Mustern noch nicht ausgestiegen sind. War schon die Eheberatung nicht einfach durchzusetzen, wurde ich, nachdem ich mich entschieden hatte wieder heimzugehen, regelrecht geschnitten, und es war spürbar, wie sehr sie überzeugt waren, dass ich bald wieder da sein würde. Kein Vertrauen in mich, meinen Mann, in Heilungsprozesse. Das erst machte mich zum wahren Opfer, und das zu überwinden war schwieriger, als mich meinem Mann zu stellen.«

Nachtrag 2 und Bilanz

Drei Jahre nach dem letzten Gespräch erhalte ich von Frau Fausey, gänzlich unerwartet, ein Buch, in welchem sie die Geschichte ihrer bikulturellen Ehe darstellt. Beigefügt ein Dankeskärtchen: »*Wenn wir nach nur zwei Therapiestunden Eingang in Ihr Buch finden, kann unser teils auch schwieriger Weg nicht so falsch sein.*«

Kommentar: Diese Entwicklung als persönlichen Therapieerfolg zu verbuchen, dafür bräuchte es wohl eine rechte Portion Narzissmus! Letztlich war es wohl ein glückliches Zusammentreffen verschiedenster Faktoren. Wesentlich erscheint mir die Beharrlichkeit von Herrn Fausey, sein engagiertes Ringen für die Beziehung und die Bereitschaft seiner Ehefrau, diese auch als Ausdruck von Betroffenheit zu sehen und als Zeichen der Liebe und Verbundenheit positiv zu bewerten. Wenn schon Therapievariablen von Bedeutung waren, dann doch eher in der Art, dass in erster Linie etwas (weg)gelassen und nicht (hin)zugefügt wurde (»Sie selber haben ja nicht viel gesagt, aber unsere Herzen geöffnet.«). Ich konnte führen, vielleicht auch etwas verstören (Ludewig, 1999), ohne (die Selbstorganisation) zu stören! In diesem Prozess lässt sich nachvollziehen, wie und warum auch Krisenintervention Paar- und Psychotherapie sein kann.

Als achtsamer Geburtshelfer habe ich mir selbstorganisierende Prozesse, den fairen Umgang mit Konflikten als Eigengesetzlichkeiten im Inneren des Klientensystems, zunutze gemacht und als Kontextgestalter Bedingungen geschaffen für »Ordnungsübergänge« (Kapitel 2.1). Mein Vertrauen in die Kompetenzen dieses Paars erzeugte auch in mir *strukturelle und emotionale Sicherheit* [1] und half, komplexe Zusammenhänge zu erfassen und einfach zu gestalten.

»Entscheidend für Erfolg oder Misserfolg der Beziehung ist die Art des Umgangs mit Konflikten […]. Die Vernunft der Gefühle in einer Ehe besteht nun darin, dass es vernünftig ist, sich vernünftig zu ärgern, diesen Ärger zu nutzen, um ihn in beziehungsgestaltende Aktivität umzuwandeln« (Retzer, 2009, S. 77). Daraus allerdings abzuleiten, dass Herr und Frau Fausey mit ihren unterschiedlichen Selbstkonzepten und den divergierenden, multikulturellen Rollenmustern als Paar zusammenbleiben werden, wäre vermessen. Gerade in Paartherapien gilt es zu bedenken, dass auch die einvernehmliche Auflösung einer Beziehung eine Option ist, Konflikte beizulegen und weitere zu vermeiden.

5.3 Familie Kamber

> »Ich glaub, das ist das Problem, dass man mich schont.
> Ich hätte viel lieber die Wahrheit, und die meisten Leute
> getrauen sich nicht, mir die Wahrheit zu sagen«
> (Felix Kamber, 26 Jahre).

Überblick und Lerninhalte

Nicht selten passiert es, dass sich ganze Familien zu einer »Familientherapie« anmelden. Dies ist Chance (Perspektivenwechsel) und Gefahr (Pathologisierung der Familie) zugleich.

Die folgende Fallgeschichte, die über die eigentliche Therapie hinaus reicht, steht gleichsam als ein Beispiel psychiatrischer Probleme im

Rahmen der Grundversorgung. Der designierte Patient sieht sich selbst nicht als krank (vgl. Kapitel 6.2). Mitbetroffene Familienmitglieder aber leiden und sind seit Jahren gefangen und blockiert.

Der Therapieverlauf im Kontext individueller und familiärer Entwicklungsprozesse wird nachgezeichnet, insbesondere auch die Prozesse außerhalb der Sitzungen. Ausgehend vom Erstgespräch und der Auftragsklärung mit der ganzen Familie bis hin zum E-Mail-Verkehr mit dem Indexpatienten wird gezeigt, wie

- unterschiedliche Sichtweisen der Problemsituation genutzt werden, ohne den Klienten (oder seine Familie) zu pathologisieren, und
- wie es möglich ist, ihn (soweit erreichbar) sowie die Angehörigen über die Therapiesitzungen hinaus über einen längeren Zeitraum zu begleiten.

Therapiemotivation und Umgang mit Widerstand (vgl. de Shazer, 1982; Liechti, 2009; Rufer, 2012) stehen im Vordergrund. Bei etablierten, starren Verhaltensmustern (Attraktoren) braucht es nicht nur feinfühlige Gesprächsführung, sondern einen langen Atem im Hinblick auf Veränderung. Erst im Prozess zeigt sich, ob sich aus einer anfänglich unauffälligen Anmeldung eine kurze oder (wie hier) lange Geschichte entwickelt.

Schlüsselwörter: Therapiemotivation, Krankheitsbegriff und Krankheitsmodelle, unterschiedliche Rolle und Verantwortung von Helfern (Klinik, Psychotherapie, Polizei ...) und Familie, kurze Langzeittherapie.

Anmeldung

Angemeldet wird Familie Kamber telefonisch durch die Tochter. Sonja ist Ärztin. Eine Familientherapie sei ihr von einem Kollegen empfohlen worden. Zur Familie gehören die Geschwister, Felix (26 Jahre) und Sonja (29 Jahre), sowie deren Eltern Herr Kamber (61 Jahre, Schweizer) und Frau Kamber (60 Jahre, Australierin). Der Vater, in leitender Stellung als Biologe tätig, steht kurz vor seiner Pensionierung. Die Eltern leben seit bald zwanzig Jahren in einem kleinen Dorf. Die erwachsenen Kinder wohnen in verschiedenen Städten, sind aber nach wie vor eng mit Vater und Mutter verbunden. Als die Kinder klein waren, lebte Familie Kamber für einige Jahre in Australien. Die Familiensprache ist Englisch. Alle sprechen aber gut Schweizer Dialekt.

Erstgespräch und Einstieg

Vorgehen: Ein Anmeldungsgrund im engeren Sinne liegt nicht vor, das heißt, Anlass und Anliegen sind mit den Anwesenden (ganze Familie) im Hinblick auf einen möglichen Auftrag zu klären.

In einer offen geführten Vorstellungsrunde (Anschlussfindung) meldet sich Felix, wie angekündigt offensichtlich der Indexpatient, ganz zuletzt.
Therapeut: ... und Ihr Beruf, Herr Kamber (Felix)?
Felix: Seit drei Jahren arbeitslos.
Therapeut: Sie haben aber einen Beruf gelernt?
Felix: Ich habe mit dem Studium angefangen und dann abgebrochen. Zuerst Medizin und dann auch Mathematik.
Therapeut: Das heißt, beide Studien abgebrochen?
Felix: Ja.
Therapeut: Was machen Sie jetzt?
Felix: Nach dem Studium habe ich ein halbes Jahr temporär gearbeitet. Das habe ich nicht ausgehalten und seither bin ich von meinen Eltern abhängig.

Felix Kamber wohnt allein in einer kleineren Wohnung in einer größeren Stadt in der Schweiz.

Kommentar und Vorgehen: Felix Kamber, ein scheinbar sehr intelligenter junger Mann mit zwei abgebrochenen, anspruchsvollen Studien, seither »arbeitslos« und von der finanziellen Unterstützung der Eltern lebend, weckt die Aufmerksamkeit des Therapeuten. Es empfiehlt sich ein offener Einstieg, sozusagen meine Königseröffnung.

Therapeut: Ja, darf ich fragen, was führt Sie zu mir?
Sonja: Ja, eigentlich war ich es, die das Gespräch initiiert hat. Wir hatten in letzter Zeit Probleme in der Familie. Diese Dinge, die da mit Felix passiert sind ... (erwähnt u. a. die Einweisung von Felix in eine psychiatrische Klinik vor ca. einem Jahr)

Die Eltern haben erwartet, dass er einen Job annimmt, seine Therapie bei Frau Dr. XY fortsetzt. Nach kurzer Zeit hat er aber abgebrochen. Die Eltern wussten nicht mehr, wie es weitergehen soll. Felix zog sich immer mehr zurück. Schließlich sei es darum gegangen, ob die Eltern seine Wohnung weiter bezahlen. Sie haben ihm immer wieder ein Ultimatum gestellt (Arbeit oder Therapie), da sie die Wohnungsmiete sonst nicht mehr bezahlen würden. Felix hat die Abmachungen nie eingehalten.

In der Not habe ich meine Freundin gefragt und sie meinte, man sollte einfach konsequent sein und Abmachungen »durchziehen«, oder eben hier zu Ihnen nach Bern fahren (lacht), weil es alle betrifft. Die Eltern kommen zu mir und fragen mich, was man mit meinem Bruder machen soll. Meine Eltern haben zwar gesagt, dass sie die Wohnungsmiete nicht mehr bezahlen und ihm kein Taschengeld mehr geben würden. Aber das ist leichter gesagt als getan ... (Die Mutter beginnt daraufhin zu weinen, was Felix, der nahe bei der Mutter sitzt, veranlasst, sofort tröstend den Arm um ihre Schultern zu legen.)

Sonja: Es wäre wichtig, dass wir etwas machen, auch wenn Felix nicht mitkommen will, auch wegen Mama und ...

Felix (meldet sich sofort zu Wort): Also grundsätzlich sind wir wegen ihr da (mit seinem Arm auf Mutters Schulter klopfend).

Kommentar und Fallen: Mit meiner offenen Frage erhalten die Klienten Gelegenheit, bezogen auf einen Anlass oder ein Anliegen, sich mir unvoreingenommen in ihrer Familiendynamik vorzustellen. Dies gibt mir eine erste Gelegenheit, im Hinblick auf einen Therapieauftrag Leid erzeugende Muster zu erkennen. Felix als der im Vorfeld designierte Patient (telefonische Anmeldung) lenkt nun zur Überraschung aller den Fokus auf seine Mutter als »die Leidende«. Damit gibt er mir erste Hinweise auf die (enge) Bindung an seine Mutter und darüber hinaus auf ein »Problemsystem«, auf dass ich das Problem nicht vorschnell bei ihm (Felix als designierter Patient) platziere.

Dieses offene Vorgehen erzeugt *strukturelle und emotionale Sicherheit im relevanten System* [1] und ermöglicht *Passung mit den sozialen Prozessen* [6] der Betroffenen. Diese generischen Prinzipien zu beachten, ist in der Startphase zentral. Sie helfen beim Aufbau eines therapeutischen Systems.

Aus einer systemdynamischen Perspektive können Leidende als Teile eines *relevanten Systems* [2] erkannt und zur Kooperation motiviert werden. Eine Ankoppelung ist allerdings nur dann möglich, wenn es dem Therapeuten gelingt, mit passenden Interventionen (an dieser Stelle keine Bewertung von Verhaltensmustern) emotionale Sicherheit zu erzeugen und damit den Betroffenen den Ball zuzuspielen.

Herr Kamber: Ursprünglich sind wir wegen dir (Felix) da.
Felix: Aber sie (die Mutter) ist diejenige, die im Moment am meisten leidet, wie ich sehe.
Sonja: Ja, das stimmt. Dir (zu ihrem Bruder) ist es ja einigermaßen wohl; du kannst »dein Ding« durchziehen. Papa und ich sind abgelenkt durch die Arbeit. Mutter hat am meisten Zeit, sich Sorgen zu machen.
Felix: Sie kann nicht schlafen. (Frau Kamber reibt sich immer noch Tränen aus den Augen, während der Sohn ihr erneut den Arm um ihre Schulter legt.)

Vorgehen und Kommentar: Anstatt Verhalten zu kommentieren oder diagnostizieren (und Familienmitglieder zu beschämen), wird an den Sorgen angeknüpft. Der Ball (Sorgen) wird angenommen und weitergespielt, um die Sichtweisen aller Betroffenen kennenzulernen. Mit Bezug auf die generischen Prinzipien heißt dies: *Identifikation von (Beziehungs-)Mustern* [2] und *Herstellen motivationsfördernder Bedingungen* [4].

Therapeut (zu Felix): Das heißt, Sie machen sich Sorgen um Ihre Mutter?
Felix: Ja, schlussendlich schon. Aber hierher zu kommen, das war nicht meine Idee ...
Sonja: Ja, es war meine Idee. Ich mache mir auch Sorgen um dich.

Vorgehen und Fallen: Als Psychotherapeut muss ich Sonja nun helfen, ihre Rolle (Ärztin) abzulegen, indem ich sie als »Türöffnerin« würdige und sie als mitbetroffene Schwester (und nicht als Kollegin) anspreche. Ein Fehler wäre es, sie als Fachfrau und Co-Therapeutin zu sehen und nutzen. Die vermutete Rollenkonfusion kann ohne Bewertung (z. B. Parentifizierung) genutzt und umgedeutet werden.

Therapeut: Sie engagieren sich also nicht nur, weil Sie Ärztin sind, sondern weil Sie sich auch Sorgen machen? Darf ich fragen, wie betrifft es Sie?

Sonja: Es stresst mich einfach, wenn ich Felix besuche und dann zusehen muss, wie er dort vor sich hin vegetiert. Er hatte letztes Jahr kaum mehr gegessen. Ich hab auch Angst, dass er sich etwas antun könnte (Felix kommentiert wortlos mit einem Lächeln). Also nicht, dass er sich umbringen würde, aber dass er sich einfach fallen lässt. Er pflegt sich nicht mehr, so dass wir nach ihm sehen müssen. Er nimmt das Telefon nicht mehr ab, öffnet seine E-Mails nicht mehr usw. Das betrifft mich schon. Das macht mich einfach traurig. Es deprimiert mich, weil er mit niemandem mehr Kontakt aufnimmt (hat Tränen in den Augen). Das ist keine Lebensqualität, wie ich sie ihm wünschen würde.

Das ist der eine Grund und der andere Grund ist (mit zittriger Stimme), weil es mich stresst, meine Mutter leiden zu sehen. Ich sehe, dass es sie enorm belastet, dass sie immer von ihm spricht, dass sie öfters heulen muss und mich dann fragt, was sie machen soll. Ich sage dann jeweils, dass sie doch einfach ihre Drohungen einhalten soll. Gleichzeitig sehe ich aber, dass sie das nicht schafft, und ich fühle mich dann verantwortlich, weil ich die sogenannte Fachperson bin (mit Tränen in den Augen).

Kommentar: Sonja spricht damit selbst ihre Rolle in der Familie an. Gleichzeitig wird Zusammenhalt signalisiert und eröffnet mir ein therapeutisches Vorgehen, das nicht primär störungsspezifisch (Einzelsetting), sondern kontext-, beziehungs- und prozessorientiert motiviert ist.

Felix (etwas sarkastisch): Ich glaub, das liegt in der Familie. Ein gewisses Helfersyndrom. Jeder fühlt sich für den anderen verantwortlich und mischt sich überall ein.

Kommentar: Diesen Einwurf von Felix versuche ich sofort aufzunehmen, umzudeuten, ohne damit die Sichtweise von Felix infrage zu stellen.

Therapeut: Ist das sozusagen ein Familienmuster, dass sich jeder um den anderen Sorgen macht?
Felix: Ja, schon. Es gibt Familien, da ist jeder dem anderen egal, und wenn es ein »schwarzes Schaf« gibt, dann ist es so, dass die anderen dann nichts mehr mit ihm zu tun haben wollen.
Therapeut: Okay. Bei Ihnen ist das anders.

Kommentar und Vorgehen: Mit »Helfersyndrom« gibt Felix seine Sichtweise auf ein familiäres Muster bekannt, das einerseits bindet, andererseits Individuation vielleicht auch erschwert. »Wenn die Grenzen zwischen Menschen nicht klar definiert sind, ist es für die Betreffenden schwierig, sich als unabhängige Individuen zu sehen – was ihre Entwicklung verlangsamt« (Asen, 2008, S. 51).

Ich bin damit aufgerufen, »seine Wahrheit« aufzunehmen, ohne dabei andere Familienmitglieder mit »ihren Wahrheiten« zu entwerten. Im Gegenteil, die Aussage der Ausgrenzung (»Helfersyndrom«, »schwarzes Schaf«) kann genutzt werden, indem diese nun als Verpflichtung (»sich um den anderen sorgen«) umformuliert und neu bewertet wird.

In Anlehnung an die Bindungsforschung ermöglicht die Beachtung generischer Prinzipien *Sinnbezug* [3] und *Energetisierung* [4] und öffnet die Türe für verpflichtendes Arbeiten mit den Klienten.

Therapeut (der Schwester zugewandt): Ihr Bruder hat gesagt, die Mutter leide am meisten, man sei wegen ihr da. Darf ich Sie fragen: Wie sehen Sie das? Nicht, dass ich hier einen Wettbewerb oder eine »Rangliste des Leidens« machen möchte (Felix reagiert erheitert!), aber was denken Sie?
Sonja: Ja, auf eine Art stimmt das schon. Felix schafft es immer wieder, sich soweit herauszuhalten, dass er weiterhin in seiner Wohnung bleiben kann. Mama ist schon die, die in dieser Situation am meisten leidet. Obwohl, wenn Sie mich vor einem halben Jahr gefragt hätten, hätte ich gesagt, Felix selber leide am meisten.
Die Eltern haben übrigens auch die Idee gehabt, dass Felix sich bei der Invalidenversicherung oder beim Sozialamt anmelden könnte. Da ist auch nichts passiert, das heißt, Felix hat gar nichts in dieser Richtung unternommen.
Mutter (meldet sich erstmals zu Wort): Dann hat man ihn auf der Privatabteilung der psychiatrischen Klinik angemeldet. Dort ist er nach kurzer Zeit wieder abgehauen (Felix lächelt).
Sonja: Und ich habe sogar eine »Bevormundung« in Erwägung gezogen. (wendet sich Felix zu) Entschuldigung, Felix, aber ... (Felix schaut die Schwester etwas verwundert an.)
Therapeut (zur Schwester gewandt): Verblüffen Ihre Worte Ihren Bruder?
Sonja: Ja, ich denke, schon ein bisschen.
Mutter: Lange Zeit war er sehr, sehr abhängig. (Felix nimmt vor allem den Kommentar der Mutter – Cannabiskonsum – lächelnd zur Kenntnis.)

Mutter: Er sieht das natürlich selber gar nicht ein. Man hat den Eindruck, dass es ihm besser geht, wenn er weniger kifft. Aber daran will er nichts ändern.
Felix: Ich hab immer gesagt, dass ich dazu keine Motivation habe.
Mutter: Wahrscheinlich ist dies auch der Grund, dass er beide Studien abgebrochen hat. Er übernimmt keine Verantwortung. Er geht nicht an die Tür, wenn jemand klingelt. Er hat seine Telefonrechnungen und die Gebühren fürs Internet nicht mehr bezahlt ...
Er verhält sich überhaupt nicht seinem Alter entsprechend. Wir haben unser Versprechen gehalten: Man hat ihm die Wohnung bezahlt, hat ihm Essensgeld gegeben, mindestens die Hälfte davon hat er für Haschisch ausgegeben ... Wir können nicht mehr so weitermachen: Wenn wir einfach weiter Geld geben, kann das noch ewig so weitergehen. Ich finde es auch unfair, wenn ich daran denke, dass wir einmal nicht mehr da sind, und dass dann alles auf Sonja lastet (Mutter beginnt zu weinen).

Kommentar und Vorgehen: Der beklagte Drogenkonsum wird aufgenommen, ohne allerdings daraus vorschnell und ohne Auftrag eine Drogentherapie aufzugleisen. Ein störungs- bzw. suchtspezifischer Fokus könnte den Prozess in eine Richtung im Sinne des »Mehr desselben« lenken, in der die Verantwortlichkeiten an spezialisierte Institutionen ausgelagert würden (vgl. dazu auch Fallbeispiel 1).

Sich festzulegen, eigene Kompetenzen zu erkennen, scheint Felix und seiner Familie Schwierigkeiten zu bereiten. Mit einem unpersönlichen »man« werden Probleme, Entscheidungen und Gefühle auf Distanz gehalten.

Angestoßen durch das widerständige Verhalten ihres Sohnes beginnt nun die Mutter als Erste, persönlich (»ich«, »wir«) Stellung zu beziehen, während der Vater weiterhin nur passiv am Gespräch teilnimmt. Ich versuche aus der Unklarheit, Offenheit und Uneindeutigkeit heraus diese Unschärfe zu nutzen und sorgfältig weitere Stellungnahmen anzustoßen.

Sonja (zum Bruder): Anders geworden ist, dass du dich darüber freust, wenn du uns siehst. Vorher hast du ihnen (Eltern) ja immer nur Vorwürfe gemacht. Sie oder die Gesellschaft hätten ihn krank gemacht usw. Es konnte überhaupt kein normales Familiengespräch mehr stattfinden.

Kommentar und Vorgehen: Erstmals wird das Wort »krank« gebraucht. Dies gibt dem Therapeuten Gelegenheit, etwas über individuelle, familiäre oder klinische Sichtweisen des auffälligen Verhaltens von Felix zu erfahren, allerdings ohne zu klinisch zu diagnostizieren und so reaktantes Verhalten (Brehm, 1966; Liechti, 2009) zu provozieren.

Therapeut: Sie brauchen jetzt das Wort »krank«, das heißt, Sie gehen davon aus, dass Ihr Bruder krank ist? Ich möchte einfach richtig verstehen, wie Sie das sehen.
Sonja: Wenn Sie mich vor einem Jahr gefragt hätten, hätte ich gesagt: Ja. Als er an Weihnachten (ca. vor einem Jahr) in der Klinik war, da war er krank. Scheinbar hat er auch einen psychotischen Schub gehabt (Felix lacht deutlich hör- und sichtbar). Ja, ich weiß (Felix zugewandt), du siehst das ganz anders, aber wir sind damals alle erschrocken. (zum Therapeuten) Und darum ist er dann, auf unser Zureden hin, auch in die Klinik eingetreten.

Kommentar: Damit ist angedeutet, dass Krankheit auf einer Zeitachse (früher und jetzt) als multistabiler, dynamischer Prozess (zwischen Krankheit und Gesundheit) von den Betroffenen konsequenterweise auch unterschiedlich erlebt und bewertet wird. Die Frage »krank oder nicht« kann im Rahmen eines therapeutischen Systems nur im jeweiligen Kontext verstanden werden und darum soll auffälliges Verhalten nicht voreilig pathologisiert werden.

Mutter: Er hatte eine Art von Verfolgungswahn.
Sonja: Jetzt ist er sicher nicht mehr so krank, aber damals war er es. Die Ärztin hat damals von Schizophrenie gesprochen und es wurde auch eine entsprechende Abklärung in der psychiatrischen Klinik gemacht. Es wurde aber auch von einer Persönlichkeitsstörung gesprochen.

Ausschnitt aus dem Austrittsbericht der psychiatrischen Klinik:

> »Herr Kamber ist in Begleitung seiner Familie ›in leicht verwahrlostem AZ und unterernährtem EZ‹ in die Klinik eingetreten. […] Als der Patient in der Klinik war, stellte sich heraus, dass er seit drei Monaten keine Post geöffnet hatte und vor einem halben Jahr zum Militär hätte gehen

müssen, wo er aber nicht erschienen ist. Herr Kamber erhielt in der Klinik einen Brief, in dem ihm mitgeteilt wurde, dass er für sechs Tage ins Gefängnis müsse. Herr Kamber freute sich sehr über die Nachricht, da er in der Gefängniszelle seine Ruhe haben würde.

Herr Kamber wurde während der einmonatigen Hospitalisation im Rahmen eines Projektes ›Früherkennung der Psychose‹ zur weiteren Abklärung an Dr. Y überwiesen. Darüber hinaus wurden auch ein CT des Schädels und eine neuropsychologische Abklärung durchgeführt. Die beiden Untersuchungen zeigten keine Anhaltspunkte für eine beginnende Psychose. Weitere diagnostische Abklärungen wären nötig, was aber erschwert wird, wenn der Patient seinen Cannabiskonsum fortsetzt. […] zudem sei Psychotherapie dringend indiziert.«

Kommentar und Vorgehen: Aus einem therapeutischen Blickwinkel gilt es zu entscheiden, ob Krankheit verstanden als Psychostatus (»Felix ist krank«) im therapeutischen Prozess nützlich ist, das heißt, ob die Konnotation »krank« einen Entwicklungsprozess eher anstößt oder eher bremst.

Felix selbst leidet kaum, definiert sich bisher auch in keiner Weise als Patient oder Klient, sondern bestenfalls als Besucher (de Shazer, 1989). Ist Felix aber vielleicht doch krank, also ein Patient? »Klienten werden so lange als gesund angesehen, wie ihr Kranksein nicht bewiesen ist« (Pinsof et al., 2010, S. 37). Wichtig zu wissen ist zudem, dass sich insbesondere um Krankheit herum problemdeterminierte Systeme (Goolishian u. Andersen, 1988) organisieren. Verbunden mit dem Psychostatus »krank« lässt sich störendes Verhalten als ein »Nichtkönnen« verstehen. Aus einer solchen Sichtweise handelt es sich um eine (psychische) Störung, die der professionellen Behandlung durch entsprechende Experten zugeführt werden muss. Folgerichtig hat die Mutter wegen des anhaltenden Cannabiskonsums stationäre, drogentherapeutische Projekte im Ausland recherchiert.

Da aber bisher kein Eintritt in eine entsprechende Institution erfolgt ist bzw. die psychiatrische Hospitalisation von Felix kurzum ohne eindeutige Diagnose wieder abgebrochen wurde, nehme ich dies als Chance, systemeigene Kräfte (Felix und seine Angehörigen) zu nutzen und zu aktivieren.

Entscheidend ist es darum auch, wie man nach der Krankengeschichte fragt, das heißt, wer (krankhaftes)Verhalten wie beschreibt oder beschrieben hat. Die Antworten darauf können zur entscheidenden Weichenstellung werden. In einem Modell von Gesundheit und Krankheit als einem dynamischen System ist dies immer eine Frage der Perspektive und im Zweifel für den Angeklagten ist jemand vorerst einmal nicht krank, wenn er sich auch nicht als krank definiert (»Annahme der geringstmöglichen Pathologie«, Pinsof et al., 2010). Dieses dimensionale Denken, in dem jemand auch nur als psychisch krank diagnostiziert werden darf, wenn er leidet, wird auch die Grundlage der Klassifikation im DSM-V sein (Kapitel 4.3).

Darum interessiert mich die Selbstdefinition, die mir dann erlaubt, Felix beim Wort zu nehmen und allenfalls seine gesunde Seite zu aktivieren. Mit dem Ziel, weder den Indexpatienten (Felix) zu verlieren noch die Angehörigen zu beschuldigen oder zu dispensieren, versuche ich deshalb mit Fragen (Position des Nichtwissenden) den Prozess sorgfältig, aber nicht schonend weiterzuführen, um besser zu verstehen. Ich nehme diesen Ball (krank) an und spiele ihn nun direkt an Felix weiter.

Therapeut: Darf ich fragen, wie Sie sich selber sehen, definieren?
Felix: Ich bin genau so krank wie jeder andere Mensch auch. Und die Gesellschaft ist grundsätzlich krank. Das ist vielleicht etwas überspitzt formuliert, aber ich passe einfach nicht unbedingt sehr gut in diese Gesellschaft. Es war mir eigentlich immer schon bewusst: Ich bin anders als meine Mitmenschen.
Therapeut: Sie stellen Unterschiede fest, aber ob das krank ist oder nicht, ist eine andere Frage.
Felix: Ich würde nicht alles, was anders ist, als krank bezeichnen. Aber für mich ist »krank« ein bisschen ein hartes Wort. Je nachdem, wie man das definiert, kann man mich als krank bezeichnen oder eben nicht. Dass ich aber eine Psychose habe oder einen Defekt im Hirn, das glaube ich nicht, und dass ich damals einen akuten psychotischen Schub gehabt hatte, dass glaube ich auch nicht.

Vorgehen und Fallen: Bildlich gesprochen: Ich muss Felix, wenn möglich, dort halten, wo er zurzeit sitzt, nämlich auf dem Rand des Bootes, jederzeit bereit abzuspringen und davonzuschwimmen. Die Gefahr, dass ich ins Wasser falle, ist groß. Mit rhetorischem Geschick fordert Felix mich, indem er immer wieder versucht, mich in einen weltanschaulichen Diskurs zu locken und Konflikte in der therapeutischen Beziehung zu provozieren. Konflikteröffnung, sozusagen stellvertretend für den Vater, wäre aber kaum hilfreich.

Therapeutisch handeln heißt, sich weder auf einen Machtkampf (Therapeut–Klient) noch auf einen gesellschaftskritischen Diskurs über Krankheit einzulassen, sondern die Chance *energetisierend und motivierend* [4] zu nutzen und nun erstmals auch den Vater als Mitbetroffenen ins Spiel zu bringen:

Therapeut: Ich weiß nicht, ob es für Sie, Herr Kamber (dem Vater zugewandt), etwas zu sagen gibt, was für Sie wichtig ist und hier vielleicht noch nicht gesagt wurde?
Vater: Wenn ich an Felix denke, muss ich sagen, dass er sich in einer Situation befindet, in der er allein nicht überleben kann. Er ist vollkommen angewiesen auf finanzielle Unterstützung (Felix ansprechend): Du machst die Post nicht auf usw. Du kannst so nicht leben wie ein normaler Mensch.
Felix: Eben wie ein »normaler Mensch«. Ja, ich würde einfach irgendwo im Gefängnis landen oder auf der Straße, aber das wäre auch nicht weiter schlimm.
Vater: Wenn ich die Unterstützung unterbrechen würde, käme es soweit.
Sonja: Und genau davor schreckt ihr zurück.
Vater: Und genau das ist eben die Hürde.
Mutter: Und ich finde das unfair. Er hätte ja auch zum Sozialamt gehen können. Ich weiß nicht, warum er das bisher nicht gemacht hat.
Vater (zu Felix): Der entscheidende Punkt ist, dass du selber nicht oder nicht allein fähig bist, diese Hürde zu nehmen, für dich selber zu schauen. Du schaust auf mich, dass ich dich bezahle, oder wenn ich nicht mehr zahle, schaust du, dass das Fürsorgeamt dich bezahlt oder das Gefängnis dich bezahlt. Du kommst nicht auf die Idee, für dich selbst zu schauen.
Felix: Auf die Idee komme ich schon, aber es mögen gewisse Hindernisse dazu vorhanden sein.
Vater: Und das ist natürlich für uns, auch für dich (zu seiner Frau), so schwer zu akzeptieren.
Vater: Eine weitere Frage ist (dem Therapeuten zugewandt): Gibt es überhaupt Hoffnung, dass man von »dem« wegkommt? Ich weiß nicht: Ist er

krank? Ist es das Kiffen? Und das Wichtigste ist wahrscheinlich, dass, wenn man etwas finden würde, man es dann auch durchhalten kann.

Kommentar, Vorgehen und Fallen: Tatsächlich bringt sich der Vater, wenn auch zögerlich, ins Spiel und bezieht erstmals vorsichtig Stellung. Mit Fragen an den Experten (Gibt es überhaupt Hoffnung, dass man von »dem« wegkommt, dass man »etwas« finden würde?) sucht er nach Sicherheit. Diese Fragen gilt es nun in ihrem Kontext, *im relevanten System* [2], zu verstehen und therapeutisch zu beantworten. Nicht eine therapeutische Versicherung gegen potenziellen Schaden ist angesagt, sondern eine Prozesssteuerung, die *Sicherheit schafft* [1].

Ein mögliches implizites und explizites Ziel könnte sein, den Vater so ins Spiel zu bringen, dass er für seinen – wenn auch erwachsenen Sohn – als Gegenüber (Sparringpartner) auch (be)greifbar wird. Untersuchungen zur Rolle von Vätern im Rahmen der Bindungsforschung haben gezeigt, dass Väter besonders als »Begleiter, Unterstützer und Herausforderer für Neues« wichtig sind (mündliche Mitteilung von K. Grossmann, 2008). Die Förderung väterlicher Unterstützung bei einem eher vermeidenden Bindungsstil heißt, den Vater zu unterstützen, dass er einen Konflikt mit seinem Sohn wagt und aushält (Rufer, 2012).

Motivationsfördernde Prozesssteuerung bewirkt immer auch eine Enttäuschung von Erwartungen (der Therapeut löst das Problem nicht für mich/uns). Letztlich geht es in der Therapie darum, im Selbstorganisationsprozess *kritische Instabilitäten* [6] zu erkennen, Turbulenzen zu nutzen. Anfängliches Vermeidungsverhalten mit der Erwartung an den Therapeuten – »Wasch mich, aber mach mich nicht nass« – werden enttäuscht und verstört, um schließlich anstehenden Entwicklungen Platz zu machen. In Anlehnung an Retzer (2006) könnte man auch hier resümieren: Klienten müssen zu »Tätern« (Handelnde) der Problemlösung gemacht werden, damit sie »Opfer« der Lösung werden können.

Wenig hilfreich wäre es, tröstend oder als Anwalt der Hoffnung anzutreten. Vielmehr bin ich als Therapeut nun gefordert, den Prozess aktiv weiterzuführen, so dass Felix und seine Angehörigen sich als Handelnde selbstwirksam erfahren können. Genau darin liegt die Hoffnung oder, um dies noch einmal mit den Worten des Psychoanalytikers zu unterstreichen: »Ich vertraue darauf, dass in jedem Menschen ein Lebenswille am Werk ist, der ihm hilft, das zu wählen, was ihm entspricht« (C. G. Jung, zit. nach Alt, 1991, S. 76).

Therapeut (zur Mutter): Angenommen, ich würde Ihren Sohn fragen, ob er sich von diesen Sitzungen auch etwas für sich selber »erhofft«, was würde er mir sagen? Dass er in Sorge ist um Sie, das habe ich vorhin von ihm verstanden.
Mutter: Da bin ich nicht wegen mir. Da er aber bis heute alle Therapien abgebrochen hat, glaube ich nicht, dass er sich davon etwas für sich verspricht. Ich hoffe es aber.
Therapeut: Dann denken Sie, dass er Ihnen zuliebe, der Familie zuliebe gekommen ist, und nicht, weil er selber ein Problem hat?
Mutter: Genau, genau (Tochter nickt mit).
Therapeut (zum Vater): Sehen Sie das ähnlich?
Vater: Ja, genauso.
Therapeut (zu Felix): Schätzen Ihre Eltern Sie diesbezüglich richtig ein? Sie wollen für sich selber eigentlich nichts.
Felix: Ja, schon.

Kommentar und Vorgehen: Felix ist nicht für sich da, sondern »im Interesse an der Familie« (Bindung). Diesen, wenn vielleicht auch verstrickten, Bindungskontext gilt es positiv zu konnotieren und zu nutzen. Wenn es um den »langen Atem« und »Durchhalten« (Zitate des Vaters) geht, bietet sich der Weg über und mit dem *relevanten Beziehungs- und Bindungssystem* [2] an.

Therapeut: Ihre Eltern kennen Sie gut.
Felix: Bis zu einem gewissen Punkt. Ich sehe viele Dinge anders, wenn auch logisch, aber für andere Leute überhaupt nicht nachvollziehbar.

Vorgehen: Sich nicht festzulegen, alles und vieles offen zu lassen, zeigt sich als familiäres Muster. Meine Neugier wird geweckt, nun konkret und verbindlich zu werden. Spontan benutze ich eine Filmmetapher, folge der Spur von Felix, indem ich mich interessiert zeige an seinen Strategien und den Prozess so führe, dass Reaktanz kaum möglich wird.

Therapeut: Wie zwei Filme, die ablaufen?

Felix: Ja, einen für die Öffentlichkeit und einen für mich, der für normale Menschen nicht nachvollziehbar ist.

Kommentar: Auf diese (narzisstische) Selbstdarstellung kritisch-konfrontativ einzugehen, würde die therapeutische Beziehung stören, wahrscheinlich Reaktanz erzeugen und damit den Prozess bremsen!

Therapeut: Können Sie hin- und herwechseln zwischen diesen beiden Filmen?
Felix: Ja, ich muss.
Therapeut: Läuft hier und jetzt der reale Film oder Ihr Film?
Felix: Hier läuft der Film, der für die Öffentlichkeit zugänglich ist. (Vater lächelt)
Therapeut: Mir wäre es noch wichtig, da ich selber ja auch Teil dieser Öffentlichkeit bin, wenn Sie mir sagen würden, wenn Sie mich in Ihrem Film nicht mehr verstehen. Vielleicht merke ich das selber nicht.

Kommentar und Vorgehen: Felix wird in diesem »Splitting« die Kontrolle belassen und sogar verstärkt, indem ich ihn mir als kompetenten Helfer und Supervisor (!) zur Seite stelle. Ein Patient muss und soll sein Gesicht wahren können und seine Kontrolle behalten dürfen, vor allem wenn er sich mit dem Therapeuten auf eine Reise ins Unbekannte begibt.

Felix: Diese Filme laufen parallel. Mein Film läuft seit Geburt. Der öffentliche Film, den habe ich dann sozusagen darüber geschnitten. Wenn es nötig ist, kann ich ihn zuschalten oder auch ausschalten.
Therapeut: Und was läuft im öffentlichen Film?
Felix: Alles, was verständlich ist, was allgemein Sinn macht und nachvollziehbar ist.
Therapeut: Und in Ihrem Film?
Felix: Alles, was stimmt, also die Wahrheit.

Kommentar und Vorgehen: Die nicht bewertende (pathologisierende) Haltung im Dialog über die »Filmmetapher« schafft im kognitiven und emotionalen System von Felix *Sinnbezug* [3] und gibt darüber hinaus den Mitbetroffenen die Möglichkeit zu erkennen, dass er durchaus erreichbar ist und unter »sinnvollen« Bedingungen kooperiert. Darin liegen Anzeichen der »Hoffnung« (vgl. Aussage des Vaters) für blockierte Entwicklungsprozesse. Die therapeutische Beziehung ist damit

Teil eines therapeutischen Beziehungssystems (vgl. Kapitel 3). Sie schafft Sicherheit und ermöglicht selbstorganisierende Prozesse. Mit einer für Felix (und mich) offenen Suche nach einem Auftrag wird er mit und nicht gegen seine Widerstände zur Kooperation eingeladen.

Therapeut (zu Felix): Denken Sie, dass diese Inszenierung (in Anlehnung an die Filmmetapher), diese Familiengespräche, wenn nicht für Sie, sonst wie Sinn machen könnten?
Felix: Ja, ich glaube schon.
Therapeut: Das heißt, wenn ich mich für eine Weiterarbeit, eine Fortsetzung mit Ihnen (dabei bleibt offen, ob mit dem Indexpatienten oder der Familie) entscheiden würde, würden Sie weiterhin kommen?
Felix (nickt): Ja, durchaus, wenn es nicht darauf hinausläuft, dass mich die Eltern jede Woche hierher schicken. So komme ich gern mit der Familie einmal pro Monat.
Therapeut: Okay, aber Sie würden sich nicht zur Therapie schicken lassen. Da würden Sie nicht mitmachen.
Felix: Ich denke, dass ich zwei-, dreimal kommen würde und dann einfach nicht mehr.
Therapeut: Dann könnte man sich die ersten zwei, drei Sitzungen ja auch schon sparen.
Vater: Ich glaube nicht, dass man jetzt schon sagen kann, dass es nichts bringt.
Therapeut (zum Vater): Ja und nein. Ihr Sohn hat ja Erfahrungen mit Therapeuten. (sofort zu Felix) Anders gefragt: Was müsste ich tun, dass Sie hier eine Chance hätten?

Kommentar und Vorgehen: Mit der Ambivalenz zu arbeiten, bewährt sich so lange, wie Entscheidungen nicht gefällt werden. Der Therapeut schlägt sich also nicht vorschnell auf die Hoffnung induzierende Seite des Vaters (»Therapie nützt«), so dass Vater und Sohn gezwungen sind, Ziele der Therapie zu bestimmen. Hier ist Systemkompetenz (Kapitel 3.4) im Erkennen und Gestalten (und Aushalten!) von Phasen *kritischer Instabilität* [5] gefordert.

Felix: Ich habe das Gefühl, wenn ich bei einem Therapeuten bin, dann lasse ich meinen Öffentlichkeitsfilm laufen. Der Therapeut analysiert ein

bisschen und hat dann das Gefühl, er mache etwas. Irgendwann ist es vorbei, aber gebracht hat es nichts. Damit es wirklich etwas bringen würde, müsste er (Therapeut) diesen Film durchbrechen, um mich zu erreichen.
Therapeut: Aha.

Vorgehen: Interesse an der Sichtweise des Patienten, an der Bewältigung und nicht an der Pathologie zeigen.

Felix: Und das, denke ich, ist natürlich schwierig.
Therapeut: Ja, das ist schwierig.
Therapeut: Ja, Sie sagen es durchaus selbstkritisch. Aber »brechen« möchte ich eigentlich gar nicht. Das erinnert mich an eine Brechstange, und falls ich mit der Brechstange kommen sollte, würden Sie wahrscheinlich gut daran tun, sich dagegen zu wehren. Aber vielleicht gibt es andere Möglichkeiten? Vielleicht können Sie oder sonst jemand aus der Familie mir einen Zugang zeigen, so dass Sie sagen könnten: Heute war wirklich etwas anders als sonst. Aber beim »Brechen« tun Sie gut daran, sich zu wehren. Dafür hätte ich viel Verständnis!

Kommentar und Vorgehen: Ich gehe mit und nicht gegen den Widerstand, indem ich seine Option als eine Strategie des Scheiterns deklariere. Paradox wird eine Nichtveränderung im Interesse des Klienten verordnet (sich gegen das Brechen zu wehren), indem seine Kraft, wie im Aikido, genutzt wird. Prozesssteuerung wird damit sozusagen zu einer fernöstlichen Kampfsportart. Sie soll hier helfen, dass aus dem unverbindlichen »man sollte, es könnte« ein verpflichtendes »wir können, müssen« entstehen kann.

Therapeut: Inwiefern und für wen könnten diese Familiensitzungen Sinn machen?
Mutter: Ich glaube, es hat einen Sinn, und ich hoffe, dass er dann fähig wird, für sich selbst zu sorgen.
Sonja: Der Sinn wäre, dass wir miteinander eine Lösung finden, in der die Verantwortungen klar sind: Wer zahlt was und was nicht. Wie kann er seine eigene Verantwortung dafür übernehmen, wo er wohnt, was mit der Wohnung passiert und wie wir »das« miteinander handhaben wollen. Ich selbst möchte mich da auch ein bisschen distanzieren. Es handelt sich ja vor allem um eine Regelung zwischen den Eltern und Felix.

Felix: Ich würde jetzt nicht sagen, dass es mir nichts bringt. Es bringt mir insofern etwas, dass wir als Familie glücklicher werden und so auch besser miteinander klar kommen. Das ist für mich bestimmt genauso von Nutzen wie für euch.
Sonja: Natürlich möchten wir, dass es Felix auch direkt etwas bringen könnte.
Therapeut: Darf ich fragen, woran würden Sie merken, dass es Ihrem Bruder auch »direkt etwas bringt«?

Kommentar und Vorgehen: Gerade in Phasen, die Umbruch und Wandel andeuten, spielen Intuition oder »Bauchgefühle« (Gigerenzer, 2007) eine wesentliche Rolle im Therapieprozess. Mit der Frage nach den Wirkungen von Therapie kommt gleichzeitig die nicht zu vernachlässigenden Nebenwirkungen von Therapie ins Bewusstsein. Die Wirkung der Familientherapie wäre, so Felix, eine Verbesserung der familiären Kommunikation. Eine Verhaltensänderung von Felix wäre dementsprechend eine Nebenwirkung, wenn auch eine erwünschte und nicht zu vernachlässigende!

Felix würde so im gemeinsamen Engagement der Familie (»Täter«) zum »Opfer« der Problemlösung. Mit einer medizinischen Metapher kann mit Seitenblick zum Vater (Biologe) auch für diesen *Sinnbezug* [3] hergestellt werden.

Therapeut: Vielleicht wäre es ja wie bei einem Medikament mit einer Nebenwirkung, allerdings einer erwünschten Nebenwirkung!
Sonja: Dann hätte er ein Telefon, so dass man ihn wieder erreichen könnte, und er würde auch E-Mails wieder beantworten.
Therapeut: Dass er sozusagen im »öffentlichen Film«, das heißt in der Kommunikation mit Ihnen, bleiben würde. Dass er sich wieder für etwas interessieren würde.

Kommentar: Retzer (2005) verwendet aus der Arbeit mit Schizophreniepatienten den Begriff der »Ex-Kommunikation«: Klienten, die sich aus der Kommunikation herausnehmen und dann auch ausgeschlossen werden, müssen wieder dorthin zurückgeführt werden.

Therapeut (zu Herrn Kamber): Woran würden Sie diese sogenannte erwünschte Nebenwirkung erkennen?

Herr Kamber: Erstens in der Kommunikation. Dass er sich nicht mehr derart isoliert, wie er es bis jetzt gemacht hat. Zweitens, wenn er auch innerhalb seiner Wohnung wieder eine gewisse Ordnung hält.
Felix (den Ball sofort aufnehmend): Ich habe aufgeräumt. Nicht dass du meinst, wenn du das nächste Mal zu mir kommst, dass dies ein Effekt dieser Sitzung wäre (lacht).

Kommentar und Vorgehen: Verhaltensänderung wird vom Vater nun konkretisiert. Mögliche Veränderungen sollten aber bei schlecht motivierten Patienten nicht als Wirkung oder Nebenwirkung der Therapie benannt werden. Wo und wie immer möglich sollen sie als Leistung der Klienten erkannt und gewürdigt werden.

Zur Erinnerung: Felix muss im Widerstand sein Gesicht wahren können! Auf diesem Weg sind auch Humor und Metaphern gute Begleiter und als Techniken in diesem Kontext sinnvoll.

Therapeut (ebenfalls mit Humor): Das wäre also keine Nebenwirkung der Therapie, sondern Selbstwirksamkeit gewesen? (Felix lacht)
Herr Kamber: Das wären nur kleine Schritte, aber damit man etwas Neues machen kann, muss man (!) einfach eine erste Hürde nehmen. Die Hürde ist bei Felix sehr hoch. Die Frage ist nur, kann er die Hürde überhaupt nehmen?

Kommentar und Vorgehen: Erneut zieht sich der Vater auf sicheres, unverbindliches Gelände zurück. Mit seiner Hürdenmetapher stellt er die Frage nach Bedingungen für Veränderung. Er äußert Zweifel, dass sein Sohn die Hürde allein, aus eigenen Stücken schaffen wird. Genau hier gilt es, wenn die Zeit reif ist, therapeutisch anzusetzen, so dass die mitbetroffenen Familienmitglieder nicht nur abwarten müssen und auf Hilfe von außen vertrauen. Insbesondere der Vater wäre in diesem Hürdenlauf gefordert.

Therapeut: Gibt es Themen, die man später, in Therapiesitzungen, hier besprechen müsste?
Felix: Ja, zum Beispiel ein altes Kindheitstrauma. Als wir nach fünf Jahren Australien in die Schweiz kamen (Felix war sechseinhalb Jahre), wurde ich als einziger Ausländer im Dorf zu einem Außenseiter. Ich war ein Spätzünder. Später dann waren alle schon in der Pubertät, und wieder war ich

der Außenseiter. Einige Zeit nach Abbruch des Studiums habe ich gemerkt, dass ich nun älter war als Kollegen und den Zug wieder verpasst habe.

Ausschnitt aus dem Lebenslauf (ein Jahr vor Therapiebeginn in der Klinik aufgeschrieben):

»Ich war der ›Weiche‹. Ich war frühreif, was meine Eltern bestätigten. Der Umzug nach Australien fand statt, als ich noch nicht zweijährig war. Meine Kindergärtnerin (in Australien) dachte, ich leide unter Konzentrations- oder Lernstörungen, weil ich hyperaktiv war, nicht wie die anderen Kinder und anscheinend schon damals ein Einzelgänger ... Meine Primarlehrerin hat allerdings bald gemerkt, dass ich ›besonders‹ bin, wenn ich das mal so ausdrücken darf. [...]

Da der Auftrag meines Vaters zu Ende war, zogen wir fünf Jahre später wieder zurück in die Schweiz. Ich habe sozusagen den Himmel geküsst und fiel dann zurück ins Spießerland. Ich war fast zwei Jahre jünger als meine Mitschüler, was mich nicht störte, da ich Gleichaltrige als besonders kindisch und doof empfand ... Ich habe nie für eine Prüfung gelernt. Aber es führte zu einem anderen, großen Problem: Ich lernte nie Fleiß oder Selbstdisziplin und im Studium konnte ich mich dann nicht mehr dazu durchringen, den ganzen Aufwand auf mich zu nehmen.

Daraus erwuchs dann allmählich ein ausgeprägter Minderwertigkeitskomplex gepaart mit dem extremsten Größenwahn. Ich gewann die Einstellung, dass ich tatsächlich der Beste war auf der ganzen weiten Welt ... Mit 14 fing ich an zu saufen und mit 16 stieg ich bewusst von Alk auf THC um – aus gesundheitlichen Gründen. Der Schritt vom THC zu anderen Drogen (LSD, Psilocybin, LSA 2CB, Meskalin, Kokain, Ephedrin ...) geschah mit 17. Ich gebe zu, ich war schon immer ein schwieriges Kind ...

Das Einzige, an dem ich im zweiten Jahr des Medizinstudiums noch Freude hatte, war der Sezierkurs. Und ich war wieder mal die Ausnahme: Ich war der einzige Student, der keine Handschuhe trug – wozu auch? Nur um mich den anderen anzupassen? ... Nach Abbruch des zweiten Studiums verbrachte ich die Zeit mit Kiffen, Computerspielen und ein paar gescheiterten Jobsuchen. Es war das erste Mal, dass ich effektiv kein konkretes Ziel im Leben hatte. Und es war eine Erlösung ... Ich bin nicht normal, das weiß ich.«

Austrittsbericht der psychiatrischen Klinik (Ausschnitt):

»Eine Woche nach Eintritt fand ein Familiengespräch mit den Eltern und der Schwester statt. Herr Kamber nahm dabei eine die Eltern anklagende Haltung ein. [...] als die Eltern ihre Sorge äußerten, dass, wenn sie ihm eine Wohnung zur Verfügung stellen, diese bezahlen, er sein Geld weiterhin für Drogen ausgeben würde. Dies stritt der Patient ehrlicherweise nicht ab, nichtsdestoweniger ließ er sich von der Besorgnis der Eltern auf einen Kompromiss nicht bewegen. Seine Wut über die Eltern war außerordentlich.«

Kommentar: Auch ohne den vorliegenden Lebenslauf zu kennen, sehe ich mich im Erstgespräch konfrontiert mit einer Selbstdarstellung, die auf ein dysfunktionales Beziehungs- und Selbstkonzeptschema hinweist.

Trotzdem ist es in der Anschlussphase nützlich, wenn dysfunktionales Verhalten nicht sofort mit einer klinisch-psychiatrischen Diagnose pathologisiert wird. Die Gefahr, mit Klienten in der Pathologisierungsfalle steckenzubleiben, ist groß. Eine systemische, ressourcen- und beziehungsspezifische Diagnostik im Vertrauen auf Kompetenzen kann helfen, gerade auch in schwierigen Interaktionssituationen Klienten (z. B. mit »Persönlichkeitsstörungen«) als Kunden im Boot zu halten.

Der Therapeut zieht sich gegen Ende des Erstgesprächs zur Vorbereitung eines expliziten Kommentars, der Schlussintervention, zurück. Die Familie bleibt währenddessen unter sich. Nach circa fünf bis zehn Minuten kommt der Therapeut zurück und der Vater eröffnet.

Herr Kamber: Ich finde es gut, dass wir alle gekommen sind. (zu Felix) Ich finde es gut, dass du auch gekommen bist. Es war heute viel besser als in den anderen Therapien, wo man einander immer nur Vorwürfe gemacht hat.

Kommentar, Vorgehen und Falle: Ein Abschlusskommentar könnte nun helfen, erste Erkenntnisse (z. B. mit einem Bild, einer Metapher) zu verankern. Es muss klar werden, zu wem und in welche Richtung der Ball nun gespielt werden soll. Familie Kamber hat über die Jahre ein Schonungs- und Familienmuster etabliert: Man steht zwar zueinander

(Ressource), aber schont einander auch, indem man sich nicht festlegt und Konflikten ausweicht. Aus Angst vor unerwünschten Nebenwirkungen (z. B. offene Konflikte) wird auch Veränderung vermieden, getreu dem Motto: Ich möchte so gern ein anderer sein, aber ich komme so selten dazu.

Hier sind Klienten auf einen ihnen gegenüber respektvollen, der Störung gegenüber aber »respektlosen« (verstörenden) Therapeuten angewiesen, der ihnen Entscheidungen und damit auch Schwieriges zumutet. Ich bin also gefordert, weder Reaktanz zu erzeugen noch Vermeidung zu etablieren.

Therapeut: Ich sehe hier eine Familie vor mir, die in Not ist. Deshalb sitzen Sie wahrscheinlich auch hier. (zu Felix) Ob das Ihnen selbst etwas bringt, muss ich offen lassen. Ich glaube aber, dass es zu Wirkungen und damit auch zu erwünschten Nebenwirkungen kommen kann. Das haben Psycho- oder Familientherapien so an sich, genauso wie medikamentöse Therapien. (zu Felix) Ein zentrales Thema, verbunden mit früheren schlechten Erfahrungen, ist offensichtlich: Kommunikation bzw. die Gefahr, dass diese unter ungünstigen Bedingungen abgebrochen wird bzw. ganz abbrechen könnte.
Felix (unterbricht): Was ich dazu noch sagen könnte: Ich bin immer schon derjenige gewesen, der sich am meisten zurückgezogen und das Gespräch jeweils abgebrochen hat. Meine Eltern haben mich ein ganzes Leben lang immer auf Schritt und Tritt verfolgt. Sie wollten immer etwas von mir. Deshalb bin auch ich gar nicht mehr auf sie zugegangen.
Therapeut: Ja, Herr Kamber, es ist beeindruckend, wie offen und ehrlich Sie sich selber beschreiben. Ich werde versuchen, es auch so zu halten. Ich habe Sie sehr authentisch und offen erlebt, sei es mit Bildern aus dem öffentlichen Film oder eben Ihrem eigenen. Für mich waren Ihre Beiträge im heutigen Gespräch gut nachvollziehbar. Ich glaube, ich habe Sie verstanden. Falls ich Sie nicht mehr verstehen würde, würde ich Ihnen das auch klar sagen. Wenn Sie selber in der Fortsetzung etwas von mir für sich selber wollen, lassen Sie es mich wissen. Haben Sie in der Zwischenzeit, während der kurzen Pause, etwas entschieden?
Vater: Wir würden gern wiederkommen.

Kommentar: Diese Aussage (Fortsetzung der Therapie) gilt es so zu lesen, umzudeuten und zu nutzen, dass der Familie nun also auch etwas zugemutet werden darf [6].

Mutter: Mir wäre am wichtigsten, dass wir Felix auf irgendeine Art helfen, dass er sich selber helfen kann.
Sonja: Und was jetzt ansteht und auch ganz wichtig ist, ist die Sache mit der Wohnung.
Therapeut: Ja, da stehen sicher Entscheidungen an, gerade auch seitens Ihrer Eltern.
Vater: Aber uns wäre natürlich schon geholfen, wenn wir Sie dafür einbeziehen könnten. Dass man (!) auch hier über dieses Thema reden kann und dass Sie uns bei diesen Entscheidungen helfen würden.
Therapeut: In dem Sinne, dass Sie sich dann entscheiden können, ja.

Kommentar, Vorgehen und Falle: Die Leistungen der Anwesenden, insbesondere von Felix, werden noch einmal gewürdigt, Metaphern aus dem Gesprächsverlauf »verankert« (erwünschte Nebenwirkung, öffentlicher Film) und in ihrem Interesse für die Fortsetzung einer Familientherapie ein nächster Termin vereinbart.

Wie vermutet zeigt der Vater seine Hilflosigkeit und bittet um Beistand. Als Therapeut werde ich höflich eingeladen, an Stelle der Familie Entscheidungen zu übernehmen (z. B. »Ich würde Felix die Miete nicht mehr bezahlen« oder »Felix sollte wöchentlich zu mir in Therapie kommen, damit das etwas nützt« usw.). Dies wäre eine Falle. Therapeutisch handeln heißt, als Experte der Prozesssteuerung die familiären Ressourcen so zu aktivieren, dass Klienten selbst die Experten für ihre Lebensgestaltung sein können.

Die Krise als *kritische Instabilität* [5] kann nun als *Kairos* [6] für eine Schlussintervention genutzt werden. Familienmuster und Schemata, die einer Veränderung bedürfen, werden angesprochen und die Selbstorganisation im relevanten System angestoßen.

Therapeut: Im Übrigen habe ich den Eindruck, dass man Ihnen als Familie – und da meine ich auch Sie, Herr Kamber – durchaus etwas zumuten kann. (zu Felix) Sie sind ein sensibler Mensch, ähnlich wie ein Bambus,

der aber bei Wind und Schnee auch etwas aushält und nicht zerbricht. Oder täusche ich mich da?
Felix (blickt nachdenklich um sich, als ob er ahnt, was jetzt kommt): Ehm, mh, könnten Sie vielleicht noch einmal genau präzisieren, was Sie meinen?
Therapeut: Es könnte sein, dass Ihre Umgebung den Eindruck hat, dass man Sie wie ein Kind eher schonen muss, dass man Ihnen nichts zumuten darf. Und da weiß ich gar nicht, ob Sie selber das auch so wollen?
Felix: Puhh, ich glaube, das ist ein Problem, dass man mich schont! Ich hätte viel lieber die Wahrheit, und die meisten Leute getrauen sich nicht, mir die Wahrheit zu sagen!
Therapeut: Genau, Sie sagen es mit Ihren Worten: Sie wollen nicht um jeden Preis geschont werden.
Felix: Es kann sicher schmerzhaft sein, aber im Endeffekt wahrscheinlich besser.
Therapeut: Ja, Sie helfen uns.

Kommentar: Oft bewährt es sich, kurz vor Ende der Sitzung nur beiläufig die Sache auf den Punkt zu bringen (ähnlich wie Peter Falk alias Inspektor Colombo, der sich, nachdem er sich schon verabschiedet hat, auf dem Weg zum Ausgang noch einmal umdreht: »Ach, was ich Sie noch schnell fragen wollte ...«).

Felix selbst gibt mir Gelegenheit, eine im Prozess diagnostisch erarbeitete implizite Problembeschreibung in seinem Interesse zu nutzen (»Sie helfen uns«), indem ich seine Aussage verstärke und ihn damit bestärke (»Sie sagen es. Sie wollen nicht um jeden Preis geschont werden.«). Das grenzenlose, von Felix eingeklagte (!) Schonverhalten wird als hemmendes Familienmuster erkannt und benannt. Ohne jemanden zu beschuldigen oder zu beschämen, können Klienten beim Wort genommen werden, um aus einem Problemsystem heraus ein Lösungssystem zu gestalten. Hier ist ein Therapeut gefragt, der hilft, dass der »öffentliche Film« weiterläuft – konstruktiv und überraschend, wenn auch nicht zwingend mit einem Happy End.

Fortsetzung der Therapie

Nach zwei weiteren Familiensitzungen findet im Einverständnis von Felix ein Elterngespräch statt. Seine Irrwege und die Machtlosigkeit der Eltern stehen im Vordergrund.

Kommentar: Die anhaltende Dynamik im Problemsystem (Felix, Familie, klinische Systeme) lässt mich nun implizit die Diagnose »Persönlichkeitsstörung« im Hinblick auf den weiteren Prozess und die damit zu erwartenden Interaktionsschwierigkeiten stellen. Menschen mit »Persönlichkeitsstörungen« zeichnen sich ja dadurch aus, dass sie diese ähnlich wie in ihrem sozialen Umfeld auch in der Therapie ausagieren. Gerade eine Therapie mit solchen Menschen sollte daher immer eine prozess- und interaktionsorientierte sein (Sachse, 2004).

Eine Fortsetzung auf der Beziehungsebene, als Familientherapie (im Interesse von Felix!) weiterhin gewünscht, ist daher naheliegend. Die Eltern erkennen zunehmend klarer ihre Möglichkeiten, aber auch ihre Grenzen. Sie sind in ihrer Not bereit, ihrem erwachsenen Sohn nun auch Schwieriges und wechselseitig Konflikthaftes zuzumuten.

In einer nachfolgenden Einzelsitzung kann Felix klar ausdrücken, dass er seine Eltern nicht schonen will und von ihnen Klarheit und Entscheidungen erwartet. Unweigerlich werden die besorgten Angehörigen dadurch konfrontiert mit ihrer Angst vor dem drohenden Absturz, vor der Psychiatrisierung, vor der Berentung usw. Gerade so wird der nötige Boden geschaffen für das, was an Krisen, Herausforderungen auf diesem langen und steinigen Weg zu bewältigen sein wird.

Kommentar: In dieser Phase der Therapie übernehme ich eine begleitende, stützende Rolle.

Fünf Monate nach Therapiebeginn kann Felix, wenn auch ohne große Motivation und auf Initiative seines Vaters, eine befristete Teilzeitstelle antreten. In dieser Zeit lebt er bei seinen Eltern. Gezwungenermaßen müssen diese sich nun positionieren, indem sie nun selber Hausregeln (z. B. kein Drogenkonsum im Haus) aufstellen. Die Eltern sind nun gefordert. Sie müssen erleben, dass nicht Kontrolle das Problem löst, sondern eine authentische Haltung, in der sie ihrem Sohn auch Konsequenzen seines

Verhaltens zumuten. Kommunikation im »öffentlichen Film« wird zwingend. Zu diesem Zeitpunkt, ausgelöst durch den neuen Lebenskontext und erste Feedbacks am Arbeitsplatz, wünscht Felix auch Einzelsitzungen, in denen er soziale Ängste bearbeiten möchte. Felix erscheint, wenn auch ohne große intrinsische Motivation, immer pünktlich zu den absichtlich am frühen Morgen platzierten Sitzungen.

Immer wieder blitzt in den Gesprächen der »Größenwahnsinn« (Zitat aus dem Lebenslauf von Felix) auf. Dazu passend äußert Felix plötzlich Ideen für eine Ausbildung zum Sekundarlehrer. Für die Familie, insbesondere die Schwester, die sich sofort bereit erklärt, ihren Bruder dabei zu begleiten, ein Lichtblick.

Nach weiteren drei Monaten bricht Felix seine Arbeit ab und damit auch die Einzelsitzungen. Trotz dieses Kontaktabbruchs (Therapeut–Felix) ermöglicht nun das zwischenzeitlich etablierte therapeutische System (Familie als relevantes System) eine Fortsetzung der Therapie! Kurze Zeit später meldet sich Felix wieder und orientiert mich, dass er auf Initiative und Druck des Vaters wieder in den Arbeitsprozess eingestiegen sei. Der Therapeut bleibt realistisch: Weitere Krisen seien zu erwarten, solange er »nur unter Druck« handle, nicht selber Entscheidungen treffe und deren Konsequenzen in Kauf nehme. Wie erwartet bricht Felix die Arbeit wieder ab. Stattdessen tritt seine alte, die Eltern provozierende Idee einer »Reise zu Fuß nach Tibet« wieder in den Vordergrund.

Kommentar und Vorgehen: Auf allen möglichen und unmöglichen Wegen macht Felix deutlich, dass er seinen Weg gehen will – dies trotz aller Appelle der Angehörigen an die Vernunft, die ihm diese Idee ausreden und ihn vor den damit verbundenen Gefahren bewahren wollen. Es scheint, dass Felix das bis zum Letzten ausreizen will.

Der Therapeut im Sinne einer Vertrauensperson erscheint der Familie als Hoffnungsträger, Felix aus der Sackgasse herauszuholen, ihn von diesem zum Scheitern verurteilten Plan abzuhalten. In Zeiten von Turbulenzen und kritischer Instabilität ist auch der Therapeut in Gefahr, in diesen Sog hineinzugeraten, mehr desselben zu tun und dabei die Allparteilichkeit und Veränderungsneutralität (Retzer, 2006) zu verlieren.

Die Einsicht des Psychiaters und Ballonfahrers Piccard kann auch hier helfen: »Die Ballonfahrt hat meinen Blick auf die therapeutische

Realität verändert. Auf der Suche nach neuen Winden musst du die Ebene wechseln« (Piccard, 2005, S. 1).

Naheliegend wäre es, in scheinbarer Ausweglosigkeit klinische Systeme zu mobilisieren. Meine therapeutische (neutrale) Rolle zugunsten sozialer Kontrolle aufzugeben, hätte allerdings seinen Preis. Deshalb werden auf dem Boden der therapeutischen Beziehung – auf der Suche nach »therapeutischen Winden« – mit Felix Szenarien seiner Reise inklusive ihrer persönlichen Konsequenzen durchgespielt (Ernährung, Sozialkontakte, Konflikte mit der Öffentlichkeit usw.). Niemand – auch kein »Rufer in der Wüste« – kann ihn vor Erfahrungen bewahren. Diese Spannung muss ausgehalten werden!

Das theoretische Wissen um die nichtlineare Dynamik und das Vertrauen in die selbstorganisatorischen Kräfte in Systemen helfen mir bei der Prozesssteuerung (Kapitel 4.4).

Zwischenzeitlich haben 25 Sitzungen in 15 Monaten seit Therapiebeginn stattgefunden. Der Druck auf das System steigt weiter:
- *Der Vater ist ratlos (»Wir sind am Ende des Lateins.«), zunehmend aber auch erzürnt, konsultiert in der Not einen alten Schulfreund (Psychiater).*
- *Dieser nimmt nun seinerseits mit mir Kontakt auf, um die (maligne) Hypothese einer »Schizophrenia simplex« (ICD-10, F 20.6) zu diskutieren.*
- *Die Mutter vereinbart zusätzlich einen ärztlichen Termin für ihren Sohn, den Felix aber nicht einhält.*
- *Die Verlängerung des Mietvertrages für die Wohnung von Felix wird fällig. Es droht Kündigung innerhalb einer Monatsfrist.*
- *Der Vater verweigert nun aber seine Unterschrift für die Verlängerung des Mietvertrages. Felix bleibt beharrlich und zeigt keinerlei Bereitschaft, aus dieser Wohnung auszuziehen. Mit einer Wohnungsräumung durch die Polizei muss nun gerechnet werden. Die Eskalation wird zur Nagelprobe für Betroffene und Helfer (inklusive mir selbst).*

Kommentar: Ich bin nun gefordert, auf Kurs zu bleiben und die Betroffenen – soweit wie möglich – weiterhin im Boot zu halten.

Am wenigsten beunruhigt ist Felix selbst. Im Gegenteil, oft hat man den Eindruck, dass er all diese Umtriebe und die Aufmerksamkeit »genießt«. Er vermittelt den Eindruck, als wolle er in konsequenter Weise sein soziales Umfeld auf den Prüfstand stellen.
- *Felix lässt den Kündigungstermin verstreichen, isst kaum noch und geht auch nicht mehr aus dem Haus.*
- *Eine polizeiliche Räumung wird immer wahrscheinlicher. Wenige Tage später wird der Therapeut anlässlich der bevorstehenden Wohnungsräumung vom Einsatzleiter vor Ort angerufen und gefragt, ob ein polizeilicher Einsatz wirklich nötig sei, da der Mieter sehr anständig sei und sich auch nicht zur Wehr setze und nichts gegen eine Klinikeinweisung einzuwenden hätte. Ich ermuntere den Polizisten, seinen Job zu machen, genauso wie ich bemüht sein werde, als Therapeut dranzubleiben.*

Kommentar: Alles deutet darauf hin, dass Felix sein privates und professionelles Umfeld zum ultimativen Feedback herausfordert.

Zwei Tage später, 16 Monate nach Therapiebeginn, informiert der Vater mich, dass Felix sich nun in der Klinik befinde. Dies sei für sie als Eltern einerseits entlastend, andererseits erhärte sich damit wohl auch der Verdacht auf eine schwere psychiatrische, prognostisch ungünstige Erkrankung (Schizophrenia simplex).
Auf Wunsch findet zwei Wochen später eine Familiensitzung, allerdings in Abwesenheit von Felix, statt. Eltern und Schwester rechnen mit einer zivilrechtlichen Beistandschaft, da ihr Sohn/Bruder weiterhin uneinsichtig sei und jegliche Therapie verweigere. Er sei kurz nach Klinikeinweisung durch die Polizei wieder davongelaufen und habe sich dann auf seine Reise mit dem Ziel Tibet gemacht. Diesen Weg habe er dann allerdings vorzeitig abgebrochen und sei nun wieder zurück in der Klinik. Ein Übertritt in eine andere Klinik sei vorgesehen. Eine eindeutige, medizinisch-psychiatrische Diagnose seitens der psychiatrischen Experten gäbe es nach wie vor nicht. Die Odyssee scheint kein Ende zu nehmen. Die Familie allerdings hält den Kurs und will mit einer klaren, verlässlichen, aber nicht schonenden Haltung hart am Wind bleiben. Präsenz und Konsequenz haben sie auf ihre Fahnen geschrieben und sind bemüht, Felix mit klaren Signalen zu

verstehen zu geben, dass sie bei neuen Winden segeln. Weitere Sitzungen werden vorläufig nicht abgemacht.

Nachtrag 1

Sechs Monate später, fast zwei Jahre nach Therapiebeginn, teilt mir der Vater erneut mit, dass sich Felix seit einigen Tagen in der Psychiatrischen Universitätsklinik befinde. Die Zukunft sei offen und ungewiss.

Kommentar und Vorgehen: Der ganze Aufwand, das therapeutische, familiäre Engagement, die Zeichen der Kooperation, die Arbeitsversuche, die drogenfreien Wochen, alles umsonst, keine Veränderung (auch wenn dies von der Familie in keiner Weise so kommuniziert wird)?

Ich entscheide mich in der Folge für einen Brief an Felix.

»Sehr geehrter Herr Kamber,
sicher können Sie sich an mich, an die ›kurze‹ Zeit der Kooperation mit Ihnen und Ihrer Familie in meiner Praxis in Bern erinnern. Was Sie rückblickend von dieser Zeit halten, weiß ich nicht. Für mich war es eine Zeit – bei aller Unterschiedlichkeit der Sichtweisen und Betroffenheit in Ihrer Familie – des gemeinsamen Versuchs einer (neuen) Perspektive.

Ob heute anstelle von Zuversicht wieder Resignation Platz genommen hat, weiß ich nicht. Ich habe aus Interesse und Anteilnahme vor einer Woche Ihren Vater angerufen, um mich nach Ihnen und Ihrer Familie zu erkundigen. Durch ihn habe ich auch erfahren, dass Sie zur Zeit nach einer kurzen Zeit der Odyssee wieder in der psychiatrischen Klinik sind.

Wie geht es Ihnen? Vor allem für Sie, Herr Kamber, aber auch für Ihre Angehörigen, hoffe ich, dass dies nicht eine Sackgasse, sondern eine Zeit des Übergangs ist, um dort wieder anzuknüpfen, wo sich am Anfang unserer Zusammenarbeit Zeichen des ›nüchternen‹ (im wahrsten Sinne des Wortes) Aufbruchs gezeigt haben. Falls Sie Ihrerseits zu einem späteren Zeitpunkt den in der Familientherapie geknüpften Faden wieder aufnehmen wollen, bin ich meinerseits selbstverständlich bereit. In alter Zuversicht wünsche ich Ihnen eine gute Zeit.«

Der Brief bleibt unbeantwortet.

Nachtrag 2

Wiederum sechs Monate später nehme ich meinerseits telefonisch Kontakt mit den Eltern auf. Felix arbeite und bemühe sich auch um eine eigene Wohnung.

Kommentar: Ich zeige mich beeindruckt. Familiäre Solidarität verbunden mit dem Willen, Felix etwas zuzumuten, ermöglicht offensichtlich für alle Neuentwicklungen.

Nach weiteren sechs Monaten (ca. drei Jahre nach Therapiebeginn) erhalte ich gänzlich unerwartet eine längere E-Mail von Felix (in Kopie an seine Eltern und Schwester), die hier in ganzer Länge dokumentiert werden soll:

»Sehr geehrter Herr Rufer,
vor etwa zwei Jahren war ich mit meiner Familie bei Ihnen in Behandlung. Wir hatten ca. ein Dutzend Sitzungen in verschiedenen Zusammenstellungen der Teilnehmer – allein oder mit Schwester oder nur die Eltern oder die ganze Bande ... Damals sah die Situation nicht besonders rosig aus. Ich hatte keinerlei Motivation, etwas zu unternehmen, meine Eltern waren nicht mehr bereit, mein endloses Dahinvegetieren weiterhin zu finanzieren und es schien auch kein Wunder einzutreffen, das mich wachgerüttelt hätte.

Vor einem Jahr haben Sie sich aus Interesse und Anteilnahme nach meinem Wohlbefinden erkundigt und ich habe Ihnen keine Antwort zukommen lassen. Das ist typisch für mich und wohl ein Teil des Netzes an Schwierigkeiten, die ich noch habe. Aber mit dieser Nachricht kann ich vielleicht wieder einen kleinen Schritt nach vorne tun.

Zuerst einmal möchte ich mich aufrichtig bei Ihnen bedanken für die Unterstützung, die Sie mir und meiner Familie haben zukommen lassen! Es mag vielleicht auf den ersten Blick nicht so ausgesehen haben, aber Sie, ich und meine Familie wissen wohl alle, dass es etwas gebracht hat. Von den vielen Therapien, die an mir probiert wurden, war Ihre vielleicht die erfolgreichste.

Seit wir uns das letzte Mal gesehen haben, habe ich meine Wohnung verloren, wurde in die Klinik eingeliefert, bin dort abgehauen und zu Fuß über Österreich bis Bayern marschiert (mit dem Ziel Tibet). An der

Grenze wurde ich geschnappt und wieder an die Schweiz ausgeliefert. Dort durfte ich nach ein paar Wochen gehen und bin zu Fuß in fünf Wochen bis nach F. gekommen. Da ich kein Geld hatte, habe ich mich auf der Reise mit Abfall verpflegt, den ich meistens in der Mülltonne vor McDonalds und Burger King gefunden habe. Plus die vielen Münzen, die ich aus den Brunnen gefischt habe, und die alle für etwas Brot und Bier gereicht haben. Aber schließlich wurde der Wille weiterzugehen immer kleiner, bis ich mich dann zur Umkehr entschlossen habe.

Meine Eltern brachten mich dann in die Klinik, wo ich noch am gleichen Abend abgehauen bin. Dann ging ich ›freiwillig‹ in die psychiatrische Klinik und nach einem Monat in ihre Rehabilitationsabteilung. Dort blieb ich auch einen Monat und habe dann etwa zwei Wochen bei Freunden gelebt. Erst als diese nicht mehr bereit waren, mein sinnloses Schmarotzen weiterhin zu akzeptieren, habe ich mir ein Herz gefasst und mich um einen Job bemüht.

So, und jetzt kommt's: Seither bin ich am Arbeiten! Ich habe bei einer Temporärfirma Arbeit in einer Buchbinderei gekriegt. Dort hat man mich nach drei Monaten als Logistiker eingesetzt und seither bin ich ununterbrochen am Schaffen. Das Arbeitspensum hängt stark von der Jahreszeit ab, aber im Schnitt sind's wohl zwischen 40 und 45 Stunden pro Woche. Und dies bei einem Nettolohn von ca. 15 Franken. Seit Februar habe ich eine eigene Wohnung, die ich mit meinem eigenen Geld finanzieren kann. Ich öffne die Post und zahle die Rechnungen – und ich habe mir sogar einen neuen PC gekauft. Außerdem werde ich von der Temporärfirma als ›Referenzperson‹ eingesetzt, das heißt, ich kontrolliere die Anwesenheit der anderen Teilzeitarbeiter und organisiere bei Bedarf einen Ersatz. Für diese Aufgabe kriege ich immerhin 100 Franken zusätzlich im Monat. Man hat mich ausgewählt wegen meiner hohen Zuverlässigkeit! Ich habe in den letzten bald 13 Monaten keinen einzigen Tag gefehlt und war fast immer pünktlich.

Um also Ihre (inzwischen ein Jahr alte) Frage zu beantworten: Es geht mir gut! Obwohl es vielleicht schwer zu glauben ist, habe ich einen Job gefunden, der mir gefällt. Ich kann morgens aufstehen und zur Arbeit gehen, ohne dass es mich – auf gut Deutsch – ankotzt. Die Zeit, die ich dort verbringe, vergeht wie im Flug. Und ich bin es noch nicht leid, selbst nach einem Jahr – was übrigens einen neuen Langzeitrekord darstellt.

Ich hoffe, dass ich Ihnen damit etwas positives Feedback geben konnte, und entschuldige mich hiermit noch für die lange Verzögerung. Ich wünsche Ihnen, meiner ganzen Familie und natürlich mir selbst alles Gute, unter Berücksichtigung des Umstandes, dass ich noch eine Strecke zu gehen habe. Man soll ja den Tag nicht vor dem Abend loben. Aber wenigstens hat sich der Morgen noch zum Guten gewandt. :-) Auf einer Skala von 0 bis 10 gebe ich mir eine vorsichtige 6. Das klingt vielleicht nach wenig, ist dafür aber realitätsnah und ich persönlich finde es äußerst positiv: Es ist höher als 5 und eine 10 wäre ja eh nicht glaubwürdig ...

Mit bestem Dank und herzlichen Grüßen,
Felix Kamber«

Schlusskommentar und Bilanz

Zusammenfassend lässt sich dieses Fallbeispiel in kurzen Merksätzen wie folgt würdigen:
- Orientiere dich an deinem Klienten, an seinen Kompetenzen und nicht an stigmatisierenden Eindrucksdiagnosen. Dieses Spannungsfeld von Gesundheit und Krankheit, Psychiatrie und Psychotherapie gilt es auszuhalten (vgl. Kapitel 6).
- »Schwierigen Klienten« soll auch bei institutioneller Fremdkontrolle Eigenverantwortlichkeit zugemutet werden. Dies verlangt Vertrauen und Einsicht in Prozesse der Selbstorganisation.
- Familiäre Bindungssysteme als Lebenskontext sind auch bei erwachsenen Patienten und Klienten eine Ressource in- und außerhalb der Therapie. Das Erreichen von Selbstständigkeit, Eigeninitiative und Individuation ist ein sozial eingebetteter Prozess (Autonomie in Verbundenheit).
- Entwicklungsprozesse sind nicht zwingend an eine bestimmte Anzahl von Sitzungen gebunden. Therapeuten brauchen aber einen langen Atem. Psychotherapie hat eine lange Halbwertszeit.
- Therapeutische Prozesse werden nicht nur von Therapeuten, sondern ebenso von anderen kontextuellen Variablen »gesteuert«: nichtlinear

und oft überraschend. Diese Strukturen und Beziehungsmuster gilt es zu erkennen und therapeutisch passend anzukoppeln.
- Systemdynamische, selbstorganisierende Prozesse erkennen, heißt auch unterschiedliche Systeme und Rollen verstehen. Das Erkennen des je relevanten Systems und die Motivierung von Klienten sowie Kooperation mit Schlüsselpersonen ist das Herzstück professioneller Psychotherapie, »denn nicht nur kleine Kinder, sondern Menschen aller Altersstufen erwiesen sich dann am glücklichsten und imstande ihre Talente optimal zu entfalten, wenn sie zuversichtlich und überzeugt sind, dass hinter ihnen eine oder mehrere zuverlässige Personen stehen, die bei auftauchenden Schwierigkeiten zu Hilfe kommen« (Bowlby, 1976/2006, S. 321).

Nachtrag 3

Mit der Anfrage um einen bilanzierenden Rückblick auf die Therapie nehme ich vier Jahre nach Therapiebeginn erneut Kontakt mit der Familie Kamber auf.

Kommentar: Ausschnitte aus Schreiben der Angehörigen und später auch von Felix bilden darum den Abschluss des Fallbeispiels.

Auszug aus dem Schreiben der Eltern:

»Felix hat uns bestätigt, dass er Ihren Brief erhalten hat. Er hat nun eine feste Anstellung als Logistiker und hat uns seine Absicht kundgetan, noch dieses Jahr eine Dame aus Indien zu heiraten.

Meine Frau und ich denken oft zurück an die Sessionen mit Ihnen. Felix' Aussagen der Familie gegenüber waren doch sehr schockierend und haben besonders meine Frau stark getroffen. Sie haben sehr dazu beigetragen, dass es uns einigermaßen gelang, Felix als kranke Person mit einem sehr zwiespältigen Charakter – bedingt durch seine ›Krankheit‹ – zu akzeptieren. Sehr wichtig für uns war die Tatsache, dass Felix Sie akzeptiert hat. Das hat stets die Hoffnung genährt, dass er seine Probleme überwinden wird. Sie haben ebenfalls dazu beigetragen, dass wir – vor allem meine Frau – konsequent waren im Umgang mit Felix.

Ja, dass wir sogar bereit waren, Felix auf die Straße zu stellen – als die Klinikaufenthalte nicht fruchteten. Rückblickend glaube ich, dass diese Bereitschaft dazu geführt hat, dass Felix seines ›Schmarotzens‹ – wie er es selbst nannte – überdrüssig wurde und seither arbeitet.

Zu jener Zeit wären wir froh gewesen, wenn Sie Felix weiter behandelt hätten. Sie haben uns dann aber geraten, einen Psychiater zu konsultieren. Das haben wir getan mit dem Resultat, dass Felix in drei verschiedene Kliniken eingewiesen wurde. Man wollte ihm Medikament verabreichen. Diese Behandlungsmethode hat Felix nie akzeptiert.«

Die Schwester von Felix schickt ihrerseits einen sehr persönlichen Bericht, in welchem sie ihre Geschichte mit ihrem Bruder noch einmal ausführlich resümiert. Dies ist der Schluss des längeren Schreibens der Schwester:

»Auch denke ich, dass Herr Rufer auf lange Sicht wesentlich zur Genesung meines Bruders beigetragen hat, indem Grenzen und Konsequenzen aufgezeigt wurden. Auch Felix sieht das inzwischen so. Ich war zwar nicht immer einverstanden mit dieser ›Härte‹. Felix tat mir leid, und ich dachte, er könne für sein Verhalten nichts. Ich denke aber im Nachhinein, dass es der richtige Weg war, und ich bin Herrn Rufer äußerst dankbar; auch dafür, dass ich die zu treffenden Entscheidungen meinen Eltern überlassen konnte.

Vor allem meiner Mutter ging es nach der Familientherapie im Vergleich zu vorher wesentlich besser. Auch Felix geht es um einiges besser. Er hat immer noch denselben Job. Ein Drogenproblem hat er zwar immer noch, aber er geht seiner kognitiv wenig anspruchsvollen Arbeit nach, die ihm äußerst gut gefällt. Ich glaube, er ist sogar stolz darauf, immer noch diese Arbeitsstelle zu haben. Auch hat er eine eigene Wohnung und kümmert sich um seine Post. Er nimmt sogar das Telefon ab oder ruft zurück. Zudem hat er eine Freundin gefunden, die ihn und seine Probleme versteht. Sie werden bald heiraten. Meine Mutter betrachtet seine zukünftige Frau als Schutzengel. Ich wünsche meinem Bruder von Herzen alles Gute. Während der schlechten Zeiten sagte er mir mal, dass er wünschte, ich sei ein ›Junkie‹, dann könnte er sich wenigstens mit mir unterhalten. Heute unterhalten wir uns wieder, auch ohne dass ich ein ›Junkie‹ bin.«

Nachtrag 4

»Sehr geehrter Herr Rufer,
ich war vor etwa sechs Jahren mit meiner Familie bei Ihnen in Behandlung. Mit Ihrer Hilfe konnte einiges bewirkt werden und seither hat sich mein Leben grundlegend verändert. Da wir uns seit dann aber nicht mehr gesehen haben, will ich Ihnen nun kurz mitteilen, wie's mir so geht und was ich zur Zeit mache.

Also erstens arbeite ich seit dreieinhalb Jahren. Zweitens pflege ich nun regelmäßigen Kontakt zu meiner Familie. Ich nehme keine Drogen mehr, außer ab und zu etwas Bier oder Wein mit Freunden, und ich habe sogar das Rauchen aufgegeben.

Drittens bin ich nun seit einem Jahr verheiratet. Kurzum: Ich bin äußerst glücklich mit meiner Situation und habe nichts mehr zu beklagen. Auf einer Skala von 1 bis 10 würde ich sagen eine 9,5. Es ist natürlich vor allem meiner Frau zu verdanken, dass ich meine schlechten Angewohnheiten überwinden und mein soziales Verhalten bessern konnte. Aber schlussendlich habe ich das erreicht, was ich schon immer wollte. Fehlt nur noch der Nachwuchs.

Freundliche Grüße,
Felix Kamber«

Letzter Nachtrag

Ende 2011 erreicht mich ein Schreiben der Schwester, die inzwischen selbst verheiratet ist.

»Gerne würde ich Ihnen wieder ein Update geben. Felix geht es sehr gut. Er ist inzwischen schon fast wieder der ›Alte‹, und die schwierigen Zeiten mit ihm sind bei meinen Eltern und bei mir zum Glück nur noch als schlechte Erinnerungen vorhanden. Unsere Gedanken füllen sich stattdessen mit positiven Erlebnissen mit ihm. Er ist mit seiner Ehefrau sehr glücklich. Sie ist ein Engel und hat unserer Meinung nach zusätzlich zu seiner Genesung beigetragen. Drogen nimmt er schon lange keine mehr. Und er genießt den Kontakt zu uns sowie das ›Familienleben‹. Seine Arbeitgeber können sich auf ihn verlassen.

Felix scheint sich eigentlich nicht an seine damalige Krankheit erinnern zu können. Vielleicht ist es auch wie eine Art Selbstschutz (eventuell mag er einfach nicht darüber reden), oder vielleicht bleiben bei solchen Zuständen, die er hatte, keine Erinnerungen haften. Wie auch immer, die Symptome seines Krankseins und sein damaliges Verhalten scheinen heute bei ihm wie aus dem Gedächtnis gelöscht zu sein.

Mein Vater ist in der Zwischenzeit pensioniert und genießt mit meiner Mutter seine Pension nach einer Phase der Anpassung an seinen neuen Lebensabschnitt. Meine Eltern verstehen sich sehr gut und sind zufrieden.

Ich selber hatte im letzten Jahr mit psychischen Problemen zu kämpfen. Mein Mann ist mir während dieser schwierigen Zeit tapfer beiseite gestanden und hat mich seelisch unterstützt. Als es mir ganz schlecht ging und ich unter obsessiven Gedanken litt, war meine größte Angst, ›ins Gefängnis zu kommen‹. Ich glaube, ich hatte dies irgendwie von früher in der Situation mit Felix aufgeschnappt. Schon komisch, wie unsere Gedanken, Zwänge, Ängste, Erinnerungen, Prägungen mit uns verrückt spielen! In der Zwischenzeit habe ich jedoch gelernt, meine Ängste in den Griff zu bekommen.«

5.4 Max Gerber

»Ich habe meinen Körper nicht mehr gespürt
und auch keine Schmerzen verspürt.
Ich habe alles von oben gesehen«
(Max Gerber, 15 Jahre).

Übersicht und Lerninhalte

Menschen, die traumatisiert sind, auf ihrer Suche nach Hilfe aber wenig Verständnis finden, laufen von Pontius zu Pilatus (vgl. auch Fallbeispiel 5). Es kann sich ein »problemdeterminiertes System« (Goolishian u. Anderson, 1988) etablieren, in das insbesondere auch Helfer mit verstrickt sind. Ein systemisches Verständnis von Trauma verlangt deshalb eine ganzheitlich, bio-psycho-soziale Sichtweise und ein dazu passendes Vorgehen, das weit mehr ist als die Anwendung störungs- oder traumaspezifischer Techniken.

Was mit diesem Fallbeispiel (massive Gewalt auf dem Schulgelände) dargestellt werden soll, ist die intra- und interpersonelle Systemdynamik rund um die Erfahrung von Gewalt (Angst, Vermeidung usw.). Zentral ist hier die Kooperation mit der (sekundär) traumatisierten Mutter.

Instabilitäten rund um das traumatisierende Ereignis werden genutzt, so dass bisher blockierte Entwicklungsprozesse in gegenseitiger Verbundenheit (Kind–Eltern) möglich werden. Neurobiologische Phänomene (z. B. Dissoziation) können von den Betroffenen neu gesehen und neu bewertet werden (vgl. Kapitel 4.1). In einem solchen Kontext können zum Beispiel imaginative, traumakonfrontative Techniken eingebaut werden und so den Therapieprozess unterstützen.

Schlüsselwörter: Trauma und posttraumatische Störung, Dissoziation, intra- und interpersonelle Dynamik, Bewertung von Symptomen, Instabilität, system- und hypnotherapeutische Intervention.

Anmeldung

Frau Gerber (44 Jahre), verheiratet mit Herrn Gerber (42 Jahre) und Mutter von drei Kindern (15, 13 und 11 Jahre), meldet sich auf Anraten der Beratungsstelle »Opferhilfe«.
Ihr ältester Sohn Max sei auf dem Pausenhof des Schulgeländes brutal zusammengeschlagen worden. Das Ereignis liege schon sieben Monate zurück, aber Max sei nach wie vor psychisch beeinträchtigt. Verschiedene medizinische Abklärungen hätten schon stattgefunden. Frau Gerber wünscht möglichst bald einen Termin zusammen mit ihrem Sohn.
Kommentar und Vorgehen: Schon vor dem Erstgespräch stellen sich Fragen, die es zu beachten gilt, um nicht schon im Vorfeld in des Teufels Küche zu landen:
– Wer (Sohn, Mutter, andere) will was (Zweitmeinung, Gutachten, Therapie einer akuten oder posttraumatischen Belastungsstörung)?

- Warum meldet sich die Mutter sieben Monate nach der Tat trotz medizinischen Abklärungen?
- Was wird von mir erwartet in Abgrenzung zu eventuell anderen Helfern (Ärzte, Opferhilfe, Schule, Anwalt)?

Ich überlasse es der Anmelderin (besorgte Mutter), das Setting für das Erstgespräch zu bestimmen, und schaffe so *Stabilitätsbedingungen* [1].

Falls die Mutter fürs Erste gern allein gekommen wäre, hätte ich dies im Sinne eines Vorgesprächs akzeptiert. Falls hingegen der Sohn allein bei mir »platziert« worden wäre, hätte ich aufgrund des Überweisungskontextes (besorgte Mutter meldet an, längere Leidensgeschichte, Schule und involvierte Helfer usw.) die Wichtigkeit des Einbezugs der betroffenen Eltern auf der *Suche nach dem relevanten System* [2] mit Nachdruck betont.

Erstgespräch

Kommentar und Vorgehen: Wie meist beginne ich mit einer offenen und öffnenden Frage. Nicht einer, sondern alle Anwesenden sind angesprochen, und genau darin liegt das Potenzial dieser »Königseröffnung«: Ergreift sofort jemand das Wort (wer) oder entsteht Irritation (wer soll reden)? Selbstorganisationsprozesse werden dadurch angestoßen und von Anbeginn lassen sich verbale, para- und nonverbale *Kommunikations- und Beziehungsmuster als Systemprozesse* [2] erfassen, die mir für die Auftragsklärung und die Gestaltung therapeutischer Prozesse helfen sollen:

- Wer eröffnet das Gespräch und wer definiert ein Problem als Problem?
- Wie wird das Problem von der Mutter bzw. Max beschrieben?
- Wer leidet? Wer ist für was motiviert bzw. nicht motiviert?
- Wo finde ich Anschluss? Mit wem lässt sich wie kooperieren?

Therapeut: Ja, darf ich ganz offen fragen: Was führt Sie zu mir? (Mutter nimmt mit Max Blickkontakt auf. Max erwidert den Blick sofort.)
Mutter: Möchten Sie, dass er (Max zugewandt) erzählt?
Mutter: Möchtest du? (Max bewegt unsicher die Schultern auf und ab)

Max: Ja, erzähl du doch.

Kommentar: Ein »offenes Setting« (Liechti et al., 2005) und ein offener Einstieg empfehlen sich ganz besonders dann, wenn im Vorfeld schon andere Helfer konsultiert worden sind. Verschiedene Sichtweisen und Problembeschreibungen (auch über bedeutsame Abwesende) können so erfasst werden, ohne dass der Therapeut vorschnell das Problem selbst definiert und bewertet.

Das therapeutische System muss so gestaltet werden, dass die Leidensgeschichte(n) aus unterschiedlicher Perspektive und Betroffenheit erzählt werden kann/können. Im Blickpunkt stehen nicht nur Mutter und Kind als »Problemsystem« (weitere Ausführungen dazu in Kapitel 3.1), sondern insbesondere auch das Helfersystem. *Muster und Systemprozesse* [2] in ihrer Komplexität zu erfassen heißt, den Fokus soweit wie möglich aufzuspannen. Erst dann kann ich ausmachen, wer und was *das relevante System* [2] bestimmt.

Max (nachdem er bei der Mutter nonverbal das Einverständnis eingeholt hat): Letzten Herbst haben wir in der Pause Basketball gespielt. Wir spielten gegen die 9. Klasse. Wir waren dabei zu gewinnen. Ich wollte einen Ball blocken, so dass ich Körperkontakt aufnehmen musste. Daraufhin wurde ich gewaltsam zu Boden geworfen und am Boden liegend hat er weiterhin auf mich eingeschlagen.
Therapeut: Weißt du noch, wann genau das war? (Max mit fragendem Blick zur Mutter)
Mutter: Der 21. Oktober (sieben Monate zurückliegend).
Therapeut: Weißt du noch, wie er dich zusammengeschlagen hat?
Max: Er hat mir die Jacke zerrissen, hat mich an der Wange gerissen und nachher ... (Max blickt wieder zur Mutter.)
Mutter: Er hat ihn so festgehalten, dass er sich nicht mehr bewegen konnte. Soll ich weitererzählen?
Max: Ja.
Mutter: Er hat seinen Kopf mehrmals auf den harten Steinboden geschlagen, so dass Max schließlich sein Bewusstsein verlor.
Therapeut: Weißt du das noch?
Max (unsicher): Nein, nicht mehr genau.

Mutter: Erst aus seinen Erzählungen zu Hause konnten wir erahnen, wie schlimm es gewesen war. Ein Schulkollege wollte ihm scheinbar noch zu Hilfe kommen, worauf auch dieser vom Täter bedroht wurde. Schließlich wagte sich niemand mehr, Max zu helfen.
Mutter: Und was war nachher?
Max (mit fragendem Blick): Nachher sagten mir die Kollegen, dass ich aus dem Mund blutete. Irgendwie stand ich unter Schock, so dass ich nach der Pause wieder in die Klasse zurückging.
Mutter: Du hast mir noch erzählt, dass ihr einen Lehrer gesucht habt. Weißt du das nicht mehr?
Max (schüttelt den Kopf): Nein.
Therapeut: Das heißt: Du bist in die Klasse zurückgekommen, dass man den Eindruck haben konnte, es hätte sich um eine Rempelei auf dem Pausenplatz gehandelt?
Max: Ja, wahrscheinlich.

Kommentar und Vorgehen: In den verbalen und nonverbalen sowie den individuellen und interaktionellen Botschaften verbinden sich ganz offensichtlich zwei Ebenen:
- individuelle Ebene: Trauma (Erfahrung von Gewalt),
- interaktionelle Ebene: Beziehung(en) (Mutter–Sohn, Familie, Schule, Täter, Helfer).

Diese sind gleichzeitig zwei unterschiedliche Sinn- und Kommunikationssysteme mit je unterschiedlichen (neurobiologischen und sozialen) Regeln. Eine systemische Psychotherapie verlangt das Erfassen individueller und kontextueller, störungsspezifischer und beziehungsorientierter Komplexität (Kapitel 3.1). Jenseits voreiliger Bewertung müssen bedeutsame soziale, kognitive und emotionale Verhaltensmuster erkannt werden. Wie was zusammenhängt, wie sich das Mutter-Sohn-Verhältnis und eine Bewältigung des traumatisierenden Ereignisses in einem bio-psycho-sozialen System wechselseitig beeinflussen, bleibt vorläufig noch offen. Die Teile dieses »Mobiles« muss ich in ihrem nichtlinearen Zusammenspiel systemdiagnostisch zu erfassen versuchen.

Max: Erst nach dieser letzten Schulstunde bin ich nach Hause gegangen.
Therapeut: Den Lehrern ist nichts aufgefallen?

Max: Nein.
Therapeut (zur Mutter): Was ist Ihnen aufgefallen, als Ihr Sohn nach Hause kam?
Mutter: Er war völlig verstört, so dass ich als Erstes die Familie des Täters anrief.

Angeregt durch mein Interesse erzählt Frau Gerber ihre Fortsetzungsgeschichte: Vom Täter selbst und dessen Familie abgeblockt, sucht Frau Gerber Hilfe beim Schularzt. Dieser, als Vater von Kindern derselben Privatschule und befreundet mit der Familie des Täters, habe das Ereignis vorschnell als normal gesehen und es wie die Familie des Täters bagatellisiert.

Mutter: Beim Arzt hatte Max kein Schmerzempfinden. Dieses kam erst am Abend zunehmend mit starken Kopfschmerzen. Der Arzt versuchte die Sache als Kleinigkeit abzuwenden. Das sei doch alles nicht so schlimm. Und überhaupt sei es jetzt passiert und man solle da kein Drama daraus machen. Ich aber war verzweifelt und wusste nicht, was tun. Für die nächsten Tage blieb Max dann zu Hause im Bett.

Kommentar und Vorgehen: Alles nicht so schlimm – oder doch? Was damals bagatellisiert wurde, würde heute, wo gewalttätige Übergriffe Jugendlicher die Schlagzeilen in den Medien füllen, ganz anders bewertet. Auch dies ist Teil sich verändernder Bedingungen in Behandlungssystemen, das heißt *Kontrollparameter für Motivation, Anliegen und Ziele der Klienten* [4].

Aus psychodiagnostischer und störungsspezifischer Sichtweise muss über eine Gehirnerschütterung hinaus nach Belastungsreaktion auch eine posttraumatische Belastungsstörung in Erwägung gezogen werden. Eine solche Diagnose kann als sekundäre Traumatisierung auch für nahe Angehörige gestellt werden.

Die von der Mutter erzählte Opfergeschichte, ihre verzweifelte Suche nach Verständnis, die mit Unverständnis und bestenfalls Entwarnung bezüglich hirnorganischer Läsionen quittiert wird, gibt mir zumindest Hinweise in diese Richtung. Offensichtlich ist es weder im familiären, schulischen noch medizinischen Beziehungsnetz gelungen, eine *passende, sinnhafte Einordnung und Bewertung* [3] zu erzielen. *Motivationsfördernde, energetisierende Bedingungen zur Mobilisierung von Ressourcen* [4] fehlen bzw. sind bisher ausgeblieben. Die Gefahr ist damit groß,

dass sich eine Belastungsstörung chronifiziert und eine Opfergeschichte entsteht, die Opferrollen zementiert und Entwicklungen blockiert.
Systemkompetenz ist gefordert, das heißt konkret
- psychisches und physisches Leiden (Opfer) anzuerkennen;
- Belastungsreaktionen, bzw. PTBS im sozialen (Bindungs-)Kontext, zu erfassen;
- Komplexität von Mustern im Versorgungskontext zu erkennen;
- unterschiedliche Bewertungen des Geschehen zu erfassen;
- das Einfache im Komplexen aufzuspüren.

Therapeut: Wie zeigten sich die Beeinträchtigungen?
Mutter: Motorische Störungen und Gedächtnisausfälle mit unerwarteten, alarmierenden Reaktionen. Ich habe ihn gebeten, mir beim Tischdecken zu helfen. Mit leerem Blick hat er mich angeschaut, als ob er gar nicht anwesend wäre. Dann musste ich ihm Schritt für Schritt erklären, was jetzt zu tun sei: Nimm die Teller aus dem Schrank, trage sie auf den Tisch usw. Anschließend stand er blockiert vor der Besteckschublade. Alltägliche Dinge, die er früher problemlos gemacht hatte, wurden zu einem riesigen Problem.
Und auch später(nach drei Monaten), als Max wieder zur Schule ging, hatte er große Schwierigkeiten in Mathematik. Sofort vergaß er alles wieder. Daraufhin haben wir uns für eine genauere Abklärung entschlossen. Aus den Erzählungen von seinen Schulkollegen haben wir erfahren, dass der Täter den Kopf von Max mehrmals auf den harten Steinboden geschlagen hatte ... Die neurologischen Abklärungen haben zum Glück keine sichtbaren Schädigungen gezeigt. Schlaflosigkeit, Angstzustände und die Unkonzentriertheit aber sind geblieben.
Max: Vor allem wenn ich im Auto sitze und wir auf ein anderes Auto zufahren, habe ich große Angst, obwohl es eigentlich völlig ungefährlich wäre.
Therapeut: Das hattest du vorher nicht?
Max: Nein.
Mutter: Als es ihm dann körperlich wieder besser ging, wollte er nicht mehr allein von zu Hause weg. Auch nicht mit den öffentlichen Verkehrsmitteln.
Therapeut: Haben Sie ihn chauffiert?
Mutter: Ja, ja. Jede Woche zum Musikunterricht.
Therapeut: Aber zur Schule ging er wieder?

Mutter: Nein, etwa fünf bis sechs Wochen war er zu Hause und ging dann nur stunden- und später halbtagsweise zur Schule wegen der Kopfschmerzen und der schweren Hirnerschütterung. Dieses Kopfweh zeigt sich noch heute, wenn er unter starkem Druck steht. In der Schule haben Gespräche stattgefunden, auch zusammen mit den Eltern des Täters. Für uns waren diese total unbefriedigend, weil wir dabei immer wieder in die Rolle der »Schuldigen« gedrängt wurden. Auch in meiner Rolle als Mutter und Frau wurde ich vom Vater des Täters heftig angegriffen, so dass die Gespräche dann abgebrochen wurden.
Therapeut: Seither ist Stillschweigen?
Mutter: Ja. In den Gesprächen mit der Lehrerschaft habe ich darauf bestanden, dass eine Maßnahme getroffen wird. Erst nach Kontaktierung eines Anwaltes und in Erwägung einer Anzeige hat die Schulleitung einen Verbleib des Täters auf Bewährung ausgesprochen.
Therapeut: Wer hat schließlich entschieden, dass Max wieder zur Schule geht?
Mutter und Max blicken mehrmals hin und her.
Max (zur Mutter): Hast du das gesagt? (Mutter schüttelt den Kopf.)
Max: War ich es?
Mutter: Ja.

Kommentar und Vorgehen: Therapieren heißt auch »Aushalten« (vgl. auch Fallbeispiel 2) und ist damit eine effektive Intervention. Therapien zu führen heißt mit Beginn des Prozesses, das im Klientensystem vorgegebene Tempo, den Rhythmus, die Melodie aufzunehmen und dabei achtsam zu beobachten, wie das Musikstück interpretiert wird und wer den Taktstock schwingt:

– Wie viel Autonomie wird dem Sohn von der Mutter zugemutet?
– Wie viel Autonomie des Sohnes erträgt die eventuell traumatisierte Mutter?
– Welche Rolle spielt der Vater?
– Wie viel Kompetenz wird mir, nach den bisherigen schlechten Erfahrungen mit Männern (Arzt, Vaters des Täters, Lehrer), zugeschrieben?

Ohne die Mutter im Boot käme auch der Sohn nicht mit auf die Reise. Das Boot würde früher oder später auflaufen. Schiffbruch wäre wahrscheinlich. Als Therapeut, der ich hier meine Kompetenz noch beweisen muss, bin ich also zwingend darauf angewiesen, den Grund ihrer Besorgnis, ihre Bewertung des Geschehens und ihre Traumatisierung passend zu diagnostizieren. Dieser Prozess mit Max und seiner Mutter muss auf dem Boden psychotraumatologischer, entwicklungspsychologischer und bindungstheoretischer Kenntnisse gestaltet werden.

Therapeut: Max, was denkst du, wieso brauchst du psychologische oder psychotherapeutische Hilfe?
Max: Das kann ich nicht genau sagen. (Max überlegt und blickt wieder zur Mutter.)
Mutter: Daran (Max' Sprachlosigkeit) merke ich immer wieder, dass sein Gedächtnis noch nicht voll funktioniert.
Max: Vielleicht, dass ich mich in bestimmten Situationen besser wehren kann.
Mutter: Du hast mir ja auch erzählt, dass in solchen Situationen bei dir diese Angst, die du damals erlebt hast, immer wieder präsent ist.
Therapeut: Das wäre also ein mögliches Ziel? Wäre das dein Ziel oder der Wunsch deiner Mutter?
Max: Jaaaa …? Eigentlich beides.
Therapeut: Okay. Angenommen diese Beratung, Therapie wäre hilfreich, woran würdest du erkennen, dass es sich für dich und für deine Mutter gelohnt hat?
Max: Wenn ich ein bisschen selbstbewusster wäre.
Mutter: Dieses Ereignis hat ihn extrem verletzt. Er wurde immer verletzlicher und depressiver. Er wollte keine Musik mehr hören, nicht mehr lesen. Kaum etwas hat ihm Freude bereitet. Schließlich hat ihm dann das Fechten (seit zwei Jahren sein Hobby) wieder geholfen.
Therapeut: Fechten tust du gern?
Max: Ja, ja.
Mutter: Das hat ihn schließlich aus dem Bett geholt! Das Fechtturnier hat ihn motiviert, wieder am Leben teilzunehmen, auch wenn er in Menschenansammlungen noch immer sehr ängstlich reagiert und sofort meine Nähe sucht.

Kommentar und Vorgehen: Nicht die Helfer und keine Therapie haben ihn bisher zur Teilnahme am Leben motiviert, sondern das Fechten!

Diese Kompetenz lässt sich für den weiteren Prozess nutzen. Es ist die Mutter, die mich darauf hinweist, wo und wie bei Max *energetisierend* [4] angesetzt werden könnte.

Therapeut (zur Mutter): Haben Sie damals neben medizinischer auch psychologische Hilfe in Erwägung gezogen?
Mutter: Vom Arzt haben wir diesbezüglich keine sehr große Unterstützung bekommen. Er hat mich damit vertröstet, dass ich Geduld haben solle. Dann habe ich noch bei der örtlichen Erziehungsberatung Unterstützung gesucht. Max ging dann zwar einige Male, bis auch der Erziehungsberater ihm sagte, dass er nicht mehr zu kommen brauche. Und das hat uns dann eigentlich erstaunt.

Die Mutter erwähnt in dem Zusammenhang auch, dass sie früher eine ältere Psychiaterin konsultiert habe, die ihr immer wieder wohlwollend und beratend zur Seite gestanden hatte.

Mutter: Im Zusammenhang mit diesen Vorkommnissen hat sie mir oder uns schon ein bisschen geholfen, aber ich habe gemerkt, dass sie doch nicht mehr ganz »up to date« ist. Sie konnte mir auch nicht Auskunft geben über andere Therapien wie zum Beispiel Körpertherapie. Max hat ja den Bezug zu seinem Körper verloren. Er hat uns damals gesagt (die Mutter beginnt sehr engagiert und mit großer Gestik zu erzählen!), dass er sich von oben beobachten konnte, während der andere auf ihn einschlug. Diese Aussage war für uns dann der Ausschlag, dass ich handeln musste.

Kommentar und Vorgehen: Offensichtlich gibt es zumindest eine Helferin (wenn auch nicht mehr ganz »up to date«), die von Frau Gerber positiv bewertet wird. Vielleicht lässt sich genau dieser Hinweis auf »Altes« für »Neues« nutzen.

Im Wissen um Wirkungen und Nebenwirkungen traumatischer Erfahrungen macht mich diese Geschichte hellhörig. Eine für die Mutter passende Problembeschreibung, eine *sinnhafte Einordnung und Bewertung* [3] des Geschehenen ist zwingend. Ich zeige deshalb mein Interesse für diese Geschichte.

Therapeut: Das ist spannend! Max, kannst du dich noch daran erinnern?
Max: Ja, ein bisschen.
Mutter: Er konnte das sehr genau beschreiben.

Therapeut: Wie hat er es beschrieben? Was wissen Sie noch?

Kommentar: Nun wird klar, dass die Bewertung dieser Geschichte für das Verständnis der Besorgnis zentral ist. Gerade hier, vornehmlich in dieser *instabilen, inputsensiblen (emotional aufgeladenen) Phase* [5], liegt die Chance für anstehenden Wandel!

Mutter: Ich weiß es noch sehr genau. Es hat mich nachhaltig beschäftigt. Er hat mir erzählt, dass er gespürt habe, wie der andere ihn zusammenschlägt (wechselt dabei immer wieder in die Ich-Form, als ob sie die Betroffene wäre). Dann habe ich nichts mehr gesehen, habe nur noch das Hämmern des Blutes in meinem Kopf wahrgenommen. Es wurde mir schwarz vor den Augen und plötzlich habe ich alles von oben gesehen ... Ich habe ihn gefragt: Hast du deinen Körper noch gespürt? Nein, ich habe ihn nicht mehr gespürt und auch keine Schmerzen verspürt. Ich habe alles von oben gesehen, wie er auf mich einschlägt, wie die anderen zuschauen. Und dann hat er mir noch erzählt, wie er ein bisschen von dem Ereignis wegging. Er hat mir auch erzählt, dass er sich dann wieder entschlossen hätte zurückzukommen. Er hat mir erklärt, dass der Angreifer seinen Kopf an den Haaren gehalten hätte und mehrmals auf den Boden schlug (Mutter zeigt diese Bewegung mit ihren Händen), dann aber auch wieder ins Schulzimmer zurückging.
Max: Und darum ging ich ja dann auch wieder in das Schulzimmer zurück, weil ich gar keine Schmerzen verspürte.
Mutter: ... und der Hausarzt hat diese Geschichte ein bisschen bagatellisiert. Aber für mich ist dies ein wichtiges Erlebnis.
Therapeut: Etwas, das Sie besorgt?
Mutter: Ja, das besorgt mich!!

Kommentar und Vorgehen: Als Leser (wie ich damals als Therapeut) mögen Sie sich Gedanken gemacht haben zu dieser Geschichte, insbesondere zur Interpretation und Bedeutung des Geschehenen. Vor Beginn des therapeutischen Interviews hat sich die Mutter von Max als »Aura-Soma-Therapeutin« bezeichnet. Daher ist zu erwarten, dass ihr Wertesystem weniger naturwissenschaftlich, sondern eher durch einen esoterischen Blick auf Krankheit und Gesundheit geprägt ist.

So könnte ein »Nahtoderlebnis« ihres Sohnes die mütterliche Angst verständlich machen. Mit anderen Worten: Max hat eine derart schlimme Traumatisierung erlebt, dass er zwar überlebt hat, aber unklar ist, welche Folge- und eventuell Langzeitschäden sein Leben bestimmen und längerfristig beeinträchtigen könnten. Tatsächlich würde dann die Verzweiflung der Mutter, ihr Gang durch die Helferinstitutionen und die große Sorge (dem Tode ganz nah) nachvollziehbar und *sinnhaft* [3] (LeDoux, 1998).

Wahrscheinlich aber wäre sie bei Offenlegung ihrer Interpretation des Geschehenen (Nahtoderlebnis) nur noch mehr belächelt worden. Eine explizite Problembeschreibung, die sich an der Neurobiologie traumatischer Ereignisse orientiert (Flatten, 2003), wäre passend, in ihrem Sinne »up to date« und könnte einen *Synchronisationsprozess* [6] anstoßen. Genau in dieser komplexen Dynamik wäre ein »Problemsystem« zu erfassen.

Mit Bezug auf die Bedeutung *kritischer Instabilitäten* [5] für therapeutischen Wandel muss ich nun eine passende Intervention finden. Vergleichbar einem Drehbuch mit Spannungsanstieg muss soviel Dynamik erzeugt werden, dass das »Blatt vom Baume fällt«. Oder um es mit den generischen Prinzipien zu sagen: Die Intervention sollte eine *Energetisierung ermöglichen* [3] und so *Strukturelemente eines neuen Ordnungszustandes antizipieren* [7].

Diese Chance muss ich nun als *Maßnahme zur Stabilisierung neuer Kognitions-Emotions-Verhaltensmuster* [8] nutzen und mich mit einer Problemlösungsbeschreibung auch entsprechend positionieren.

Therapeut: Ich möchte an dieser Stelle gern etwas sagen.
Mutter: Ja, gern.
Therapeut: Auch auf das Risiko hin, dass Sie neben dem Bagatellisieren noch eine weitere Version zu hören bekommen, die Sie irritieren könnte. Allerdings möchte ich vorausschicken, dass es hier tatsächlich nichts zu belächeln oder bagatellisieren gibt. Ich möchte es so sagen: (offen, klar und respektvoll Max zugewandt) Max, du hast das absolut Richtige gemacht. (Mutter und Max blicken mich interessiert, verblüfft an) Es ist phänomenal, was Ihr Sohn gemacht hat. (Mutter nickt anerkennend und zeigt sich interessiert an meinen weiteren Ausführungen) Aus der Geschichte von traumatisierten Menschen, zum Beispiel von Folteropfern, weiß man, dass diejenigen gut überlebt haben, die sich in ihrem Schmerz und der Demütigung »aus ihrem Körper herausnehmen, weggehen und sich

von oben anschauen konnten«. In der Sprache der Psychologie heißt dies »Dissoziation«. Max hat in dieser Situation sozusagen die bestmögliche Strategie »gewählt«! (Max mit deutlichem Lachen auf dem Gesicht und entspanntem, heiterem Blick zur Mutter, die diese Entspannung ebenfalls mit einem Lächeln quittiert!)

Sein Verhalten müsste also nicht als Bedrohung verstanden werden, sondern im Gegenteil: Man könnte sagen, dass sein Gehirn einen Schutzmechanismus mobilisiert hat, damit das Ganze in der konkreten Situation und darüber hinaus nicht allzu schmerzlich, psychisch belastend und bedrohend wirkt. Selbstverständlich muss man den Prozess dann auch wieder zurückführen in den Alltag.

Diese Geschichte soll hier nicht bagatellisiert oder belächelt werden. Deine Erfahrung und mein psychologisches Wissen um die Bewältigungsstrategie helfen mir als Psychotherapeuten. Es geht darum, dieses Erlebnis so zu verarbeiten, in das Leben zu integrieren, dass (Max zugewendet)

a) du wieder schlafen kannst,

b) dich wieder besser konzentrieren kannst und

c) das Leben auch wieder in deine eigenen Hände nehmen kannst.

Es kann ja nicht dein Ziel sein, auch wenn du hier Opfer geworden bist, dass du Opfer bleibst. Dass du Opfer geworden bist, daran besteht kein Zweifel und daran trägst du auch keinerlei Schuld. Die Gefahr besteht aber, dass Menschen, die zu Opfern werden und sich daraus nicht befreien können, diesen Zustand über die Monate oder gar Jahre chronifizieren (Mutter nickt). Wenn ich helfen kann, dann würde es darum gehen, dass du als Gewaltopfer wieder »Lebenstäter« wirst. (der Mutter zugewandt) Mir ist wichtig, dass auch Sie – als betroffene Eltern – wissen, wie ich über diese Geschichte denke und in welche Richtung ich mit Ihnen weitergehen möchte.

Mutter: Ja, ja, genau. (zustimmendes Nicken)

Kommentar und Vorgehen: Einen Prozess therapeutisch zu führen heißt, wie dieses und die anderen Fallbeispiele illustrieren, sich als Therapeut soweit zurückzuhalten, dass Klienten ihre neue Geschichte mit gestalten können. Therapieren heißt (im eigentlichen Wortsinn) nicht nur »heilen«, sondern auch »dienen«. Zu klären ist also auch, was der Sache, das heißt den Klienten, »dient«. Resonanz, sozusagen als eine kollektive, kognitive und emotionale Umstrukturierung, kommt nur dann zustande, wenn der Anschluss an die verängstigte (sekundär traumatisierte) Mutter gelingt.

Im Klartext heißt dies, den Prozess mit hoher Präsenz zu führen und meine Intervention dem Kontext anzupassen. Es gibt keine allgemein gültige und richtige Intervention (Kapitel 4.2). Techniken, verstanden als systemische Intervention, sind dann richtig, wenn sie passen. Passend sind sie hier, wenn

– das Ereignis (Trauma) und die damit verbundenen Problembewertungen (Nahtoderlebnis) der Klienten in ihrer Systemdynamik (z. B. als primäre und sekundäre Traumatisierung) erfasst werden;
– Lösungsressourcen sichtbar gemacht werden können (z. B. Fechten, Dissoziation im traumatischen Stress, Bindungen);
– Bindungen und Entscheidungshierarchien erkannt werden (z. B. Rolle der Mutter) und
– die individuelle Problemebene (z. B. Trauma) mit der Beziehungsebene verknüpft wird (fehlende Autonomie des Sohnes, Abwesenheit des Vaters, Bagatellisierung durch das Helfersystem usw.).

Erst nach soviel erzählter Enttäuschung, Ärger und Verzweiflung kann »das Gute im Schlechten« in einer für die Mutter vollkommen anderen Sichtweise auch neu bewertet werden (kognitive und emotionale Umstrukturierung, Reframing).

Das von Max (bzw. der Mutter) beschriebene »Alles-von-oben-Gesehen« kann nun als ein Schutzmechanismus, als eine sinnvolle Strategie (des Vermeidens) positiv bewertet werden und den Weg öffnen für Wachstums- und Autonomieprozesse.

Therapeut: Ich glaube nicht, dass das eine sehr lange Therapie wird, weil Sie anstehende Prozesse auch als Familie selber gestalten können. Indem Sie beide als Betroffene und gleichsam Familienvertreter gekommen sind, habe ich mir sehr gut ein Bild über die Situation machen können. Eine letzte Frage: Gibt es noch etwas, das ich wissen müsste?

Die Mutter erwähnt in der Folge die Wut, die Max plötzlich gespürt hatte, nachdem der Täter nicht bestraft worden sei. Diese Wut hätte er auch

in der Familie gezeigt, indem er anfing, mit seinem jüngsten Bruder zu streiten. Das hätte die familiäre Harmonie zusätzlich belastet.

Kommentar und Vorgehen: Erstmals gibt die Mutter Hinweise auf ein natürliches (nicht »krankes«) Verhalten von Max. Auch wenn die beschriebene Familiendynamik im Zusammenhang mit dem Ereignis (Nichtbestrafung des Täters) steht, wird damit dem Sohn erstmals von der Mutter auch Kritisches zugemutet. Sie öffnet ihren Blick für die Verknüpfung von Trauma und Beziehung bzw. Bindung.

Exkurs zu Trauma und Bindung

Dieser beziehungs- und bindungsorientierte Aspekt (z. B. Grossman u. Grossmann, 2004) im Einbezug Mitbetroffener wird in der individuellen Behandlung von Traumatisierten oft vernachlässigt. Die Erfahrung zeigt, dass durch traumatische Ereignisse anstehende Entwicklungen oft gebremst werden. Hinweise auf sogenannte Traumaknoten (vgl. Hanswille u. Kissenbeck, 2008) zeigen sich oft im traumabezogenen Vermeidungs- oder Schonverhalten von Mitbetroffenen, was bei Patienten regressive Tendenzen verstärken kann. Traumatische Erfahrungen als »starke Problem-Attraktoren« (Flatten, 2003) blockieren nämlich anstehende Entwicklungen oder Veränderungen.

»Die Kontextualisierung des traumatischen Geschehens und das daraus gebildete Narrativ ist Teil des Prozesses und entscheidet darüber, ob und wenn ja, eine Traumafolgestörung gebildet wird« (Hanswille u. Kissenbeck, 2008, S. 150). Flatten (2003, S. 419) spezifiziert: »Insofern Gesundheit im systemischen Sinne als flexible Adaptivität des Organismus an Umweltanforderungen angesehen und als multistabiler Zustand definiert werden kann, führt ein überstabiler Traumaattraktor zu pathologischer Stabilität des Gesamtsystems, das heißt zu Nichtanpassungsfähigkeit bei ständig neu einwirkenden Anforderungen aus der Umwelt.«

Es gilt die linear-kausale, blockierende Sichtweise (»Traumaknoten« als starke Problemattraktoren) zu dynamisieren und den außerordentlichen Zustand wieder zu normalisieren, denn traumatische Reaktionen sind normale Reaktionen auf abnorm brutale Ereignisse (Frankl, 1973).

In traumatischen Narrativen, platziert in einem therapeutischen Kontext, liegt die Chance, Geschichten anders, neu zu erzählen und an Erlebtem zu wachsen (»traumatic growth«, Tedeschi u. Calhoun, 2004).

Kommentar: Mit Bezug auf die angesprochene Familiendynamik kann die Verknüpfung von traumatischem Ereignis und Autonomieentwicklung des Opfers (Mutter-Sohn-Beziehung) in diesem Fall den (blockierten) Ablösungsprozesse anstoßen. Die Türe ist (erst) jetzt auch offen für eine allfällige Konfrontation mit dem traumatischen Ereignis.

Therapeut: Wie gelingt es Max, Sie als Eltern aus der Reserve zu locken?
Mutter lachend: Indem er uns einfach nervt oder seine Aufgaben nicht macht. Dass jetzt langsam wieder eine Normalität einkehrt, wäre ein großes Anliegen von mir.
Therapeut: Sie sagen es treffend: Der normale Alltag soll wieder einkehren. Max ist nicht krank, aber zwei Dinge, zwei laufende Geschichten (Mutter hört aufmerksam zu) haben sich im Geschehen vermischt: Da ist einmal die Traumageschichte, die Sie zu vielen Fachleuten, auch zu mir, geführt hat. Da ist aber auch noch die andere Geschichte, die Sie mir erzählen: Max, seinem Alter und seiner Entwicklung entsprechend, befindet sich in einem Ablösungsprozess. Für Sie alle ist es unter Umständen gar nicht so einfach zu beurteilen, welche Geschichte jetzt gerade erzählt wird – ähnlich wie bei unserem ältesten, geistig behinderten Sohn, wo wir als betroffene Eltern auch nicht immer sicher waren, ob wir sein außerordentliches Verhalten nun der Pubertät oder seiner Behinderung zuschreiben sollen oder wollen.

Kommentar: Ich verwende hier meinen persönlichen Bezug im Sinne von *Kairos* [6], um Unsicherheit und Ambivalenz in den Rahmen von Normalität zu stellen und den angestoßenen Wandel zu unterstützen.

Mutter: Ja, ja, genau diesen Eindruck habe ich im Moment auch.
Therapeut (der Mutter zugewandt): Man muss gut aufpassen – und deshalb bin ich froh, dass ich als Therapeut nicht nur mit Ihrem Sohn zu tun habe –, dass man nicht alles Verhalten auf die erste Geschichte zurückführt. Es wird auch Probleme, Ablösungsprobleme, Krisen geben mit Max. Diese sind unter Umständen Ausdruck der zweiten Geschichte, der Geschichte, dass Max jetzt der Älteste ist, das heißt auch der Erste,

der Ihnen auf dem Weg der Ablösung Sorgen macht. Pubertät als zweite Geburt (Mutter lacht): »Unter Schmerzen sollst du gebären«, so steht es doch irgendwo in der Bibel geschrieben ...
Mutter: Ja, ich denke schon. Ich habe gemerkt und erlebt, dass er sich schlecht wehren kann.
Therapeut: Ja, das ist etwas, das einem nicht in die Wiege gelegt wird. Man muss es sich aneignen in und außerhalb der Familie. (Max mit anerkennendem Lachen zur Mutter blickend)
Therapeut: Ich würde vorschlagen, dass ich mit Max eine Einzelsitzung vereinbare und anschließend eine Familiensitzung mit allen, so dass ich auch Ihren Mann kennenlernen könnte. Die Entscheidung über den Einbezug der Geschwister würde ich Ihnen überlassen.
Damit endet die erste Sitzung.

Kommentar: Wie fast immer war auch hier das Erstgespräch entscheidend. Mit Kontextsensibilität ließen sich Weichen stellen. Wenn sich im Erstgespräch keine positive Resonanz erzeugt, wird sich eine solche auch später nur schwerlich einstellen. Gerade bei traumatisierten Menschen ist in hohem Maße der erste Eindruck (»primacy effect«), Stimme, Gestik und Mimik des Therapeuten entscheidend, um sich auch auf Neues einzulassen. In diesem Fall verlangt ein systemisches, aber auch klientenzentriertes Vorgehen eine Traumabearbeitung (Konfrontation, Exposition) im Einzel- und im Familiensetting.

Zweite Sitzung

Zur zweiten Sitzung zehn Tage später wird Max von der Mutter begleitet.
Therapeut: Ich war mir nicht mehr sicher, wie wir es abgemacht haben, ob Max allein kommt oder mit Ihnen zusammen?
Mutter: Da waren wir – Max und ich – uns eben auch nicht mehr sicher. Eigentlich habe ich erwartet, dass Max allein zu Ihnen kommt, da ich anderweitig zu tun habe. Max hat dann gewünscht, dass ich doch mitkommen soll.
Therapeut: In diesem Sinn möchte ich die Gelegenheit nutzen, dass Sie zusammen da sind.

Kommentar und Vorgehen: Widerstand lauert überall. Grundsätzlich heißt dies, mit dem Wind zu gehen, ohne den eingeschlagenen Weg (z. B. Einzelsitzung mit Max) aus den Augen zu verlieren. Flexibilität ist weiterhin gefragt.

Therapeut: Darf ich Sie beide, unabhängig voneinander, fragen, wie Sie den aktuellen Zustand von Max einschätzen? 0 bedeutet »Zustand der Besorgnis und der Suche nach Unterstützung«. 10 würde bedeuten »Zustand ist jetzt okay«. Wo steht Max heute, zwischen 0 und 10?
Max: Etwa 5.
Mutter: 6.

Kommentar und Vorgehen: Was auffällt, ist, dass sich Max unaufgefordert und ohne vorher (nonverbal) bei der Mutter die Erlaubnis zu holen, als Erster zu Wort meldet, auch wenn er sich noch nicht eindeutig festlegen will oder kann. Die Mutter ihrerseits bewertet nachfolgend ähnlich, wenn auch leicht besser.

Therapeut: Was aber hat sich nun verändert? (Mutter und Sohn schmunzeln.)
Max: Ich kann wieder allein in die Stadt gehen und habe nicht mehr andauernd Kopfschmerzen. Diese krieg ich eigentlich nur noch bei körperlicher Anstrengung.
Mutter: Es ist viel gegangen zwischenzeitlich, aber es ist noch nicht so, wie es war. Er hat mehr Vertrauen zu sich selber und kommt auch nicht mehr voller Angst nach Hause. Er geht nun auch wieder normal zur Schule, allein zum Trompetenunterricht, das heißt in die Stadt.
Max: Zudem bin ich im Fechten kantonaler Meister geworden!

Kommentar: Soziale, kognitive und emotionale Bewertungen steuern den Prozess und der Therapeut stellt die Weichen (so dass aus Opfern auch Täter werden können).

Ohne systemtherapeutisches Verständnis der Komplexität unter indirektem Einbezug der Helfer wäre wohl auch kein therapeutischer Prozess möglich geworden und ohne Neubewertung (Dissoziation als funktionales Coping und nicht als Nahtoderlebnis!) des Geschehenen auch kein Wandel von Denk-, Emotions- und Verhaltensmustern.

Ausgehend von den Konstrukten der Mutter (Nahtoderlebnis) als auch von Konstrukten der Helfer (»nicht so schlimm«, überfürsorgliche Mutter) und der ungünstigen Verknüpfung der beiden wurde die blockierte Autonomieentwicklung von Max nicht personifiziert (Beschuldigung der Mutter), sondern kontextualisiert (Systemdynamik von Klienten- und Helfersystem). »In praktisch allen Studien im Bereich der Kinderpsychotraumatologie hat sich dabei gezeigt, dass die subjektiv eingeschätzte Bedrohlichkeit des Traumas von entscheidender Bedeutung für die Entwicklung und den Verlauf posttraumatischer Symptome ist. Die Symptomatik war enger mit der subjektiven Bewertung korreliert als mit den objektiven Traumamerkmalen« (Landolt, 2004, S. 44).

Das heißt für die Psychotraumatologie: Nicht nur das Trauma muss störungsspezifisch und individuell konzeptualisiert und behandelt werden, sondern die prä-, peri- und posttraumatischen Dynamiken müssen kontextuell erfasst und gestaltet werden. Dass in diesem Fallbeispiel die (zu) enge Mutter-Sohn-Bindung als Lösungssystem kreativ und einfach genutzt werden konnte, ist eine der Schlussfolgerungen systemisch und kompetenzorientierter »Traumatherapie«.

Fortsetzung

Nach diesem Erstgespräch zusammen mit der Mutter ist das Feld offen für eine Traumakonfrontation mit Max im Einzelsetting. Ausgehend von meinen Kenntnissen traumaspezifischer Techniken entscheide ich mich hier für Interventionen bzw. Techniken aus der Hypnotherapie und des NLP.

In einer am NLP orientierten Traumaintervention werden zuerst »assoziativ« die Ressourcen von Max »geankert«. Er selbst wählt dabei das Bild »Kantonsmeister im Fechten auf dem Siegerpodest«, sozusagen als »sicheren Ort«. Im Anschluss daran muss sich Max in einer »dissoziativen« Position mit dem Geschehen (Vorstellung eines Films) konfrontieren.

In einem letzten Schritt wird Max in leichter Trance von mir angeleitet, das traumatische Ereignis zu »entsorgen«. Er wählt einen Tresor in einer Bank, dessen Schlüssel er in den Fluss wirft und sich anschließend entspannt nach Hause begibt. Ohne große Kommentierung meinerseits wird die Sitzung beendet.

Dritte Sitzung

Die dritte Sitzung findet wie geplant als Familiensitzung zehn Tage später statt. Die Familiensitzungen, insbesondere der Einbezug des »abwesenden« Vaters, sollen helfen, die Mutter zu entlasten, andere Sichtweisen auf das Problem und deren Lösung zu erkennen (z. B. Geschwister) und den Lebensraum von Max und der ganzen Familie zu erweitern.

Mit der Erweiterung des Settings durch die Gegenwart der ganzen Familie schwächt sich in der Folge die problemfokussierte Sichtweise der Mutter etwas ab, da der Vater die Symptomatik von Max weniger »dramatisch« darstellt. Gleichzeitig hält sich der Problemfokus, so dass der morphostatische (blockierte) Zustand der Familie deutlich spürbar wird. So wird auch verständlich, wie die Mutter zwar Bewegung ins Familiengefüge bringt, sich dadurch aber Vater und Sohn auch aus der Sache heraushalten können.

Kommentar und Vorgehen: Bezug nehmend auf Max' Dissoziation bediene ich mich einer Metapher: Max hat sich mit gutem Grund auf eine Wolke begeben. Die Gefahr bestehe nun, dass er sich dort oben einrichte, gut umsorgt, sozusagen »in Watte gepackt«. Das Geschehene und die nachhaltige Symptomatik mache ein Schonverhalten wahrscheinlich. Dies allerdings wäre mittel- und längerfristig schädlich, da eine Heilung als Krafttraining (vgl. Ziel »Selbstvertrauen«) nur gelinge, wenn er von dieser Wolke auch wieder auf die Erde, auf den festen und harten Boden des Alltag käme. In diesem Sinne versuche ich in der aktuellen Entwicklungsphase (Rehabilitation, Adoleszenz und Autonomieentwicklung) den Vater zur Präsenz zu mobilisieren, zum Beispiel durch Anstoß von gemeinsamen Unternehmungen von Vater und Sohn. Dies würde auch der Mutter helfen, wieder vermehrt anderes zu tun. Nur so, in der Übernahme von Verantwortung durch den Vater, kann sie spürbar Entlastung erfahren.

Vierte Sitzung

Wie in der zweiten Sitzung mit Mutter und Sohn lasse ich nun in der vierten Sitzung einen Monat später Vater und Sohn die Entwicklung einschätzen. Max legt sich auf 7 oder 8 fest, was der Vater seinerseits bestätigt.

Vorgehen: Ich entscheide mich für eine Gesprächssequenz mit dem Vater allein, sozusagen von Mann zu Mann, mit dem Ziel, ihn in seiner Vaterrolle zu unterstützen (Empowerment). Er erwähnt nun seinerseits erstmals offen die »Nahtoderlebnis-Hypothese« seiner Frau. Ohne mich hier dagegen zu positionieren, rege ich ihn an zu überlegen, ob eine solche Sichtweise für den weiteren Heilungs- bzw. Kräftigungsverlauf eher förderlich oder hindernd wäre. Dies solle er doch mit seiner Frau besprechen und sich dann gemeinsam – im Hinblick auf die Entwicklung seines Sohnes – entscheiden. Eine Evaluation (Herr Gerber ist Naturwissenschaftler und u. a. auch in der Forschung tätig) könnte dann in zwei, drei Monaten stattfinden.

Im Hinblick auf die Autonomie von Max entscheide ich mich ebenfalls für eine kurze Sequenz im Einzelsetting mit Max.

Max erwähnt nach wie vor seine Vergesslichkeit, was immer wieder auch zu Reibereien mit seiner Mutter führe. Ich stelle sein Verhalten in Zusammenhang mit seiner adoleszenten Entwicklung, indem er offensichtlich das in Erinnerung behalte, was ihm wichtig sei. Reibereien seien wahrscheinlich unumgänglich und im besten Fall auch Teil des Krafttrainings. In diesem Zusammenhang wird zum Schluss des Gesprächs, das ich wieder mit Vater und Sohn führe, der Vater als Trainer im Auftrag seines Sohnes etabliert. Max möchte sich nun auch im Umgang mit Mitschülern (»damit ich nicht ausgeschlossen werde«) stärken.

Kommentar: In einer Anschlusssitzung biete ich ihm diesbezüglich in circa 14 Tagen noch ein Coaching, nicht jedoch einen Trainerersatz an, das er gern annimmt.

Fünfte (Schluss-)Sitzung

In der abschließenden Sitzung mit Mutter und Sohn zehn Wochen später fällt sofort auf, dass sich Max, im Gegensatz zum Erstgespräch vor fünf Monaten, gleich zu Beginn klarer, aufgeweckter, aber auch heiterer präsentiert. Sowohl was die Ängste als auch die Vergesslichkeit angeht, habe sich die Situation wesentlich verbessert und stabilisiert. Die Mutter erwähnt, dass sie eine Entwicklungsreifung im Hinblick auf Selbstvertrauen feststelle.

Kommentar: Ich nehme diesen Ball an und betone, dass sie als Eltern diesbezüglich Starthilfe leisten können, damit Max dann auf seinen eigenen Beinen laufen könne. Diesbezüglich sei das Zuhause ein gutes Trainingsfeld. In gegenseitiger Absprache wird die Therapie abgeschlossen mit der Möglichkeit, sich bei Bedarf wieder zu melden.

5.5 Monika Niederhauser

»Das prägendste Erlebnis war aber die Sitzung, an der meine Mutter
teilgenommen hatte. Ich hätte nie und nimmer für möglich gehalten,
dass dies überhaupt einmal geschehen könnte«
(Monika Niederhauser, 29 Jahre).

Übersicht und Lerninhalte

Frau Niederhauser (29 Jahre) leidet seit Jahren unter den Erinnerungen an sexuelle Übergriffe ihres inzwischen verstorbenen Vaters. Sie sieht sich dadurch in der Aufnahme naher, insbesondere auch sexueller Beziehungen zu Männern blockiert. Missbrauchserfahrungen, die oft nur sequenziell erinnert werden, stellen Klienten und Therapeuten vor besondere Herausforderungen. Die Gefahr zu scheitern ist groß. Wenn in Therapien mit Frauen sexuelle Gewalt zum Thema wird, stellt sich zudem die Frage, ob Männer als Therapeuten überhaupt infrage kommen.

Hier soll dargestellt werden, wie – ausgehend vom Anliegen und im Interesse der Klientin – realistische Therapieziele aus dem Prozess heraus formuliert und gestaltet werden. Dabei wird gezeigt, wie sich generische Prinzipien selbstorganisierter Prozesse mit störungsorientiertem Wissen verbinden lassen (vgl. auch Fallbeispiel 4). Auch hier stehen nicht traumaspezifische Techniken im Vordergrund, sondern das Schaffen eines tragfähigen Therapiesystems unter Einbezug von signifikanten Dritten (Bruder, Mutter) als Ressource. Nicht das Erstgespräch, sondern die Schlüsselsitzung unter Einbezug der Mutter (16. Sitzung) wird detailliert dargestellt, ergänzt mit Methoden der Hypno- und Verhaltenstherapie im Therapieverlauf.

Schlüsselwörter: sexueller Missbrauch, sequenzielle Erinnerung, Ablösungsprozesse Erwachsener, Problemaktualisierung, kaskadenartige Prozesse des Wandels.

Vorbemerkung zu Psychotraumatologie und Psychotherapie

Kaum ein Bereich klinischer Diagnostik und Therapie boomt in den letzten Jahren so wie die Psychotraumatologie. Trauma ist en vogue. Vor dem Hintergrund neurowissenschaftlicher Erkenntnisse sprießen Konzepte und traumaspezifische Weiterbildungscurricula wie Pilze aus dem Boden und die Diagnose PTBS wird für unterschiedlichstes psychisches Leiden schnell gestellt. Die fortschreitende Differenzierung in der Diagnosestellung ruft unweigerlich nach dem Spezialisten, der über die entsprechende Qualifikation verfügt. Stoffels (2004) weist kritisch darauf hin, dass mit der offiziellen Anerkennung einer eigenen Kategorie posttraumatischer Störungen sowohl ein Prozess der Banalisierung wie Bagatellisierung seelischer Traumata einsetzte als auch eine Inflation von erlebnisreaktiven psychischen Störungen, die alle als traumatogen bezeichnet werden. Der Praktiker in der psychotherapeutischen Grundversorgung ist dadurch zunehmend verunsichert, ob er mit seinem Handwerkzeug hilfreich sein kann, und so werden Klienten oft zu schnell zur weiteren Abklärung oder Therapie an den Spezialisten weiterverwiesen. Vergessen wird, dass bis zu sechzig Prozent der Betroffenen solchen Ereignissen mit psychischer Gesundheit (ohne therapeutische Intervention) trotzen, nicht zuletzt auch dank Unterstützung im näheren sozialen Umfeld (u. a. Hanswille u. Kissenbeck, 2008).

Telefonische Kontaktaufnahme, Anmeldung und Erstgespräch

Frau Niederhauser (29 Jahre), Lehrerin, meldet sich telefonisch an. Eine erste hausärztlich empfohlene Psychotherapie wegen sexuellen Übergriffen in der Kindheit habe sie im Anschluss an das Erstgespräch abgebrochen. Frau Niederhauser wirkt aufgewühlt und verzweifelt. Sie habe nun bald selber den Eindruck, dass sie »spinne«. Erwähnt wird ein Herr, der sie seit einiger Zeit stützend, aber nicht therapeutisch begleite, und der ihr meine Adresse mit entsprechender Empfehlung gegeben habe. Sie sei zwar skeptisch, möchte aber trotzdem einen Termin. Ein Erstgespräch wird vereinbart.

Kommentar und Vorgehen: Therapien nach vorgängigen Therapieabbrüchen sind delikat. Die Erfahrung des Scheiterns verbunden mit dem Anspruch, es besser machen zu wollen (z. B. durch indirekte Kritik des Kollegen), beeinflussen den Therapeuten und damit den Therapieprozess.

Die enttäuschende erste Erfahrung mit Psychotherapie zeigt, dass das Eis dünn ist und es auch bei mir schnell einbrechen könnte. Daher empfiehlt es sich, ein Erstgespräch als Kontaktgespräch unvoreingenommen, aber mit Interesse für die Gründe des Scheiterns zu führen. Die Therapeutenempfehlung hilft und unterstützt dabei die Klientin. Die Gefahr einer Triangulation (guter Therapeut – schlechter Therapeut) ist damit aber nicht gebannt. Der Bonus könnte sich schnell zum Eigentor entwickeln (ich muss es unbedingt besser machen). Ein möglicher neuer Auftrag muss deshalb mit besonderer Sorgfalt (generische Prinzipien) geklärt werden, damit der Anschluss gelingt und Boden für eine eventuelle Therapie entsteht.

Erstgespräch

Frau Niederhauser nimmt Bezug auf das erste Gespräch mit einem erfahrenen Psychologen und Psychotherapeuten. Dieser hätte sie weder verstanden noch ihre Not ernst genommen. Nach seiner Bemerkung, dass sie auf der Suche nach Antworten auf unbeantwortbare Fragen (was damals wirklich passiert ist) tatsächlich zu »spinnen« beginnen könnte, sei für sie klar gewesen, dass er für sie keine Hilfe sei. Im Gegenteil, ihre Angst »zu spinnen«, zunehmend an sich selber zu zweifeln, hätte sich danach noch verstärkt. Seit mehreren Jahren hätte sie schon wiederkehrende Angstträume und Panikattacken.

Zudem hätte sie noch nie eine engere, sexuelle Beziehung zu einem Mann gehabt und beginne ihre Beziehungsfähigkeit grundsätzlich in Frage zu stellen. Zwischenzeitlich hätte sie schon viel darüber (?) gelesen und habe manchmal auch das Gefühl, dass sie eine »multiple Persönlichkeit« sei.

Sie werde zudem geplagt von Schuldgefühlen und Ängsten, ihre Familie zu zerstören. Selber erlebe sie sich aber sonst als normale, offene, gesellige Person mit einem guten Netz von Freundinnen.

Ihre Erinnerungen an sexuellen Missbrauch in der frühen Kindheit seien unklar und geprägt von »diffusen Bildern«. Oft sehe sie sich »abgespalten von sich selber im Bett neben ihrem Vater liegend«. Das mache es ihr auch so schwer, entsprechende Erfahrungen zu erzählen. Deshalb könne auch ihre Mutter diese Geschichte nicht nachvollziehen oder verstehen.

Kommentar und Vorgehen: Weder sollen ihre unklaren Erinnerungen mit diffusen Bildern erforscht noch ihre Strategien im Umgang damit kritisch kommentiert werden. Ihr Verhalten voreilig zu diagnostizieren (siehe auch die anderen Fallbeispiele), könnte sowohl ihre Vorannahmen (Therapeuten/Experten verstehen mich nicht) als auch ihr Leiden verfestigen.

Im Gegenteil – was für Psychotherapien im Allgemeinen gilt, gilt für Psychotherapie mit traumatisierten Menschen im Besonderen: eine das Selbstwertgefühl stützende Vertrauensbasis im Hinblick auf *emotionale Sicherheit* [1] muss geschaffen werden. Die therapeutische Beziehung, der Praxisraum als sicherer Ort ist Voraussetzung und Grundlage für ein Arbeitsbündnis. Erst in diesem *stabilen Rahmen* [1] kann der Klientin im Therapieverlauf auch etwas zugemutet werden (Problemaktualisierung, Konfrontation, Problembewältigung). Deshalb normalisiere ich als Erstes das von ihr wahrgenommene anormale Verhalten (»ich denke, dass ich vielleicht doch spinne«*).*

Therapeut: Menschen wie Sie, die etwas Außerordentliches erlebt haben, reagieren darauf auch außerordentlich, zum Beispiel mit Ängsten. Unge-

wöhnliches Verhalten, Denken und Fühlen wird sozusagen zum Normalfall.

Vorgehen: Nun soll die Frage nach ihrer Wahl männlicher Helfer bzw. Therapeuten offen, unterstützend und vor allem neutral gestellt werden

Therapeut: Sie haben sich bestimmt überlegt, warum Sie erneut einen Mann als Therapeuten auswählen?
Frau Niederhauser: Diese Geschichte mit meinem Vater von damals verunmöglicht mir heute ein normales Verhalten zu Männern. Ich glaube, dass ein männlicher Therapeut mir besser helfen kann.

Mit dem systemischen Blick – auf der Suche nach dem relevanten, sozialen System [2] – frage ich Frau Niederhauser vorsichtig nach einem möglichen Einbezug der Mutter in die Therapie. Sie lehnt dies kategorisch ab, da sie ihre Familie nicht noch mehr belasten wolle. Die Mutter rufe sie wöchentlich an. Manchmal werde ihr das zuviel. Die Beziehung zu ihr sei angespannt, werde in letzter Zeit immer schwieriger. Ihr Bruder halte sich einfach aus der ganzen Sache raus.
Das Erstgespräch kommentiert sie wohlwollend. Sie schätze meinen offenen, aber klaren Stil.

Kommentar und Vorgehen: Sowohl ihr klares Ja zur Wahl eines männlichen Therapeuten als auch ihr Nein zum Einbezug der Mutter in die Therapie nehme ich an und würdige beides als ihre Entscheidung. Weiterhin bleibt aber die Erweiterung des therapeutischen Systems eine wesentliche Option, gerade im Hinblick auf eine eventuelle Konfrontation mit dem Erlebten (Vater als Täter).

Ich biete Frau Niederhauser vorerst drei bis fünf Sitzungen an. Ein gemeinsamer Therapieauftrag kann so in einem begrenzten Rahmen ausgearbeitet, die Fortsetzung einer Psychotherapie kritisch geprüft und gemeinsam entschieden werden. Die Wahl des passenden Settings soll aus dem laufenden Prozess und in Absprache mit dem Klienten immer wieder neu arrangiert werden können.

Der wohlwollende Kommentar der Klientin meine klare Kommunikation betreffend hilft für die Orientierung im Therapieprozess.

Zweite Therapiesitzung

In der darauffolgenden zweiten Sitzung 14 Tage später mache ich deutlich, dass auch ich kaum Klärendes (Was ist wirklich geschehen?) zu ihren Erfahrungen in früher Kindheit beitragen könne, dass ich aber weder ihre »diffusen Erinnerungen« noch ihr Gedankenkreisen als »spinnig« betrachte. Im Gegenteil, gerade solche Erfahrungen würden oft bruchstückartig, unklar und in »diffusen« Bildern, Geräuschen oder Gedanken abgespeichert, denn was unvergesslich ist, kann oft nicht erinnert werden. Das wisse man aus der neurobiologischen Forschung von traumatisierten Menschen. Daraufhin entscheidet sich Frau Niederhauser für das Therapieziel »Beziehung zu Männern« (!).

Um ihre aktuelle, allgemeine psychische Belastung zu erfassen, schlage ich vor, eine Tasche mit zehn Flusssteinen zu füllen (Externalisierung der Belastung) und in den nächsten Tagen und Wochen darauf zu achten, ob und wenn ja, wie sich das »Gewicht« verändert. Sie werde selber merken, ob einzelne Steine dazu- oder auch weggelegt werden können.

Dieser pragmatischen Linie folgend wird ein Fallbeispiel aus ihrem beruflichen Alltag thematisiert: der Umgang mit einem »distanzlosen« Kollegen. Ihr bisheriges verbales und non- und paraverbales Verhalten wird erfasst. Im Rollenspiel werden neue Möglichkeiten ausprobiert und eingeübt. Frau Niederhauser erlebt darin, dass ihr bisheriges Verhalten kaum eine natürlich Balance von Nähe und Distanz zulässt. Mit dem Therapeuten zusammen werden neue Optionen geprüft und eingeübt (Lernen am Modell).

Kommentar und Vorgehen: Offensichtlich ist es mit der »Normalisierung des Abnormalen« (Frankl, 1973) gelungen, den Fokus von der psychischen Krankheit (»ich spinne«) weg auf fassbare Belastungen im Alltag (»Männerbeziehungen«) zu richten. Mag sein, dass der erste Therapeut genau in diese Falle getreten ist.

Es bewährt sich, erst dann von Krankheit oder psychischer Störung zu reden, wenn klar ist, ob und wenn ja, wie Klienten ihr Leiden als Krankheit bewerten (vgl. dazu auch Fallbeispiel 2 sowie Ausführungen in Kapitel 6.2). Eine pathologisierende, klinische Sprache könnte den Anschluss gefährden wie auch die Symptomatik verstärken.

Im Besonderen bei traumatisierten Menschen, das heißt Menschen, denen Leiden von außen zugefügt worden ist, bewährt sich eine »konstruktneutrale« Haltung (Retzer, 2002). Die »Normalisierung des Abnormalen« durch den Experten bzw. Therapeuten macht Sinn und schafft einen neuen Bezug zu der belastenden, aktuellen Realität.

Die (Nicht-)Beziehung zu Männern ist damit nicht nur konkreter Anlass für die Therapie, sondern wird zu einem ersten Therapieziel. Mit der Klientin kann nun ein erster handhabbarer therapeutischer Auftrag formuliert werden: Training sozialer Kompetenz (Skills).

Damit eröffnet sich für die Klientin im beruflichen, privaten und vielleicht auch familiären Rahmen ein weites Übungsfeld für die Gestaltung von Beziehungen. Der je eigene, auch unterschiedliche Werkzeugkasten eines Therapeuten im Umgang mit Ängsten kann dafür kreativ genutzt werden. Der Bezug zur Missbrauchsgeschichte allerdings soll und darf vom Therapeuten nicht vergessen werden.

3.–14. Therapiesitzung

In einer dritten Sitzung werden sowohl das Problem- als auch das eingeübte Lösungsverhalten auf den Umgang mit Vorgesetzten erweitert. Ressourcenorientierte, imaginative Verfahren aus dem Bereich der Hypnotherapie (NLP) werden eingesetzt. Durch diese Konfrontationen in sensu macht Frau Niederhauser therapeutisch geführte Erfahrungen mit angepasster Distanz und Nähe, gelingender Abgrenzung (Ja oder Nein sagen usw.) und eigener Verantwortlichkeit. Erleichtert konstatiert sie, dass sie dann auch nicht mehr »hysterisch« zu reagieren brauche, um sich auf diese Weise und mit abwertenden Kommentaren die »Männer vom Leib zu halten«.

Sie entscheidet sich für die Fortsetzung der Therapie. Insbesondere soll, ausgelöst durch positive Erfahrungen im beruflichen Umfeld, nun auch der Umgang mit Nähe und Distanz (Abgrenzung usw.) im privaten und familiären Rahmen thematisiert werden.

Auf dem Weg zu mehr Klarheit, Eindeutigkeit und einem dem Kontext (Arbeitsplatz, privater Bereich) angepassten Verhaltensrepertoire werden mit dem Rollenspiel introspektive Prozesse angeregt. Dabei wird ihr auch bewusst, dass sie mit ihrem kumpelhaften, clownesken Verhalten –

manchmal auch als distanzlose »Lolita« – Nähe zu Männern herstellt, um sie dann aber wieder auf sicherer Distanz zu halten. In gewissem Sinne genieße sie dieses Machtgefühl, »Männer tanzen zu lassen«.

In diese »Männerthemen« bringt sie erstmals ihren um drei Jahre älteren Bruder ins Spiel. Die Beziehung zu ihm sei ihr sehr wichtig. Die Geschichte mit ihrem Vater hätte sie ihm bisher verschwiegen, da sicher auch er ihr keinen Glauben schenken würde. Mit der Idee einer Probe aufs Exempel wird in der neunten Therapiesitzung im Rollenspiel ein Gespräch mit dem Bruder in privatem Rahmen eingeübt.

In der darauffolgenden Sitzung, circa vier Monate nach Therapiebeginn, berichtet Frau Niederhauser sichtlich erleichtert über den erfolgreichen Abend mit ihrem Bruder, dem sie ihre Geschichte offenbart habe. Wider Erwarten habe er offen reagiert und ihre Schilderungen nicht angezweifelt. Dadurch sei ihre Tasche mit den Steinen wesentlich leichter geworden: Von anfänglich zehn, dann acht, seien nach diesem Gespräch nur noch drei Steine übrig!

Ein Gespräch mit der Mutter wünscht sie nach wie vor nicht, obwohl anlässlich eines Familientreffens alte Verletzungen wieder spürbar wurden. (Aussage der Mutter zu Verwandten: »Meine Tochter hat es im Leben leicht gehabt«.) Im Hinblick auf das bevorstehende Weihnachtsfest wird allerdings ein Brief an die Mutter in Erwägung gezogen.

Anschließend will sie nun an ihren Ängsten weiterarbeiten. So erzählt sie auch von einer Panikattacke während Zugfahrten. Das damit verbundene Gefühl der Beengung, nicht davonlaufen zu können, setze ich vorsichtig in Bezug zu den Missbrauchserfahrungen in der Kindheit. Mit einer Angstkonfrontation in sensu (Zug fahren) erfährt sie eine weitere Bewältigungsmöglichkeit belastender Erfahrungen.

Die Angst (vor der Angst) wird mit einem Reframing als schützender Begleiter (Bodyguard) genutzt und entsprechend gewürdigt. Der »innere Helfer« könne einerseits vor belastenden Erinnerungen (Fakten des Missbrauchs) und/oder ungewollten, schmerzlichen Trennungen schützen, andererseits könne er neue Erfahrungen in bestehenden (Mutter) und neuen Beziehungen (Männer) auch verhindern, da er sich janusgesichtig zeige und so auch zum Spielverderber werden könnte.

Kommentar: Indem ich für das Problem und das damit verbundene Vermeidungsverhalten *einen Sinnbezug schaffe* [3], kann Angst und Vermeidung auch als Spielverderber für neue Lebenserfahrungen gesehen und neu (sowohl als auch) bewertet werden. Im Sinne einer kognitiven Umstrukturierung wird *Resonanz und Synchronisation* [6] erzeugt und Männerbeziehungen, die bisher nur Angst gemacht haben, erhalten in diesem erweiterten Rahmen eine neue Bedeutung.

15.–17. Therapiesitzung

In Bezug auf die erwähnten Schuldgefühle gegenüber der Familie und eingebettet in die gute Beziehung mit ihrem Bruder wird nun eine Konfrontation in vivo mit der Mutter vorbereitet. Eine Konfrontation (in vivo) mit dem verstorbenen Vater ist nicht mehr möglich. Das elterliche Bindeglied für ihre Individuation (Stierlin, 1988) und die Kompetenz in Beziehungen zu Männern bleibt die Mutter. Mit dem Brief signalisiert Frau Niederhauser ihre Bereitschaft zur Annäherung.

Vorgehen und Kommentar: Ihre zu Anfang unmissverständliche Weigerung, die Mutter einzubeziehen, war für mich ein deutliches Signal, dass gerade in der belasteten Beziehung *das relevante System* [2] für die Therapie liegen könnte. Immer wieder erhalte ich in Therapien mit erwachsenen Klienten in ihrer klaren Verweigerung eines Einbezugs von nahen Angehörigen Hinweise, die mir gerade darum einen solchen im Hinblick auf wirkliche Autonomie nahelegen. Je eindeutiger, emotionaler eine solche Konfrontation abgelehnt, das heißt vermieden wird, desto wichtiger ist sie im Veränderungsprozess und sollte vom Therapeuten keinesfalls mit Blick auf das Erwachsensein seiner Klienten heruntergespielt oder vermieden werden. Warum dem so ist, soll im weiteren Verlauf nachvollziehbar werden. Immer gilt: nur mit dem Einverständnis der Klientin, zum *richtigen Zeitpunkt und in Passung zu den Prozessen und Rhythmen* [6]. Den Klienten respektieren heißt auch, der Störung (z. B. dem Vermeidungsverhalten) respektlos zu begegnen. Instabile Phasen sind auch inputsensible Phasen, die es als Chance zu nutzen gilt.

Kurze Zeit später erzählt Frau Niederhauser, dass besagter Brief an die Mutter »den Stein ins Rollen gebracht hat«. Die Haltung der Mutter trotz vieler offener Fragen habe sie verblüfft. Ein Gespräch mit ihr im Rahmen einer gemeinsamen therapeutischen Sitzung wird in Erwägung gezogen. In der Therapiepause während der Festtage entscheidet sich Frau Niederhauser für eine Therapiesitzung zusammen mit ihrer Mutter. Sie wolle ihre Angst besiegen, indem sie sich darauf einlasse. Ihre Mutter sei dazu auch bereit.

Kommentar und Vorgehen: Weder Behandlungsmethode (z. B. Systemische Therapie) noch das Störungsbild (z. B. Belastungsstörung/PTBS) definieren das Setting. Als generisches Prinzip ist das je *relevante System und die Beschreibung der Muster* [2] darin bedeutsam. Dazu gehören neben dem sozialen System bei traumatisierten Menschen neurobiologische Prozesse (z. B. sequenzielle Erinnerungen, Dissoziationen, Aggressionen), die systemdynamisch auch auf der sozialen Ebene wirken. Diese gilt es zu beachten und im Kontext zu verstehen.

Nachdem das Therapiesystem mit der Mutter als der »Dritten im Bunde« (Kapitel 3.4) erweitert werden konnte, ist der Therapeut nun als ein feinfühliger Gesprächskünstler gefragt. Insbesondere wenn nach längerer Arbeit im Einzelsetting weitere, neue Personen einbezogen werden, ist eine Rollen- und Auftragsklärung im neuen Setting zwingend. Selbstverständlich ist sie »meine« Klientin und die Einladung der Mutter muss und darf nur ihrem Interesse und aus ihrer Initiative heraus erfolgen. Als Therapeut bin ich nicht Anwalt und muss allparteilich bleiben, ohne mich aber abstinent aus dem Prozess herauszunehmen.

Weil diese Sitzung sowohl besonderer Sorgfalt bedarf und ein Kernstück in der Therapieplanung und Prozesssteuerung darstellt, werden Dialoge daraus nun wörtlich wiedergegeben und kommentiert.

18. Sitzung

An dieser Sitzung acht Monate nach Therapiebeginn nehmen Frau Niederhauser und ihre Mutter teil.

Therapeut (beiden zugewandt): Darf ich Sie als Erstes fragen: Was macht, dass Sie heute gemeinsam hier sitzen? (der Mutter zugewandt) Sie sind ja von Ihrer Tochter hierher eingeladen worden.

Kommentar und Vorgehen: Ganz bewusst werden Tochter und Mutter gemeinsam angesprochen, weil dieses Gespräch als Fortsetzung des privaten erfolgt. Es darf aber in keiner Weise als Angehörigengespräch für eine Patientin (lat. die »Erduldende«) geführt werden, wie dies vor allem im stationären, klinischen Kontext üblich ist. Diese Sichtweise würde hier die Schuldgefühle von Mutter und Tochter unnötig verstärken und den Dialog auf gleicher Augenhöhe unnötig einschränken.

Trotzdem kommentiert die Mutter von Frau Niederhauser meine Aussage (»eingeladen worden«) nonverbal mit gewisser Ambivalenz, so dass ich mich veranlasst sehe, im Sinne *stabilisierender Maßnahmen* [1] (für die Mutter) nachzuhaken.

Therapeut: Falls Sie, Frau Niederhauser (Mutter), dazu genötigt worden wären, wäre ich froh, wenn Sie mir dies sagen würden.
Mutter: Nein, genötigt nicht. Aber ich bin schon erschrocken, als ich diese ganze Geschichte gehört habe. Ich konnte sie anfangs in keiner Art und Weise annehmen. Ich konnte und wollte auch gar nicht zuhören. Ich konnte es auch nicht verstehen, da meine Tochter in der Schule eine sehr gute Schülerin war. Sie war auch nie depressiv. Also dachte ich: Nein, das stimmt nicht, das kann nicht stimmen!
Therapeut: Darf ich fragen, was nicht stimmen kann?
Mutter: Ja, dieses Vaterproblem, dass der Papa ihr zu nahe gekommen ist. Ich habe nie an so etwas gedacht oder irgendetwas vermutet. Deshalb konnte ich es auch nicht annehmen.
Therapeut: Wie haben Sie davon erfahren?
Mutter: Ja, das war vor einigen Wochen. (fragender Blick zur Tochter)
Tochter: Ja, ich hab dir das schon vor einem Jahr kurz angetönt, und dann vor einigen Monaten (kurz vor Therapiebeginn) habe ich es dir auf einem gemeinsamen Spaziergang erzählt.
Therapeut (zur Mutter): Diese ganze Geschichte hat Sie überrumpelt?
Mutter: Ja, ja, und auch geschockt. Sie wissen, es ist acht Jahre her, seitdem mein Mann verstorben ist. Ich musste versuchen mir vorzustellen, was da passiert ist. Es kamen mir Zeichnungen (der Tochter) mit verschlossenen Türen in den Sinn ... da sie sonst immer bunt und farbig gezeichnet hat.

Kommentar und Vorgehen: Nach mehreren Sitzungen mit der Tochter muss der Mutter geholfen werden, dass sie Teil des therapeutischen

Systems werden kann, und genau deshalb frage ich klar und offen (»Verstehen heißt Fragen stellen«, Kapitel 1.5).

Mit der Offenlegung eines Geheimnisses bzw. der erwarteten Konfrontation mit »diesem Vaterproblem« ist sie als Ehefrau bzw. Witwe eines Täters in hohem Maße mit betroffen oder sieht sich als Mitschuldige. Widerstand ist naheliegend und der Therapeut gerät unter Druck. Er ist als Anwalt seiner Klientin (Tochter) gefährdet,
- einen Teufelskreis von Beschuldigung und Rechtfertigung zu eröffnen,
- die Verantwortung für die Bearbeitung des heißen Eisens (Missbrauch durch den Vater) stellvertretend zu übernehmen oder
- das heiße Eisen gar nicht erst anzurühren.

Voraussetzung dafür, dass dies nicht passiert, ist
- ein tragfähiges, sicheres Arbeitsbündnis mit der Klientin;
- die Glaubhaftigkeit ihrer Geschichte als Opfer eines sexuellen Übergriffs (»In der Geschichte ist die Schuld bewahrt, mit ihr bleibt sie in der Zukunft lebendig.«, Schlink, 1995, S. 140);
- bedingungslos im Auftrag der Klientin als Therapeut zu handeln;
- sich darin als Experte für die Prozesssteuerung zu zeigen;
- keine Verantwortung (Verteidigung oder Anklage) für die Erzählung der Lebensgeschichten zu übernehmen (denn es geht nicht um Wahrheit, sondern um deren Bedeutung).
- den Dialog anzuregen, im Wissen um die Problemlösungskompetenz der Betroffenen und im Vertrauen in die selbstorganisatorischen Prozesse.

Im Hinblick auf eine *Energetisierung* [4] und möglichen Wandel gestalte ich als Psychotherapeut vornehmlich passende *stabilisierende* [1] und *motivationsfördernde Bedingungen* [4]. Nur so können alte Geschichten neu bewertet werden, um schließlich neu erzählt zu werden.

Therapeut: Ich weiß nicht, was Ihre Tochter Ihnen erzählt hat, und ob Sie Fragen an Ihre Tochter haben? (und zur Tochter gewandt) Oder Sie, Frau Niederhauser, Fragen an Ihre Mutter?
Tochter: Für mich war wichtig, dass du mich immer wieder gefragt hast, warum ich mich nicht mehr genau erinnern kann. Du hast gesagt, dass

man so etwas doch gar nicht vergessen kann. Ich konnte und kann dir keine Antwort darauf geben. Das ist ja das, was mir selber so Mühe bereitet. Ich kann mich daran nicht mehr erinnern, weil ich es irgendwo gut weggepackt habe. Ich stehe dann unter Druck, dir beweisen zu müssen: Dann und dann und so und so ist es passiert. Das kann ich nicht. Ich bin extrem im Clinch, weil ich glaube, dass du mir nicht glaubst! Wenn wir darüber sprechen, versuche ich, Beweise zu finden. Ich erzähle dir, dass ich Mühe habe in Beziehungen und dass es mit der Sexualität mit Männern nicht funktioniert. Und am Ende merke ich: Ich kann es dir nicht beweisen.

Kommentar: Unter hohem traumatischem Stress kommt es zu einer Konditionierung primärer Affektzustände hoher Intensität, was bedeutungsvolle Auswirkungen auf spätere Erinnerungsleistung an die traumatische Situation haben kann (Flatten, 2003).

Eine traumatische Erfahrung, die sich dem Bewusstsein entzieht, kann sich unter ungünstigen Bedingungen zu dissoziativem Verhalten entwickeln. Nur wenn alte, schmerzliche Erfahrungen mit neuen, heilsamen Verhaltens- und Erlebensmuster verknüpft werden, lassen sich traumatische Geschichten in die Biografie integrieren.

Mutter: Zu Beginn habe ich total abgewehrt. Dann hat sie mir aber kurz vor Weihnachten einen Brief geschickt. In diesem Brief hat sie mir dieses Problem geschildert und mir auch erzählt, dass sie den Eindruck habe, dass ich das nicht ernst nehme. Daraufhin konnte ich es eher annehmen und begann mich zurückzuerinnern.
Therapeut (zur Mutter): Vielleicht haben Sie in dem Zusammenhang Fragen, die Sie Ihrer Tochter stellen möchten? (der Tochter zugewandt) Sie selber stellen sich ja auch Fragen, obwohl Sie nicht auf alle eine Antwort finden. (Tochter nickt) Sie haben ja Bilder, Assoziationen dazu (Tochter nickt) und vielleicht müssten Sie Ihrer Mutter davon etwas erzählen.

Kommentar und Vorgehen: In meiner Rolle als Therapeut bin ich in erster Linie bestrebt, den Dialog anzuregen und helfend – aber nicht den Konflikt vermeidend – zu führen. Die Versuchung ist groß, für die ebenfalls überforderte Mutter zum Referenzsystem für die Bewertung dieser Geschichte zu werden, das heißt stellvertretend für die Klientin Fragen zu beantworten. Der Preis dafür wäre eine (weitere) Pathologisierung der Tochter und damit die Etablierung und Betonierung einer Opfer-Täter-Rolle.

Tochter (wütend): Ich weiß, dass es immer dann passiert ist, wenn du in die Turngruppe gegangen bist. Ich kann mich noch an ganz viele Gefühle erinnern. Nicht an das, was unmittelbar passiert ist, sondern vor allem an diesen ganzen Hass, den du ja auch mitgekriegt hast. Immer wieder dieses Gefühl, dass ich ihn (Vater) einfach weghaben wollte. Dieses Zweigeteilte, dass ich mir als Kind immer gewünscht und gebetet habe: Bitte mach, dass der »verreckt«!
Und dann einfach diese Hoffnungslosigkeit, diese Ohnmacht. Und niemand glaubt mir. Darüber habe ich mit Herrn Rufer auch gesprochen. Und dabei ist mir in den Sinn gekommen, dass ich mir gesagt habe, dass dies alles gar nicht mir passiert ist. Dass dies einem ganz, ganz bösen Mädchen passiert ist. Ich weiß nicht, warum, aber vielleicht einfach nur, um mich selber davor zu schützen.

Kommentar und Vorgehen: Wie Frau Niederhauser ihre Geschichte erzählt und damit sich und ihrer Mutter etwas zumutet, ist nicht nur erschütternd, sondern ebenso berührend wie auch klärend. Das Therapeutische darin ist aber weniger die kathartische Wirkung (Abfuhr von Wut), sondern die Möglichkeit für Mutter und Tochter, sich in einem therapeutischen Setting mit Verletzungen zu konfrontieren und einander dadurch neue, offene Entwicklungen zuzumuten. In ihrer Respektlosigkeit dem Geschehen und damit dem Täter/Vater gegenüber zeigt Frau Niederhauser offen die »Narben der Gewalt« (Herman, 1997), ihr zutiefst erschüttertes kindliches Vertrauen in den umsorgenden Vater und damit in sicher geglaubte Bindungen. Mit diesen Aussagen ist ein *Destabilisierungsprozess* [5] angestoßen, den es nun achtsam zu begleiten und führen gilt.

Gefordert ist ein aktiver, nicht vermeidender Therapeut, der seine Aufgabe aber weder als Friedensstifter noch als Anwalt verstehen will. Genau darin liegt die Besonderheit des therapeutischen Systems und die Chance einer geführten »Destabilisierung«. Offen bleibt, ob die Mutter diese Zumutung (Ehemann als Täter) annehmen kann und welche selbstorganisierenden Prozesse damit (kaskadenartig) angestoßen werden. Dies ist sicher mit ein Grund, warum sich nicht nur Klienten, sondern sehr oft auch Therapeuten zurückhalten, »dem Drachen ins Auge zu schauen« (Sachse, 2004, S. 123).

Mutter: Das war bei mir auch so. Anfangs habe ich gedacht, das ist nicht so. Das ist nicht meine Tochter. Das ist bei mir wie ein Film abgelaufen, der mich nichts angeht.
Therapeut (zur Mutter gewandt): Also haben Sie etwas Ähnliches gemacht wie Ihre Tochter.
Mutter: Ja, ja. (Tochter lächelt dazu)
Mutter: Ja, ja. Ich habe mir gesagt: Das ist doch nicht wahr, das ist nicht meine Tochter. Sie ist doch ein fröhliches Kind. Ihr Verhalten habe ich auf die Pubertät zurückgeführt. Das eher Aufbrausende hat sie eigentlich von meinem Mann geerbt.
Tochter (wütend): Ich habe dir schon damals am Telefon gesagt, dass deine Sichtweise (Ähnlichkeit von Vater und Tochter) überhaupt nichts erklärt. Das war deine Theorie für das Ganze. Ich hab ja selber nicht genau gewusst, warum Vater und ich immer dermaßen aneinandergeraten.

Kommentar und Vorgehen: Dieses gemeinsame, wenn auch unterschiedlich motivierte Abwehrverhalten gibt mir Gelegenheit, Ähnlichkeiten in den Unterschieden zwischen Mutter und Tochter zu benennen, denn auf dem Weg in eine Zukunft ohne Angst kommt Frau Niederhauser an ihrer Mutter offensichtlich nicht vorbei. Was im Ablösungsprozess – unter anderem durch den frühen Tod des Vaters – nicht mehr auf den Tisch kommen konnte, muss jetzt, Jahre später, in der Beziehung mit der Mutter ausgetragen bzw. gemeinsam ausgehalten werden.

Es scheint tatsächlich so, dass mit dieser erlebten, sich und anderen immer wieder erzählten Familiengeschichte keine Beziehung zu einem Mann gelingen konnte und wollte. Kein Mann konnte bisher, sozusagen stellvertretend, diesen Beziehungs-, Entwicklungs- und Ablösungsprozess ersetzen. Genau deshalb ist dieser Mutter-Tochter-Kontext heilsam.

Dieser Weg wird nicht schmerz- und konfliktfrei sein, dafür aber Wandel und Entwicklung ermöglichen. So können die Familiengeschichte und die Beziehungen darin neu bewertet und erzählt werden und ein *neuer Ordnungszustand antizipiert* [7] werden.

Mutter: Ich muss auch die guten Seiten meines Mannes erwähnen, denn er hat es wirklich gut gemeint mit seiner Tochter. Auf der einen Seite wollte er das Wohl der Tochter.
Tochter: Das war ja genau das, warum ich damit nicht klar kam: in einer Person das Schlimmste und das Beste! Diese andere Seite zu sehen und anzunehmen, das braucht so viel Kraft, da alle denken: Der Papa war ja so ein guter Mensch. Er wollte ja nur das Beste. Das kann doch nicht sein. Warum musste er so früh sterben? – Aber diese Kontrolle und alles andere, was er zu Hause gemacht hat, das haben die Leute nicht gesehen. *(Mutter nickt nachdenklich)*

Kommentar und Vorgehen: Eindrücklich benennt Frau Niederhauser ihr Drama, ihre damalige Ambivalenz, ihre Zerrissenheit, den Vertrauensmissbrauch. Aber was nicht sein darf, kann auch nicht sein. Offen bleibt weiterhin, ob die Mutter diese Geschichte auch zu ihrer Geschichte machen kann.

Der Therapeut soll aber nicht korrigieren und kommentieren, sondern nur dort und dann intervenieren, wenn Gefühle wie Wut, Trauer ganz offensichtlich »geschluckt« oder verleugnet werden.

Mutter: Was ich nicht verstehe – wenn es passiert ist –, warum mein Mann am Ende seines Lebens nicht reinen Tisch gemacht hat? Aber vielleicht ist es so, wie Monika sagt, dass er durch seine Krankheit (Morbus Hodgkin) nicht mehr dazu fähig war. Die letzten Jahre waren für ihn sehr schwierig. Trotzdem habe ich Mühe zu verstehen, dass man so etwas vergessen kann.
Tochter: Nicht das, was er gemacht hat – dass er mich angefasst hat –, ist das Schlimmste, sondern dieses Geheimnis, diese Tabuisierung. Ich weiß nicht mehr genau, was er gesagt hat. Ich habe nur noch diffuse Erinnerungen an die Aussage »Chefifleisch« (sexuelle Handlungen mit Minderjährigen): »Wenn du etwas darüber erzählst, dann passiert etwas …« Das war für mich so schlimm – zu erahnen, dass hier etwas geschehen ist, das nicht sein darf, und falls jemals jemand davon erfährt, dann passiert etwas, aber ich weiß nicht was. *(Mutter hört nachdenklich zu)*
Ich glaube, dass ich damals, als das passiert war, da war ich einfach »weg«. Ich weiß nicht mehr genau, was da abgelaufen ist. Ich habe nichts gespürt. Ich konnte es nicht einordnen. Es hat mich einfach verwirrt. Ich wusste nicht, warum er das macht. Es muss etwas ganz, ganz, ganz Schlimmes

sein, über das man nicht reden durfte. Ich weiß auch nicht mehr genau, ob ich mich schuldig gefühlt habe, oder ob ich das einfach diesem »ganz, ganz bösen Mädchen« zugeschoben habe: Das passiert »ihm« und nicht mir.

Kommentar: Damit bringt Frau Niederhauser nachvollziehbar zum Ausdruck, was aus der Therapie von Traumaopfern gut dokumentiert ist: Dissoziation (vgl. auch Fallbeispiel 4).

Was die Klientin hier eindrücklich beschreibt, ist der in der Dissoziation verborgene Schutzmechanismus als eine funktionalen Copingstrategie. Das Schreckliche, das nicht sein darf, wird abgespalten: »Das passiert ihm, nicht mir.« Dissoziationen zeigen sich zwar funktional, um sich vor traumatischen Affekten zu schützen, aber auf Dauer versagt so die Fähigkeit zu einer adaptiven Affektintegration (Kapfhammer, 2004).

Aus dem laufenden Therapieprozess heraus soll daher in keiner Weise pathologisiert werden. Vielmehr geht es darum, im Konfliktdiskurs mit der Mutter die »adaptive Affektintegration« anzuregen. So verstanden, wäre systemisch orientierte Traumatherapie (im Sinne der Konfrontation) unter Einbezug von nahen Betroffenen ein Handeln auf verschiedenen Systemebenen und in gewissem Sinne kollektive Konfrontation.

Die Mutter möchte von mir wissen, warum früher anderen Personen (z. B. Lehrerin) nichts aufgefallen ist, und ob ihr Mann mit seinem »Abspaltungsverhalten« nicht Anzeichen einer schizophrenen Erkrankung gezeigt hätte ...

Kommentar und Vorgehen: Auf der Suche nach Antworten auf offene Fragen versucht die Mutter sich als Ehefrau bzw. Witwe und Mutter in ihrer Betroffenheit, in ihrem Leid zu entlasten. Das »Abspaltungsverhalten« ihres Mannes als Krankheit (Morbus Hodgkin) diagnostizieren zu lassen, soll helfen, das Unbegreifliche zu verstehen und vielleicht zu entschuldigen (»Das war ja nicht er, sondern seine Störung ...«).

Als Therapeut nehme ich ihre Betroffenheit zwar ernst, stelle aber eine solche Diagnose zur Entlastung in Frage. Als »Krankheitsexperte« (im Sinn- und Bewertungssystem der Mutter) positioniere ich mich ihr gegenüber nur so weit, als dies für den Integrationsprozess förderlich ist. Allzu schnell würde sich die Tochter wieder in ihrem alten Muster (»ich glaube, ich spinne«) bestätigt fühlen. Die Verantwortung des Vaters und Ehemanns für die Grenzüberschreitung gegenüber seiner Tochter wird darum auch nicht beschönigt, sondern unmissverständlich als Missbrauchsgeschichte benannt. So bleibe ich zwar allparteilich, stelle mich als Therapeut klar (nicht neutral) auf die Seite des Opfers und gebe Frau Niederhauser damit die Chance, sich im Formulieren ihrer Not aus der Opferrolle zu befreien. Diesen Diskurs aus falscher Rücksichtnahme heraus abzubrechen, wäre eine verpasste Chance. In der (kollektiven) Konfrontation soll Boden für die Integration der unterschiedlichen Betroffenheiten und Verantwortlichkeiten geschaffen werden.

Tochter: Ich möchte hier noch einmal erwähnen, was ich dir auch schon erzählt habe: Damals, als Vater sich mit der Säge in die Hand geschnitten hat, hat er stark geblutet. Ich bin damals als Kind – ich weiß nicht mehr, wie alt ich war – unter der Türe gestanden. Ich hab diese blutende Hand gesehen und gedacht: Jetzt stirbt Papi und schuld daran bin ich, weil ich ihm das ja auch gewünscht habe. Ich weiß es noch genau, dass ich dich damals gefragt habe: »Mami, stirbt jetzt Papi?« Und du hast gesagt: »Nein, was denkst du!«

Mutter: Ja, er hatte wahrscheinlich einfach zwei Seiten.

Tochter: Deshalb habe ich auch immer das Gefühl gehabt, dass ich spinne. In den letzten zwei Jahren kam ich immer wieder an einen Punkt, wo ich selber gedacht habe: Jetzt drehe ich durch, jetzt muss ich in die psychiatrische Klinik. Es sind zwei Realitäten in einer. Genauso jetzt, wo ich mit dir und Herrn Rufer darüber spreche. Das ist komisch.

Mutter: Da stelle auch ich mir Fragen: Warum habe ich das nicht gesehen? Das gibt auch mir gewisse Schuldgefühle …

Therapeut (der Klientin zugewandt): Empfinden Sie da auch manchmal Zorn, Zorn Ihrer Mutter gegenüber?

Tochter: Ja, manchmal schon. Heute als Erwachsene vielleicht nicht mehr, aber manchmal werde ich schon traurig. Ich hätte dich (zur Mutter) damals gebraucht … Nicht unbedingt Zorn, vielmehr bin ich enttäuscht. Wo warst du damals? Wer hat mich geschützt? Heute weiß ich, dass das wahrscheinlich nicht möglich war, dass ich damit leben lernen muss. Darum sage ich auch nicht, dass du daran Schuld trägst.

Mutter: Heute frage ich mich auch: Warum hab ich nichts gemerkt, auch am darauffolgenden Tag nicht?

Tochter: Jedes Mal, wenn du zum Turnen gegangen bist, habe ich gewusst: Jetzt ist es wieder soweit. Ich bin im Bett gelegen … diese Ohnmacht …

und wusste: Jetzt passiert es dann ... Ich kann nicht weglaufen, ich kann nicht dreinschlagen, ich kann nicht flüchten ... Ich muss einfach warten, bis es vorbei ist ... Dann stehe ich wieder auf, der Alltag kommt, ich gehe in die Schule und bin ein fröhliches Mädchen. Kein Schwein merkt etwas. So war es.
Mutter: Ja, normalerweise würde man doch aufstehen und sich wehren.

Kommentar und Vorgehen: Wichtig ist, Therapieprozesse so zu führen, dass Klienten ihre Kompetenzen mobilisieren können und Therapeuten diesen Selbstorganisationsprozess durch »Aktionitis« nicht stören. Dadurch, dass Frau Niederhauser sich und ihrer Mutter die Konfrontation mit dieser Geschichte von damals zumutet, scheinen auch die Erinnerungen wieder zurückzukehren. Das Trauma als ein »sprachloser Terror« (Herman, 1997) scheint eine heilende Sprache zu finden und die Klientin kann Klartext reden. Dies zwingt die Mutter zur selbstkritischen Reflexion. Naiv wäre es zu glauben, dass die Mutter dadurch die Schuld, das heißt die Verantwortung für das Geschehene – sozusagen stellvertretend für ihren Mann –, übernimmt. Der Schmerz, das Leben ihres Ehemannes und damit auch ihr Leben als Lebenslüge zu verstehen, wäre zu groß.

Es ist also nicht Aufgabe des Therapeuten, die Mutter anwaltschaftlich (für die Tochter) zur Verantwortung zu ziehen. Im Gegenteil: Intervenieren muss er dann, wenn aus Leidensdruck heraus Verantwortung für das Nichthandeln (»normalerweise würde man doch aufstehen und sich wehren«) an das Opfer abgeschoben wird. Als Therapeut muss ich helfen, diese Geschichte neu zu verstehen, ohne zu beschönigen oder anzuklagen. Genau das bedeutet hier Allparteilichkeit und Neutralität.

Therapeut: Das hab ich Ihnen ja zu erklären versucht: Genau das war für Ihre Tochter nicht möglich. Sie wusste damals haargenau, wenn ich hier ein Geheimnis aufdecke, dann mache ich alles, die ganze Familie und damit mich selber, kaputt.
Mir fällt auf, dass zwei Menschen – Mutter und Tochter – da sitzen und das Gefühl haben: Das kann doch nicht wahr sein. Und das ist vielleicht das »Schlimme« (Zitat Frau Niederhauser) daran, dass Sie sich nur mit einer anderen Sichtweise (Mutter/Ehefrau: »Mann ist krank«) bzw. in einer anderen Person (Tochter: »böses Mädchen«) aus dieser Not retten

können. Was hier und heute klar und deutlich gesagt wurde und zu sagen ist: Das war wahr! Ihre Tochter mutet Ihnen als Mutter diese, ihre Wahrheit zu! (Tochter lehnt sich entspannt in den Sitz zurück)
Mutter: Dieser Brief, der war für mich eine Wende (vgl. kritische Instabilität [5]).
Tochter: Du hättest es ja schon vorher erahnen können. Damals, als ich weinend angerufen habe. Deine Bemerkung war für mich sehr verletzend. Du hast mich gefragt, ob er dann »bis zum Letzten« gegangen sei? Kam es zum Geschlechtsverkehr?
Und ich habe dir gesagt: »Nein, das glaube ich nicht.« Du hast dann gesagt, dass du froh bist, denn das wäre für ein Mädchen ganz, ganz, ganz schlimm. Und in dem Moment kam bei mir das Gefühl hoch: Es ist noch zu wenig schlimm! Er hat mich also nur ein bisschen berührt und ich musste ihn auch ein bisschen berühren und das ist gar nicht sooo schlimm. Das hat mich derart verletzt, dass ich nur noch bitterlich weinen konnte.
Therapeut: Was wie schlimm war, das können nur Sie (zur Frau Niederhauser) beurteilen. Da sind Sie der Maßstab. Es gibt keinen anderen, nur den!
Tochter: Vielleicht war das auch ein Grund, warum ich so schnell selbständig werden wollte, damit ich mich auch ein bisschen von Papa distanzieren konnte. Ich wollte nicht, dass er an Elternabenden mitkommt und habe darum auch immer nur dich gefragt. Ich wollte so schnell wie möglich erwachsen werden, um zu sagen: Ich will sagen, was hier läuft, ich! Ich muss mir nie mehr von jemandem etwas bieten lassen, gegen das ich mich nicht wehren kann. Das habe ich so stark verinnerlicht, dass ich heute meine, mich auf nichts mehr einlassen zu müssen, was ich nicht kontrollieren kann. Das war meine Strategie, damit umzugehen. So habe ich mich auch gegen ihn abgegrenzt, indem ich ihn gehasst habe ...
Therapeut (zur Mutter): Und Sie haben es als pubertäre Krise, als aufbrausendes Verhalten dem Vater gegenüber missverstanden?
Mutter: Ja, jetzt kommt mir in den Sinn, dass sich Monika schon früh von ihrem Vater distanziert hat. Wenn ich ihn aufgefordert habe, ihr Geschichten zu erzählen, hat sie jämmerlich zu weinen begonnen. Ich habe das damals überhaupt nicht verstanden. Ich war hart und ging trotzdem zum Turnen, weil ich mich nicht von meiner Tochter erpressen lassen wollte, obwohl es mir fast das Herz gebrochen hat.
Tochter: Vielleicht wollte er mich ja auf diese Weise auch trösten.

Therapeut: Und wenn das so gewesen wäre, dann hätte er trotzdem Grenzen überschritten: Ihre Grenzen missachtet und seine Grenzen nicht wahrgenommen. Das ist die Verantwortung der erwachsenen Person, insbesondere eines Vaters, hier die Grenzen zu sehen und zu setzen.

Kommentar: Der Therapeut bezieht, wenn auch nur als »Mittler« (Goethe, 1809/1996), erneut klar Stellung, damit Grenzen nicht verwischt und Emotionen als Teil des Heilungsprozesses nicht beschönigend entsorgt werden.

Tochter: Das habe ich in unserer Familie viel erlebt: Grenzen werden dort gesetzt, wo man über gewisse Dinge sprechen sollte, die tiefer liegen. Erst heute, nachdem der Vater gestorben ist, und dieses ganze Getrauere vorbei ist, kann man reden. Dass wir über solche Dinge in unserer Familie nicht reden können, hat vielleicht mit dieser ganzen Geschichte zu tun.
Therapeut (Schlusskommentar zu Tochter und Mutter): Sie, Frau Niederhauser, müssen mit der Hypothek leben, dass Sie einen Vater gehabt haben, der Grenzen überschritten hat, und Sie (zur Mutter gewandt) mit der Hypothek, dass Sie mit einem Mann zusammengelebt haben, der seine Tochter und ihr Vertrauen mit sexuellen Übergriffen missbraucht hat.
Mutter: Ja, das ist schon schwer. Mit diesem Wissen ist die Welt nicht mehr so, wie sie vorher war ... Eine Zeitlang kam mir auch der Gedanke, diesen Mann hätte ich gar nie heiraten sollen.
Therapeut: Die Frage, so scheint mir, ist für Sie beide die gleiche: Wie integrieren wir das Erlebte, diese »ganze Geschichte«? Die Geschichte kann nicht ungeschehen gemacht werden. Es ist, wie es ist. Aus der Not heraus haben Sie beide ausgeblendet. Und heute sitzen Sie da und müssen sich sagen: So war es. Das war mein Vater, das war mein Mann, das war ich.
Mutter: Und da er heute nicht mehr lebt, können wir ihn nicht befragen.
Tochter: Und ich hab dir auch schon gesagt, dass ich darüber auch froh bin.
Therapeut: Brauchen Sie jetzt noch etwas?
Mutter (schüttelt den Kopf): Nein, ich nicht.
Tochter: Nein, ich auch nicht. Für mich ist auch nicht nötig, dass du weiterhin mit mir zusammen hierher kommst. Ich möchte dir aber danken, dass du gekommen bist, weil ich weiß, dass es für dich nicht leicht war. Für mich ist aber wichtig, dir auch zu sagen, dass jetzt nicht plötzlich alles

anders ist, nur weil wir jetzt bei Herrn Rufer waren. Dass du das auch respektieren kannst.

Ein weiterer Termin mit Frau Niederhauser wird in gegenseitiger Absprache verabredet.

Kommentar: Wandel wird zwar angedeutet, aber man soll »den Morgen nicht vor dem Abend rühmen«. Vieles ist in dieser Phase *kritischer Instabilität* [5] offen. In der Sprache der Synergetik (Haken u. Schiepek, 2006): Entlang der generischen Prinzipien können sich Systeme (Selbst, soziales System) neu organisieren, so dass die »Versklavung durch Ordnungsparameter« (der väterliche Missbrauch verhindert nahe Beziehungen zu Männern) in der »Potenziallandschaft« gelockert und aufgehoben wird und »Ordnungsübergänge« möglich werden.

Übersetzt in die Sprache der Therapeuten: Im offenen, kritischen, therapeutisch geführten Mutter-Tochter-Diskurs (relevantes Bindungssystem) wurden Verletzungen, Schmerzen, Ängste, Unterschiede benannt und gestaltet. In einem so verstandenen Ablösungsprozess können sich unter günstigen Bedingungen (Potenziallandschaft) neue Erfahrungen und Beziehungen (neue Ordnungsparameter) entwickeln.

19. Therapiesitzung

Therapeut: Wir hatten ja letzte Woche dieses Gespräch, das Sie sicher ein Stück Arbeit gekostet hat. (nickt zustimmend) Sie haben den Mut aufgebracht, Ihre Mutter einzuladen, und Ihre Mutter hat Ihnen dazu die Hand geboten. Sie haben sich selber das zugemutet.

Frau Niederhauser: Ja, es hat mich sehr mitgenommen, eigentlich erst im Nachhinein. Es ging mir dann letzte Woche auch nicht gut.

Kommentar und Vorgehen: Als Therapeut wünscht man sich ja keine negativen Rückmeldungen und schon gar nicht, dass es Klienten nach Sitzungen und Interventionen schlecht(er) geht. Man ist in seinem eigenen Ego getroffen und/oder denkt sofort an Fehler.

Es sei denn, man versteht Therapie als ein Prozess des Wandels, der an Phasen der Destabilisierung (Haken u. Schiepek, 2006) gekoppelt ist. Menschen, die sich wandeln, werden mit Ungewohntem konfrontiert und zu neuem Verhalten, Denken und Fühlen herausgefordert.

Allerdings liegen die beiden Dimensionen Fehler und Wandel oft ganz nahe beieinander. Geleitet vom bisherigen Verlauf und den generischen Prinzipien gilt es im Sinne der Synergetik (Kapitel 2.1), sich in der neuen »Potenziallandschaft« kundig zu machen.

Therapeut: Wie hat sich das geäußert?
Frau Niederhauser: Wahrscheinlich war es die letzte Enttäuschung: zu erleben, dass es so ist, wie es ist. Noch einmal viel Trauer, viel Schmerz, viel geweint, viel Unverständnis, viel Ohnmacht. Jetzt nicht mehr, aber damals, kurz danach.
Ich hab auch gemerkt, dass sich das Verhältnis zu meiner Mutter seither nicht völlig verändert hat oder total konfliktfrei ist. Im Gegenteil: Ich merke, dass es vielleicht sogar noch schwieriger ist. Und ich merke auch viel stärker als vorher, dass ich sie mehr von mir wegschieben möchte. Wieso und warum dem so ist, weiß ich nicht.
Sie hat mich damals nach der Sitzung auch gefragt, ob ich noch wütend sei auf sie. Ich hab das damals nicht klar gespürt. Vor drei Tagen waren wir zusammen unterwegs mit dem Auto, und da hab ich sie richtig angeschrien. Ich bin selber erschrocken. Das Erste, was mir meine Mutter gesagt hat, als wir hier aus dem Praxiszimmer gingen, war: »Was, jetzt musst du nächste Woche schon wieder gehen? Ist das wirklich nötig für dich? Das kostet ja auch.« Sie wollte sich bei mir einhängen, aber ich musste mich abgrenzen und habe ihr gesagt, dass ich jetzt zur Arbeit müsse und nicht mit ihr zum Essen komme. Sie hat sich so verhalten, als ob nichts gewesen wäre.
Am Freitag hat sie mich gefragt, wie es mir gehe. »Nicht gut«, habe ich ihr gesagt. Und sie antwortete erstaunt darüber: »Warum? Jetzt haben wir doch darüber geredet, oder?« Da habe ich gemerkt, sie »schnallt das einfach nicht«. Da bin ich wieder zweigeteilt: Ich verstehe ja, dass sie ihr Bild aufrechterhalten will, damit ihr das Kartenhaus nicht zusammenfällt, und gleichzeitig bin ich in meinen Gefühlen von Zorn.
Am Anfang hat mich das sehr wütend gemacht, dass sie einfach wieder in den Alltag zurückkehren will. Heute weiß ich: Es ist einfach, wie es ist. Vielleicht hatte ich diese letzte Illusion (sie versteht mich) wie einen letzten Joker zurückbehalten. Es ist nicht so. Punkt, Schluss, fertig. Das tut weh, aber vielleicht ist das ja auch gut so.

Therapeut: Enttäuschung ist nahe verwandt mit Täuschung und vielleicht ist es gut, dass Sie diese Täuschung aus der Welt geschafft haben. Sie kriegen hier eins zu eins die Realität einer enttäuschten Erwartung gespiegelt. Wahrscheinlich müssen Sie sich damit auseinandersetzen, dass Sie die Reaktion, die Sie sich gewünscht haben, nicht erhalten. »The day after« als Chance ...

Frau Niederhauser: Ja, wahrscheinlich ist es so. Es ist Realität und mit der muss ich lernen umzugehen.

Therapeut: Wie würde das aussehen, wenn Sie aus dieser neuen Erkenntnis, aus dieser neuen Realitätswahrnehmung heraus, Ihrer Mutter begegnen?

Frau Niederhauser: Ich würde mehr auf mich hören, besser auf mich selber hören (oder achten). Ich würde bestimmen, wann und wie oft ich mich bei ihr melde. Nur wenn ich die Beziehung zu ihr mitbestimme, kann ich auch aus diesen Schuldgefühlen herauskommen.

Therapeut: Mich beeindruckt, wie aus der Geschichte mit Ihrem Vater nun eine Geschichte mit Ihrer Mutter entstanden ist und damit vielleicht auch neu erzählt werden kann.

Frau Niederhauser: Ja, das ist etwas, was mich zuerst irritiert hat, dass Gefühle von Wut und Hass, die ich zuerst meinem Vater gegenüber hatte, dann meiner Mutter gegenüber spürbar wurden.

Therapeut: Angenommen, diese neue Beziehung zu Ihrer Mutter wäre tatsächlich eine Chance für Sie, für Ihre Entwicklung?

Frau Niederhauser: Ich könnte besser Grenzen setzen und zu meinen Bedürfnissen stehen.

Therapeut: Jemandem Grenzen setzen, um sich sich selber zuzuwenden, meinen Sie das so?

Frau Niederhauser: Ja, oder sich jemand anderem zuwenden.

Therapeut: Wollen Sie das sich selber und ihrer Mutter zumuten, mehr Distanz zu leben?

Frau Niederhauser: Ja, das wird mein nächster Schritt sein, mich zu lösen.

Therapeut: Das hört sich fast paradox an, dass durch das gemeinsame Gespräch mehr Distanz möglich wird?

Frau Niederhauser: Ja, das ist auch das, was ich als paradox erlebt habe.

Therapeut: Und das hat Sie selber verblüfft, weil Sie anfänglich erwartet haben, dass danach, »the day after«, alles wieder gut sei, ein bisschen wie »Friede, Freude, Eierkuchen«.

Frau Niederhauser: Während des Gesprächs habe ich mich wie befreit gefühlt ...
Therapeut: Vielleicht war es das, was früher oder später jedem Menschen passiert, der erwachsen wird ...
Frau Niederhauser: So ist es. Das stimmt mit meinen Gefühlen überein.
Kommentar: In gewissem Sinne doch eine überraschende Wende und ein Wandel, der sich anbahnt. Die Hoffnung, aus kindlicher Verletzung heraus bei der Mutter widerspruchslos Verständnis, Anteilnahme und Anerkennung zu finden, wird enttäuscht. Diese Enttäuschung ermöglicht nun altersentsprechende Distanz und damit Entwicklung. Was vorher mit dieser Geschichte blockiert war, schafft nun, angeregt durch die Therapie, »Potenzial in einer neuen Landschaft«. Ob sich daraus Versöhnung entwickeln muss (und soll), muss zum jetzigen Zeitpunkt offen bleiben.

20.–22. Therapiesitzung

In der Sitzung drei Wochen später entscheidet Frau Niederhauser, sich nun – im Sinne eines erweiterten Therapieauftrags – auch für Beziehungsexperimente mit Männern. Seit dem Gespräch mit der Mutter fühle sie sich wesentlich sicherer und könne zunehmend auch auf Selbstentwertungen verzichten.
Mit den guten Erfahrungen aus den Rollenspielen im Berufskontext werden nun auch Begegnungen und Kontaktaufnahme im Privat- und Freizeitbereich (Restaurant, Tanzveranstaltungen, Chat im Internet usw.) visualisiert und im Rollenspiel eingeübt.
Im Alltag werden Erfahrungen konkret gemacht, dokumentiert und in der Therapie reflektiert. Das Thema Angst vor Kontrollverlust steht im Vordergrund. Introspektiv und selbstkritisch werden Vermeidungsmuster im therapeutischen Dialog bearbeitet.
Im Anschluss an einen Ferienaufenthalt drei Monate nach der Sitzung mit der Mutter erscheint Frau Niederhauser heiter und offen zur Therapiesitzung. Zum ersten Mal hätte sie »mit einem Mann geschlafen«! Obwohl sie anfänglich »wie eine Löwin« dagegen angekämpft habe, hätte dieser Mann es geschafft, ihren Widerstand zu lösen, ohne sie zu nötigen und

ihr Vertrauen zu missbrauchen. Dass er ihr geholfen habe, diese Schwelle zu überschreiten, dafür sei sie ihm dankbar, auch wenn sich daraus wahrscheinlich keine Beziehung entwickeln werde. Weitere Sitzungen seien zur Zeit nicht mehr nötig. Eine »Nachkontrollsitzung« in drei Monaten wird als Option – mit der Möglichkeit der Annullierung – abgemacht. Tatsächlich sagt Frau Niederhauser nach acht Wochen den Termin ab, da es ihr fortgesetzt gut gehe.

Kommentar: »Eine gute Therapie von Traumastörungen ist integrativ. Die therapeutische Kunst – die nicht immer manualisierbar ist! – besteht darin, das jeweils zu einem Zeitpunkt Passendste auszuwählen«, wie die Traumaexpertin Louise Reddemann (2002, S. 15) schreibt. »Einfach handeln« heißt demnach, schulenübergreifend alle diejenigen Therapieverfahren anzuwenden, die ein gestuftes und möglichst kontrolliertes Wiedererleben der Traumaerfahrung ermöglichen (Flatten, 2003).

Linderung und Heilung des Traumaerlebens werden dann am ehesten möglich, wenn die systemeigenenen, selbstorganisatorischen Kräfte angeregt werden, so dass Betroffene mit ihren Kompetenzen ihre Lösungen finden können.

Nicht zuletzt darum kann die Therapie nach zwei Jahren abgeschlossen werden. Für die Klientin wie auch den Therapeuten ein »schöner, respektvoller und nützlicher« (Ludewig, 1992) Verlauf mit offener Entwicklung.

Gerade an diesem Fallbeispiel lassen sich die generischen Prinzipien, die es in einer Therapie zu beachten gilt, deutlich machen. Ohne eine sorgfältige Klärung der sinnhaften Einordnung und Bewertung des Geschehens und des Veränderungsprozesses durch die Klientin gerät man mit eigenen Vorannahmen und Bewertungen in eine Sackgasse. Therapie und darin anzuregende Veränderungsprozesse können nur zustande kommen, wenn dies auf einem Boden der Kooperation geschieht. Erst dann sind Klienten gegebenenfalls bereit, sich Destabilisierungsprozesse und Musterunterbrechungen zuzutrauen.

Dafür braucht es auch mutige Therapeuten, offen für »Impulse aus dem Inneren« (vgl. Kapitel 2.1) des Klientensystems, aber beharrlich und wenn nötig »verstörend« (Ludewig, 1992), ohne den Selbstorganisationsprozess zu stören.

Was sich hier im Speziellen aus einer kontext- und beziehungsorientierten Perspektive als hilfreich erwies, hätte sich unter Berücksichtigung allgemeiner, generischer Prinzipien durchaus auch mit anderen Interventionen gestalten lassen. Viele Wege – wenn auch nicht alle – führen nach Rom.

Nachtrag 1

Ein Jahr später meldet sich Frau Niederhauser erneut nach einem Auto-Auffahrunfall mit Schleudertrauma. Die Schmerzen seien gering. Allerdings seien »alte« Panikattacken durch den Schock wieder ausgelöst worden. Insbesondere spüre sie beklemmende Gefühle im Auto vor allem in Tunnels. Sie plane eine Ferienreise mit dem Flugzeug. Als Hilfsmittel hätte sie zwar den Plastiksack (Hyperventilation) schon vorgesehen. Gerade dieses Worst-Case-Szenario beunruhige sie aber. Da sie diese Ängste auch im Aufzug verspüre, fragt sie mich an für eine In-vivo-Konfrontation.

Kommentar und Vorgehen: Bei niedergelassenen Psychotherapeuten oder Beratern kommt es immer wieder vor, dass sich Klienten oft auch Jahre später zu einer Konsultation oder Therapie wiederanmelden. In der Regel sind es neue Probleme, für die ein neuer Auftrag ausgehandelt werden muss.

Bei Frau Niederhauser handelt es sich um eine Reaktivierung nach einem neuen Vorfall (Autounfall als Trigger). Aus der Traumaforschung wie auch der Traumatherapie sind Retraumatisierungen (z. B. Flashbacks) bekannt. Die therapeutische Vorerfahrung hilft der Klientin, das Geschehene zu verstehen, einzuordnen und den Therapeuten sogar auf passende Hilfe (In-vivo-Konfrontation) hinzuweisen.

Mit Frau Niederhauser vereinbare ich neu eine begrenzte Sitzungszahl (drei bis fünf Konsultationen). Ausgehend vom bevorstehenden Flug arbeite ich aus der guten früheren Therapieerfahrung heraus mit Visualisierungsübungen. Die In-vivo-Konfrontation (Lift) wird vorbereitet. Auf ihren Wunsch vereinbare ich einen weiteren Sitzungstermin, zu dem nun auch der Techniker der Aufzugs- und Liftfirma aufgeboten wird.

Die Angstkonfrontation wird verhaltenstherapeutisch (Exposition), das heißt auch gestuft (zuerst unter Begleitung des Therapeuten im Lift), durchgeführt. Die befürchteten Ängste werden aktualisiert. Frau Niederhauser kann diese aber aushalten, ohne zu dekompensieren. Der Therapeut bietet die stabilisierende, begleitende, kommentierende, aber nicht aktiv intervenierende Stütze (Stabilisierung [1]). Wie vereinbart wird Frau Niederhauser dann allein im Lift eingeschlossen und im dunklen Schacht »versenkt« (Destabilisierung [5]), und dies zweimal in Folge. Klopfzeichen für den »Notfall« werden vereinbart. Frau Niederhauser schafft die Konfrontation wie erwartet, kommentiert aber anschließend ihre Gedanken mit dem Verweis auf das ihr bekannte Gefühl des »Ausgeliefertseins«.

Frau Niederhauser: Noch einmal habe ich gespürt, was es heißt, ausgeliefert zu sein. Mein Schicksal liegt in den Händen der beiden Männer da oben, die die »Schlüsselgewalt« besitzen und sich darüber absprechen, mich schmoren zu lassen. Anfangs habe ich unsägliche Wut gespürt, die dann aber dem Vertrauen gewichen ist.

Im anschließenden Gespräch kann noch einmal die Bedeutung und Wichtigkeit dieses Gefühls als Sicherheitsventil gewürdigt. Die folgenden Sitzungen (u. a. nach erfolgreichem, wenn auch noch nicht genussvollem Flug) stehen ganz im Zeichen der weiteren Restabilisierung [8]. Mit einer »Arbeit in Teilen« kann sie sich mit »Monika 2« (heute) und »Monika 1« (gestern) dankend verabschieden und die neue Offenheit und Freiheit schrittweise ausprobieren.

Kommentar: Eigene Stolpersteine (»mein eigener Saboteur«) werden erkannt und ein altes, funktionales Muster (Spaltung) wird neu, konstruktiv als Ressource genutzt oder um es mit Sigmund Freud zu sagen: »Aus dem Es soll Ich werden.« Damit wird der Boden auch im Hinblick auf eventuelle spätere Krisen weiter gefestigt. Neue Erfahrungen können sowohl alte als auch neue Prozesse anstoßen. Ob sich daraus auch neue stabile (attraktive) Verhaltensmuster etablieren, muss offen bleiben.

Kommentar und Bilanz

Zusammenfassen lässt sich der Prozess mit folgenden Merksätzen:
- Höre auf den Klienten und lasse dich nicht durch frühe traumatische Erfahrungen auf der Suche nach der Wahrheit oder durch ein Therapiekonzept zu einer an der Vergangenheit orientierten Aufklärung und Therapie verführen.
- Erkenne achtsam die »Narben der Gewalt«, ohne betroffene Klienten zu schonen und in einer Opferrolle zu chronifizieren.
- Erkenne Vermeidungsängste, allenfalls auch als deine eigenen.
- Bleibe beharrlich und suche nach Ressourcen im relevanten Bindungssystem, ohne den Klienten zu bedrängen.
- Handle auf verschiedenen Systemebenen und erkenne, dass gerade traumatische Erfahrungen Entwicklungs- und Ablösungsprozesse blockieren können und diese als solche auch therapeutisch gestaltet werden müssen (vgl. auch Fallbeispiel 4)
- »Accept the act« – eine wichtige Erkenntnis der Resilienzforschung in der Traumatherapie – kann Blockierung lösen.

Nachtrag 2

Abschließend dazu das Schreiben von Frau Niederhauser (siehe auch Fallbeispiele 1, 3 und 4):

> »Sehr geehrter Herr Rufer,
> hier endlich meine paar Zeilen für das Buch. Wie ein roter Faden durch alle Sitzungen zog sich für mich der Begriff des ›Hier und Jetzt‹. Anfangs der Therapie versuchte ich verzweifelt Details zu finden und mich zu erinnern, was in meiner Kindheit wirklich geschehen war. Die Frage, ob ich mir die Übergriffe meines Vaters nur eingebildet hatte, beschäftigte mich enorm und kostete mich viel Energie. In der Therapie bekam ich immer wieder Anstöße, meinen Fokus zu verlegen. Das hieß, mich vor allem mit der Gegenwart auseinanderzusetzen im Wissen, dass ich die Vergangenheit nicht beeinflussen kann. Das Einzige, woran ich arbeiten kann, liegt im Hier und Jetzt. Das bedeutete für mich unter anderem,

Erfahrungen in der Sexualität zu machen und mich für Beziehungen zu öffnen, was mir zu diesem Zeitpunkt teilweise auch gelungen ist.

In der Therapie erhielt ich das ›Rüstzeug‹, um ein offenes Gespräch mit meinem Bruder zu führen. Das hatte ich mir schon lange sehnlichst gewünscht und nie den Mut und die Kraft dazu gefunden.

Das prägendste Erlebnis war aber die Sitzung, an der meine Mutter teilgenommen hatte. Ich hätte nie und nimmer für möglich gehalten, dass dies überhaupt einmal geschehen könnte. Ich glaube, danach hat meine Mutter endlich erfasst, was geschehen ist.

Monika Niederhauser«

5.6 Melanie Brunner

»Ich glaube nicht an ›Wunder‹. Ich warte ab, was passiert«
(Melanie Brunner, 15 Jahre).

Übersicht und Lerninhalte

Nicht alle Beratungen und Therapien gelingen. Darum soll zum Schluss exemplarisch dargestellt werden, dass auch Beratungs- und Therapiesysteme Gesetzmäßigkeiten folgen, in denen Berater und Therapeuten nicht alles wunschgemäß beeinflussen und darum auch scheitern können (Lutz et al., 2004). Auch in den Grenzen der Machbarkeit gilt es aber wenn immer möglich, nicht zum Schaden des Patienten zu handeln.

Das kurze Fallbeispiel einer Jugendlichen, die zur Zeit von einer Pflegefamilie und einem sozialpädagogischen »Time-out«-Projekt betreut wird, soll die Muster in Klienten- und Helfersystemen (z. B. Hierarchien) deutlich machen und zeigen, wie wichtig Rollen- und Auftragsklärung schon vor dem Einstieg in eine eigentliche Therapie sind. Dies gilt im Besonderen für Anliegen von (abwesenden) Dritten mit unklaren oder verdeckten Aufträgen. Es soll dargelegt werden, wie mit zirkulären Fragen versucht wird, die unterschiedlichen Anliegen zu verstehen.

Gerade im Rahmen institutioneller Kontexte (Conen u. Cecchin, 2008) gilt es den Klienten gegenüber nicht zu früh Bindungsangebote zu machen, die dann womöglich (erneut) nicht eingehalten werden können.

Schlüsselwörter: Muster im Helfer- und Klientensystem, Bindung und therapeutische Bindung, Auftrags- und Rollenklärung (Wer will was?), Grenzen der Machbarkeit.

Anmeldung und Vorbereitung des Erstgesprächs

Herr Beer, Leiter einer sozialpädagogischen Institution, die sich um Kinder und Jugendliche bemüht, meldet Melanie telefonisch für eine Psychotherapie an. Melanie werde seit kurzem von ihnen und einer Pflegefamilie im Sinne eines »Time-outs« (vorübergehende Platzierung in einem Kinderheim) betreut. Ein Erstgespräch zur Abklärung zusammen mit Melanie und dem Leiter der Institution wird telefonisch vereinbart.

Kommentar: Sozialpädagogische Institutionen, die Kinder oder Jugendliche professionell begleiten, denken oft nicht daran, dass zum Verständnis und der Gestaltung von Krisensituationen, im Speziellen aber für Psychotherapie, die Mitbetroffenen (professionelle Helfer, Eltern, Verwandten, Freunde) von Bedeutung sein können. Es liegt im Interesse der Klienten selbst, seien es Jugendliche oder Erwachsene, dass neben den Angehörigen auch »Ersatzfamilien« (Heime, Pflegefamilien usw.) in den Prozess einbezogen werden. Sie können Teil des Problem- und Lösungssystems sein oder werden. Nur ein kontextuelles Verständnis dieser Dynamik in »Zwangskontexten« hilft, die Klienten und die Helfer in ihrem Verhalten, Denken und Empfinden zu verstehen (Conen u. Cecchin, 2008; Rufer, 2012).

Wo immer möglich, selbstverständlich aber nur in Absprache mit der/den Betroffenen, werden dementsprechend bedeutsame Menschen als Teile des relevanten Systems bei Therapiebedarf direkt oder indirekt einbezogen (generisches Prinzip 2).

Im diesem Fallbeispiel, wie bei vielen derartigen Anfragen, ist es auch hier vorerst die Institution, die Hilfebedarf signalisiert. Im Hinblick auf einen Auftrag, die Indikation »Psychotherapie« zu prüfen, ist abzuwägen, ob nicht eher Supervision (der Institution) statt Therapie (des Patienten) angezeigt ist. Umso wichtiger ist es, im Hinblick auf eine genaue Auftragsklärung relevante Institutionsvertreter sozusagen als Mitbetroffene des aktuellen Problemsystems von Beginn an in die Auftragsklärung einzubeziehen. »Zirkuläres Fragen« (Simon u. Rech-Simon, 2004) bietet sich an.

Erstgespräch

Melanie erscheint wie abgemacht – allerdings in Begleitung von Frau Angers, einer Betreuerin und Bezugsperson. Herr Beer, so Frau Angers, sei verhindert. Sie sei aber von ihm beauftragt worden, Melanie zu begleiten. Als »Bezugsperson« kenne sie die Situation von Melanie sehr gut. Der Therapeut, offensichtlich etwas irritiert, versucht mit der Frage bezüglich des Vorgehens (u. a. der Finanzierung einer Therapie) die Zuständigkeit von Frau Angers zu klären. Verantwortlich für Finanzierung, Platzierung und weitere formale Fragen sei ihres Wissens eine Frau Cabo der Gemeindebehörde, in der Melanie ihren offiziellen Wohnsitz habe. Per Mobiltelefon versucht Frau Angers aber doch noch, Herrn Beer zu kontaktieren, um sich zu versichern. Da dieser aber nicht erreichbar ist, macht Frau Angers – wie scheinbar üblich in solchen Fällen – eine Zusage für die Übernahme der Kosten und betont, dass sie von Herrn Beer autorisiert sei, mit mir das weitere Vorgehen zu regeln. Wichtig sei, dass Melanie jetzt Hilfe bekomme. Sie bedankt sich auch im Namen von Herrn Beer für meine Bereitschaft, einen Termin für ein Erstgespräch so kurzfristig und schnell möglich gemacht zu haben.

Kommentar: Sich im »Gestrüpp der Institutionen« (Black, 1990) zu orientieren, ist zwar nicht immer einfach, aber unumgänglich. Ich muss Problem- und (Entscheidungs-)Hierarchien verstehen und Kompetenzen klären.

Im Interesse von Melanie bin ich aber gleichzeitig gefordert, *stabilisierende Bedingungen* [1], also einen therapeutischen Rahmen zu schaffen. Ich entscheide mich, ausgehend von ihrer Heimkarriere, an diesem ihrem Lebenskontext und den darin gemachten Erfahrungen (auch mit Helfern) anzuknüpfen.

Therapeut: Melanie, darf ich dich ganz persönlich fragen: Hast du früher schon Kontakt mit Psychologen oder Psychiatern gehabt, Erfahrungen mit »Psychos« gesammelt? Weißt du, ich denke, wenn man wie du in Heimen gewesen ist, kommt man oft von Fachleuten zu Fachleuten.
Melanie: Ja, schon ein paar Mal.
Therapeut: Hast du dabei gute, weniger gute oder »Bringt-nichts«-Erfahrungen gemacht?
Melanie: Eher »Bringt-nichts«-Erfahrungen. Ich bin auch überhaupt nicht gern dort hingegangen. Das eine Mal musste ich vom Heim aus zur Strafe dorthin gehen. Wozu allerdings, weiß ich nicht, aber bestrafen kann man mich damit tatsächlich, wenn ich etwas muss, was ich nicht will. Als Superstrafe musste ich dann zu Frau Lang, das war eine Art von Spieltherapeutin.
Therapeut: Jetzt gehöre ich ja auch zu dieser Gruppe von Psychologen. Musstest du dann heute auch mitkommen?
Melanie: Ich habe gesagt: Ich probier's mal. Ich hätte von Anfang an sagen können: Ich gehe nicht. Ich meine, ich habe nichts zu verlieren.

Kommentar und Fälle: Melanie signalisiert »abgeklärt« ihre Sicht der Dinge. Mit Jay Haley (1999, S. 132) könnte man unterstreichen: »Erzwungene Therapien sind eine Kombination aus Therapie und sozialer Kontrolle. Klienten erscheinen also nur, um Schlimmeres zu vermeiden.« Ihre *sinnhafte Einordnung* [3] gilt es im Anschlussprozess als *ihre Bewertung* [3] zu akzeptieren, den Ball anzunehmen und nicht korrigierend einzugreifen.

Therapeut: Dann wäre für mich ganz wichtig, von dir zu wissen, was ich tun müsste, dass du den Eindruck hättest: Dies hier bringt gar nichts. Woran würdest du das merken?
Melanie: Wenn man so mit Theorien kommt, wie zum Beispiel alle anderen, die mir sagen, dass ich vor allem davonlaufe. Weil, im Grunde genommen, vielleicht stimmt das ja gar nicht. Wenn man immer wieder mit so langweiligen Theorien kommt, die ich schon hundertmal gehört habe, dann bringt es nichts.
Therapeut: Okay. Gibt es noch andere Dinge, die ich wissen müsste aus einer Erfahrung, die ich nicht habe?
Melanie: Nein. (schüttelt wohlwollend den Kopf)

Therapeut: Für mich ist es nun schon noch wichtig, um was es denn hier gehen könnte. Ich habe damals nur ganz kurz telefonisch mit dem Leiter der Institution Kontakt gehabt. Nun frag ich Sie (beide) ganz offen: Was führt Sie zu mir? Es ist offensichtlich keine verordnete Maßnahme.

Frau Angers nimmt in der Folge Bezug auf das Anliegen des Leiters, der den Eindruck hat, dass Melanie neben der Schule eine psychologische Begleitung brauche.

Frau Angers: Damit es dir gut geht, dass du etwas auf den Tisch bringen kannst und bearbeiten kannst. Wie haben wir gesagt: die Leichen irgendwie herausholen … Damit du nicht alles wieder runterstopfst und das Schlechte, das Gefühl dann irgendwie zurückbleibt. Das macht dich unruhig und dies spürt Simon (Herr Beer, Leiter der Institution). Er hat das Gefühl, dass du professionelle Hilfe brauchst, damit du das »hervorholen« kannst. Ähnlich wie eine »innere Dusche«. (Melanie beginnt zu lächeln) Damit du freier mit deinem Leben umgehen kannst. Damit es dir besser geht.

Melanie: Mmh, mmh. Das will Herr Beer, das waren seine Gedanken.

Frau Angers: Dahinter liegt seine Erfahrung, weil er bei jedem Jugendlichen das für ihn Richtige möchte. Er versucht, sehr auf den Einzelnen einzugehen.

Melanie: Mmh, mmh.

Frau Angers: Und Herr Beer hat auch das Gefühl, dass der Therapeut ein Mann sein sollte, dass dies für dich gut wäre.

Melanie: Mmh, mmh.

Fallen: Nicht selten erscheinen Klienten fremdmotiviert durch Dritte zur Psychotherapie und kommen nur, um Schlimmeres zu vermeiden. Nicht selten orientieren sich die Dritten (Helfer) an eigenen Vorstellungen, eigenen oder anderweitig gemachten Erfahrungen mit Psychotherapie. Diese zu kennen ist mir wichtig. Im Hinblick auf die Kooperation in diesem »verflixten Dreieck« (Conen, 1999) wäre es aber ein Fehler, mich mit anderen Helfern belehrend anzulegen. Die fremdformulierten Therapieziele allerdings als »Auftrag« des Klienten anzunehmen, wäre ebenso falsch und die Kooperation mit Melanie von vornherein zum Scheitern verurteilt. Also nutze ich »Dritte«, indem ich auch ihre Problemdefinition (Anlass und Anliegen) zu verstehen versuche.

Mich selbst dabei nicht »besser« als die Berufskollegen zu sehen, heißt, dass auch ein Scheitern unter den gegebenen Bedingungen in Erwägung zu ziehen ist, um sich nicht unter zusätzlichen Erwartungsdruck zu setzen. Zirkuläre Fragen bieten sich mir an, um Melanie anzusprechen, ohne dass Frau Angers (verflixtes Dreieck) entwertet wird.

Therapeut: Melanie, wieso kommt denn Herr Beer auf solche Ideen, dass er den Eindruck hat, dass du hier von mir etwas nötig hast?
Melanie: Wahrscheinlich wegen meinem Verhalten, weil ich eher unruhig bin.
Therapeut: Wie zeigt sich dann deine Unruhe?
Melanie: Ich bewege mich immer mit den Beinen. (zeigt es) Innere Unruhe oder irgend so etwas.
Therapeut: Aha, daran könnte er's merken. Hast du ihm dann noch irgendwelche Dinge erzählt, dass er denkt, dass hier psychologische oder psychotherapeutische Hilfe oder Begleitung nötig sei?
Melanie: Ja, kann sein.
Frau Angers: Das mit dem Essen.
Melanie: Ach, das hat er wahrscheinlich eher von der Frau Dahl (zuständig für Melanie als Vormund), die will mich sowie nur in die »Spinnwinde« schicken.

Frau Angers ergänzt, dass Melanie anfangs sehr dünn war. Dies sei auch der Gastfamilie aufgefallen. Es sei dann abgeklärt worden, da sie auch erbrochen hätte. Ihr Eindruck sei, dass dies nicht das Hauptproblem sei, »eher ein Nebenschauplatz, da Melanie jetzt wieder ein paar Kilogramm zugenommen habe«.

Therapeut: Darf ich fragen, wie schwer du jetzt bist?
Melanie: Etwa 50 Kilo bei einer Größe von 1,63 Metern.
Therapeut: Was ja hier Frau Angers beschreibt, ist eine Art von Essstörung. Darf ich fragen, hast du selber den Eindruck, dass du eine Essstörung gehabt hast?
Melanie: Ja, schon, aber ich hab es aufgegeben.
Therapeut: Du hast es aufgegeben?
Melanie: Ja.
Therapeut: Wieso und wie hast du das aufgegeben?
Kommentar: Ich signalisiere Interesse an ihren Lösungen.

Melanie: Ja, ich weiß auch nicht. Ich habe gemerkt, so kannst du nicht weitermachen. Irgendwann mal werden sie dich in die nächstbeste Klinik stecken. Und das kann's nicht sein.
Therapeut: Aha, so wie es in einem Graffiti vor Jahren stand: Wer nicht handelt, wird behandelt.
Melanie: Ja, genau. Das brauche ich nicht.
Therapeut: Gut. Dann sitzt du, wenn ich das richtig verstehe, nicht nur hier, weil man dich zwingt, weil man dich »behandeln« will. Du sitzt hier auch, weil du dir diese Chance nicht entgehen lassen willst und schauen willst, ob dir das etwas bringt. Verstehe ich das richtig?
Melanie: Ja.
Therapeut: Ob es etwas bringt, weiß ich nicht, aber wenn es etwas bringen würde, was könnte es dir bringen?
Melanie: Eh … mmh, weiß ich auch nicht … aber vielleicht finde ich dann irgendwann innere Ruhe. (mit nachdenklichem Lächeln)
Therapeut: Angenommen, es würde ein Wunder passieren und alle Dinge, alle Probleme, wären irgendwann gelöst. Was würde sich in deinem Alltag ändern?
Melanie: Ich weiß nicht, was sich ändern würde. Ich wüsste gar nicht, was ich daran ändern sollte. Ich glaube nicht an »Wunder« und warte ab, was passiert.
Therapeut: Du kennst nur dieses Leben, dieses Leben mit Problemen.
Melanie: Ja, ja. Probleme gehören zum Leben, man kann nie kein Problem haben, zum Beispiel Probleme mit der Schule, Probleme mit den Eltern. Jeder hat mehr oder weniger von diesen Problemen.
Therapeut: An dem Ort, wo du zurzeit bist, bei Familie Härtel, wie lange bist du jetzt dort?
Melanie: Zwei Monate.
Therapeut: Gefällt es dir dort?
Melanie: Nein, nicht eigentlich.
Therapeut: Du möchtest lieber irgendwo anders hin.
Melanie: Ja.
Therapeut: Wohin? Das kann natürlich schwierig sein, wenn du irgendwo anders hinziehst. Dann wird es schwierig sein, dass ich dir, euch (zu Frau Angers) überhaupt etwas anbieten kann.
Frau Angers: Das hab ich mit Herrn Beer auch besprochen. Wir sind der Meinung, jetzt sollte man einfach mal anfangen. Melanie sollte anfangen

mit der Therapie. Sie sollte etwas tun, was ihr gut tut. Oder wie siehst du das (zu Melanie)?
Melanie: Mmh.
Therapeut: Okay. Du hast vorher Kinderheime und Ähnliches erwähnt. Ich denke, deine Geschichte hast du sicher schon hundertmal erzählt, aber irgendetwas macht ja, dass du jetzt auch hier sitzt.
Melanie: Also, ich gebe Ihnen die »Kurzfassung« ...

Kurz und ohne spürbare Emotionen erzählt sie die Geschichte einer typischen »Heimkarriere«, einer »Broken-Home«-Situation und der dazugehörigen unsicheren oder ambivalenten Bindung zu ihren Eltern. Sie erzählt, dass ihre Eltern nie verheiratet waren. Auch das Alter ihrer Eltern ist ihr nicht bekannt. Ihre Mutter hat Melanie das letzte Mal vor drei Jahren gesehen.
Seit Melanie zehn Jahre alt ist, lebt sie in verschiedenen Kinderheimen. Momentan ist sie vorübergehend bei Familie Härtel platziert (Time-out). Wie es weitergehen soll, ist offen. Ihr zwölfjähriger Bruder lebt auch in einem Heim. Frau Dahl ist Melanies Vormund. Melanie hat dabei unter anderem gelernt, sich mit neuen Situationen »abzufinden«, abzuwarten, was verordnet und veranlasst wird.

Vorgehen: Die kontextuellen Bedingungen (unklarer Auftrag bzw. Auftraggeber) als auch den Beziehungsaspekt (therapeutische Beziehung, Vor- und Nachteile eines Bindungsangebots, Unsicherheit in der Platzierungssituation) gilt es im Hinblick auf einen Therapieauftrag kritisch zu bedenken.

Ein »Time-out« in der Sitzung erscheint mir hier sinnvoll, um in der unklaren Situation zu entschleunigen und besonnen zu handeln. Die Versuchung, als Therapeut selbst einen Auftrag zu formulieren, ist aufgrund des Hilfebedarfs (Anliegen von Frau Angers, Bindungsbedürfnis von Melanie) und instrumentalisiert durch die Erwartung der Institution groß. Nach der kurzen Sitzungspause (und eigener Reflexion) kommentiere ich meine Einschätzung der Situation.

Therapeut: Melanie, ich glaube, du bist eine kompetente – weißt du, was das heißt? – junge Frau, die die Dinge anpackt. Du signalisierst mir deine Offenheit, indem du hierher mitkommst. Ich habe auch gehört, dass du ein Essproblem schnell in den Griff bekommen hast und dass es dir auch gelingt, Nein zu sagen zu Sachen, die dir nicht gut tun. Davor habe ich großen Respekt. Du bist auch jemand, an den andere sich wenden, wenn sie Probleme haben. Was ich mich dabei gefragt habe, ist, ob du dich nicht auch ein bisschen überfordern könntest, zu wenig Rücksicht auf dich selber nimmst, so nach dem Motto: Was brauche ich denn eigentlich selber? Was ich jetzt noch nicht weiß, ist, was eigentlich mein Auftrag ist. Was ich sicher nicht tun kann und will, ist, dich hier zu erziehen oder so was Ähnliches. Das kann nicht meine Aufgabe sein. Das wäre, wenn schon, die Aufgabe von anderen, da möchte ich mich auch nicht einmischen. Ich weiß gar nicht, ob ich dir in dieser offenen, für mich noch undurchschaubaren Situation etwas anzubieten habe, was du wirklich brauchst und dir auch hilft.

Melanie: Ich könnte Ihnen zum Beispiel einmal ein Problem geben. Ich mache gern Probleme von anderen dann zu meinen Problemen. Sobald man mir einen Auftrag gibt und mir etwas anvertraut, handle ich.

Therapeut: Es könnte ja sein, dass du Probleme hast, über die du hier nicht sprechen willst.

Melanie: Das könnte ich mir schon noch vorstellen, dass das hier möglich wäre.

Therapeut: Okay, gut.

Frau Angers: Als wir vorher miteinander gesprochen haben, als Sie draußen waren, hab ich Melanie gefragt, ob sie sich hier wohl fühlen würde, ob sie sich das vorstellen könnte, und Melanie hat mir gesagt: »Doch.« Das wollte ich noch sagen.

Therapeut: Okay. Ich helfe hier mit, meine aber, dass wir spätestens nach drei bis fünf Sitzungen eine Standortbestimmung machen müssen, ob das der richtige Weg ist, ob dir das auch etwas bringt. Du bist eine Praktikerin und willst keine Theorien. So dass du sagen kannst: Es bringt mir etwas. Ich möchte hier keine warme Luft produzieren.

Therapeut (zu Frau Angers): Ich wäre noch froh, wenn das Anliegen von Herrn Beer und die Finanzierung geklärt werden könnten. Am besten wäre es natürlich, wenn beim nächsten Mal Herr Beer mitkommen könnte.

Frau Angers: Ja, ich kläre das noch ab mit den Finanzen und so.

Kommentar und Fallen: Melanie, ein »Heimkind«, trifft mit ihrer kecken Art und den offenen, wenn auch indirekt bedürftigen Appellen den Helfernerv. Man spürt die Bindungsdefizite und würde ihr deshalb einen verlässlichen und verbindlichen Therapeuten oder eine Therapeutin wünschen. Eine längerfristige Therapie, unter Einbezug signifikanter Angehöriger und Helfer, bietet sich geradezu an. Unüberhörbar ist deshalb auch Frau Angers, die mich als Psychotherapeut für Melanie unbedingt installieren möchte.

Ihre Geschichte beschreibt Melanie selbst als eine mit stetig wechselnden Beziehungs- und Bindungspersonen und Wohnorten: kranke (drogenabhängige) Eltern, Kinderheim, Abbrüche, Krisen (Time-out), Institutions- und Ortswechsel usw. Damit hat sie bis zu einem gewissen Grade gelernt umzugehen (»Ich glaube nicht an ›Wunder‹. Ich warte ab, was passiert.«). Verblüffend, wie sie zwar desillusioniert, aber eben auch resilient mit schwierigen familiären Bedingungen und institutionellen Zwängen umgehen kann.

Auch dies gilt es aus einer Perspektive des »einfachen Handelns« (prognostisch) zu erkennen und darum diese Unverbindlichkeit vorerst auszuhalten. Es wäre schlicht naiv, ihre Geschichte schönzureden oder sich vorschnell als Helfer (Retter) anzubieten, ohne den komplexen Versorgungskontext zu kennen und darin Auftrag und Rolle zu klären.

Alles andere (»einfach mal anfangen«, Frau Angers) wäre mit Blick zum bisherigen, von Abbrüchen gekennzeichneten Leben von Melanie untherapeutisch.

Zweite Sitzung

Die zweite Sitzung mit Melanie und Frau Angers findet zwei Wochen später statt. Frau Angers gibt mir zu Beginn einen Brief von Herrn Beer, in dem ich vom Stellenleiter freundlich angefragt werde, ob ich ein Schreiben zu Händen der Vormundschaftsbehörde aufsetzen könnte, das eine Platzierung in der projekteigenen, privaten Schule unterstützen würde. Von Seiten des Stellenleiters könnten dafür ausreichend Begründungen aufgeführt werden: »Der für die Finanzierung der Betreuung von Melanie zuständige Kostenträger wünscht eine unsere Position bestätigende Stellungnahme einer Fachperson, zum Beispiel eines Psychologen.« Zudem werde ich als Psychologe angefragt, ob »die Konsultationen von Melanie mit der Krankenkasse abgerechnet werden können. Wenn nein, könnte eine Zusammenarbeit mit einem Arzt vereinbart werden? Wenn auch nein, mit welchem Kostenrahmen haben wir zu rechnen? Dürfen wir

Sie bitten, Ihre Stellungnahme zu den beiden vorliegenden Fragen Frau Angers zuhanden des Versorgers abzugeben?«

Kommentar: Auch wenn mir die Worte etwas im Halse stecken bleiben, beziehe ich ruhig und fair im Interesse von Melanie Stellung.

1. *Der Bericht, die Abklärung könnte bei der örtlichen und öffentlichen Erziehungs- und Jugendberatungsstelle angefragt werden, da ich hier keine Doppelrolle (und zudem ohne formalen Auftrag des »Versorgers«) einnehmen möchte.*
2. *Die Abrechnung erfolgt als selbstständiger Psychotherapeut (mit Angabe eines Kostendaches für vorläufig 3–5 Sitzungen, wie üblich). In Melanies Interesse wird, bei aller Skepsis unter den kontextuellen Bedingungen, eine mittel- bis längerfristige Bereitschaft signalisiert.*

Anschließend dient die Sitzung einem ersten Einzelgespräch mit Melanie (Frau Angers setzt sich ins Wartezimmer), indem ich mich vorsichtig an sie herantaste, um ihre Situation, ihr Anliegen und ihre Bereitschaft zu erkunden.

Auch wenn sie sich sichtbar zu öffnen beginnt (nimmt Haare aus dem Gesicht), steht die unklare Situation im Raum, was sowohl beim Therapeuten als auch bei der Klientin Anlass zur Zurückhaltung gibt. Melanie signalisiert mir, dass sie sich ihrerseits eine Fortsetzung vorstellen könnte, »aber eben …« Im Hinblick auf die anstehenden Entscheidungen verabschieden wir uns, ohne einen weiteren Termin zu vereinbaren.

Per Einschreiben erreicht mich eine Woche später folgender Brief des Stellenleiters Herrn Beer:

»Abbruch der ›Übung‹ aus Finanzierungsgründen

Sehr geehrter Herr Rufer,
leider sehen wir uns aus Finanzierungsgründen dazu veranlasst, die Zusammenarbeit mit Ihnen im Fall von Melanie per sofort abzubrechen. Wir danken Ihnen für Ihre Bemühungen im Zusammenhang mit diesem Mädchen und bitten Sie, dafür an uns eine Rechnung zu stellen.«

Kommentar: Mit guten Gründen irritiert und vielleicht auch selbst etwas gekränkt wäre man geneigt zu sagen: »ohne Kommentar«. Trotzdem beantworte ich den Brief kurz, aber fair.

»Ich nehme zur Kenntnis, dass die ›Übung‹ (durch die unklare Auftragssituation) aus finanziellen Gründen abgebrochen wird. In diesem Sinne bitte ich Sie, auch Melanie zu orientieren und mich bei ihr zu verabschieden. Ich hoffe, dass eine passende Fortsetzung gefunden werden kann.«

Schlusskommentar und Bilanz

- Das »System hat System«, könnte man sagen: Abbrüche als Teil der Biografie von Melanie scheinen sich fortzusetzen (multistabiles Muster). Therapeuten sind also auch verpflichtet, Muster, die sich in Versorgungsnetzen zu perpetuieren scheinen, achtsam zu erkennen. Die Familiendynamik ist oft weniger wichtig als die Dynamik des Kontextes, in den Helfer, Institutionen und wichtige Abwesende einbezogen sind.
- Mache Klienten keine (nicht einlösbaren) therapeutischen »Bindungsangebote«, solange der Auftrag, die Rollen, die Kompetenzen, Zuständigkeiten usw. nicht geklärt sind. Sie werden sonst nur ein weiteres Mal enttäuscht und in ihren Vorstellungen (Opfer der Umstände) bestätigt.
- Auch bevormundete Klienten helfen und zeigen, wie es läuft, wenn du bereit bist, sie diesbezüglich als die Experten ihres Lebens (Resilienz) zu sehen.
- Versuche Anliegen und Probleme von diesen Klienten nicht nur aus deren Persönlichkeit und/oder der familiären Biografie heraus zu verstehen, sondern auch aus der laufenden Behandlungsgeschichte im »Gestrüpp der Institutionen«. Kontextuelles Wissen (Versorgungsstrukturen) sowie praktische Erfahrungen mit »dynamischen Fürsorge-Systemen« sind hier von großem Nutzen.

Aus Misserfolgsgeschichten, in denen auch die generischen Prinzipien nicht richtig erfasst wurden (z. B. Muster des relevanten Systems), lässt sich dann etwas lernen, wenn sie als ein geregeltes Scheitern und im Hinblick auf das Wohl von Klienten verlaufen. Auch im Erkennen von Fehlern (Lutz et al., 2004), bzw. den Grenzen psychotherapeutischen Handelns ist Systemkompetenz gefragt.

6 Therapie im Kontext – ein kritischer Ausblick

»Und tatsächlich scheint auf breiter Front oft mehr die Störung
als der ganze Mensch in seinen sozialen Bezügen gesehen zu werden«
(Caspar, 2009, S. 10).

In seinem Essay »Die nächsten 10 Jahre Psychotherapieforschung« beleuchtet Orlinsky (2008, S. 345–354) die Praxis sowie die Grundannahmen heutiger Forschung kritisch: »Sie untersuchen Individuen nicht als Individuen, welche untrennbar in soziokulturelle, ökonomisch-politische und biografische Kontexte eingebunden sind [...]. Was ich bei dem etablierten Forschungsparadigma am meisten vermisse, ist ein Verständnis der menschlichen Kontexte, in denen die Therapie stattfindet, sowie eine adäquate theoretische Darstellung der Komplexität dieser Kontexte. Das vorherrschende Paradigma, dem die ›Mainstream‹-Therapieforschung folgt, bildet die menschlichen Realitäten nicht adäquat ab und ist aus diesem Grund auch nicht wirklich wissenschaftlich« (S. 347).

Psychische Störungen können nur in ihrem Kontext, das heißt im Lebensumfeld von Klienten, verstanden werden. Lebensentwürfe sind immer Teil von Therapie (vice versa). »Patienten und Patientinnen heiraten, sie machen Karrieresprünge, trennen sich, werden verlassen, haben Unfälle«, wie Caspar (2009, S. 11) lakonisch bemerkt.

In Anlehnung an Orlinsky könnte man also kritisch für die Psychotherapiepraxis resümieren: Es fehlt ein Verständnis für die »menschlichen Realitäten und die Komplexität der Kontexte, in die Klienten eingebunden sind«.

Ein solches Verständnis hat unweigerlich Konsequenzen für Diagnostik und Therapie und damit auch für die Ausbildung von Psychotherapeuten:
- Psychotherapie müsste mehr umfassen als ein Set spezialisierter Verfahren, die auf eine bestimmte psychische Störung angewandt werden.
- Neben den Klientenvariablen müsste als Therapeutenvariable auch der Behandlungskontext, in welchem Therapie stattfindet, mit erfasst werden.
- »Die therapeutische Aus- und Weiterbildung müsste weniger von

einer Therapieschule, sondern stärker von der Alltagsrealität der Patient/innen ausgehen« (Spycher, Margraf u. Meyer, 2007).

Für die Patienten macht es einen Unterschied, ob sie in der psychiatrischen Klinik, beim niedergelassenen, frei schaffenden Psychotherapeuten oder bei einer klar etikettierten Sucht-, Drogen- oder Erziehungsberatungsstelle Hilfe suchen. Die Struktur und die Dynamik des Versorgungskontextes sind oft bedeutsamer als die Dynamik im sozialen Umfeld des Patienten. Die Lebenskontexte von Patienten und die Arbeitskontexte von Therapeuten stehen wechselseitig in einem System-Umwelt-Verhältnis. Kollegen und Kolleginnen, eingebunden in öffentliche oder private Institutionen mit ihren unterschiedlichen Wirklichkeiten und Regelsystemen, sind etikettiert und hinterlassen als »Kontextgestalter« (Asen, 2008) genauso Spuren wie die Patienten mit ihren Verhaltensmustern, zum Guten wie zum Schlechten.

So »stehen gerade in psychiatrischen Versorgungszentren oft die Symptome und Funktionsdefizite im Vordergrund«, wie in einer Studie zur Compliance in der Therapie mit Schizophreniepatienten kritisch bemerkt wird (Cavelti, 2011, S. 36).

Versorgungskontexte prägen als Kontextmarkierungen aber nicht nur die Behandlung, sondern im Besonderen auch das Selbstbild der verschiedenen Leistungserbringer. Die unterschiedliche berufliche Sozialisation als Arzt, Psychologe oder Heilpraktiker ist mitbestimmend für die unterschiedliche Positionierung im Gesundheitswesen. Dies hat unweigerlich Auswirkungen auf das Selbstverständnis und die *berufliche Identitätsbildung*. Die Frage »Wer und was bin ich?« (als Psychiater, Psychologe, Heilpraktiker) gilt als Basis für jede berufliche Identität und dementsprechend entwickeln sich Identitätsgefühle und Autonomie entsprechend ihrem Kontext. »Das Problem der Gleichheit in der Verschiedenheit beherrscht auch die aktuellen Identitätstheorien« (Keupp, 2010, S. 101).

Kontextuelle Bedingungen haben aber nicht nur unterschiedliche Konsequenzen für das Selbstverständnis als ärztlicher bzw. psychologischer Psychotherapeut, sondern sie prägen auch das Menschenbild, die Krankheits- und Therapiekonzepte (Simon, 1995) und die Positionierung der Psychotherapie im Gesundheitswesen. So unterscheiden sich die Therapiekonzepte bei psychischen Störungen von den Therapiekonzepten und den damit verbundenen Interventionen bei somatischen Störungen. »Denn wenn deutlich ist, dass Psychotherapie sich radikal durch die ›Uncodiertheit‹ der von ihr behandelten Probleme von der Medizin unterscheidet, die ihre Qualitäten aus der Behandlung ›codierter Probleme‹ gewinnt, dann würden nicht nur berufspolitische Fragen unter einem anderen Licht erschienen, sondern es würde auch methodisch ein anderes Selbstverständnis gefördert« (Simon im Vorwort zu Fuchs, 2011, S. 10).

Da Ätiologie und Therapie einer psychischen Störung nicht zwingend ursächlich (linear) verbunden sind, heißt dies zum Beispiel, dass Probleme sich in einem Therapieprozess auch dann lösen können, wenn die Krankheits- oder Störungsursache (noch) nicht gefunden werden kann (vgl. Fallbeispiel 3). Es sind demnach vor allem allgemeine und kontextuelle Faktoren sowie generische Prinzipien, die über Therapieverlauf und Therapieerfolg in der Psychotherapie entscheiden.

Obwohl dieses (kontextuelle) ökosystemische Denken zum Beispiel in der Umwelt- oder Neurowissenschaft schon längst Standard ist, unterscheidet sich ein solches Vorgehen vom Mainstream gängiger psychotherapeutischer Konzepte, die sich nach wie vor unkritisch am (bio)medizinischen Modell orientieren (Wampold, 2001; Schiepek, 2011b). »Bemerkenswert ist, wie stark sich die Ausrichtung auf das medizinische Versorgungssystem durchgesetzt hat« (Caspar, 2009, S. 9).

6.1 Psychotherapie im medizinischen Kontext[6]

»Psychologische Therapie meint Heilen mit psychologisch begründeten Mitteln. Was sich als geeignet erwiesen hat, seelische Prozesse wirksam zu verändern, gehört zu den potenziellen Mitteln psychologischer Therapie« (Grawe, 1998, S. 3). Was Grawe vor mehr als zehn Jahren in Anlehnung an die Definition von Strotzka (1975) als ein psychologisches Verständnis von Psychotherapie definiert hat, muss heute um seine Identität als psychologische Therapie kämpfen. »Inzwischen steht die

---

6 In diesem Kapitel wird auch spezifisch auf Schweizer Verhältnisse eingegangen, insbesondere auf die (noch) unterschiedlichen Bedingungen für ärztliche und psychologische Psychotherapeuten (vgl. Fußnote 9).

biologische Perspektive bei allen psychischen Störungen im Zentrum des Interesses« (Lütz, 2011, S. 45).

Psychotherapie – zwar an der Schnittstelle von Medizin, Psychologie und sozialer Arbeit positioniert – definiert und finanziert sich ausschließlich als »Behandlung psychisch bedingter, krankheitswertiger Störungen und Beschwerden« (Senf u. Broda, 2002, S. 5). Analog dem medizinischen Kontext ist eine Versorgung »psychische und psychosomatische Erkrankungen betreffend«[7] also eine medizinisch-psychiatrische mit entsprechenden Konsequenzen für die Behandlung.

Eine Psychiaterin und Psychotherapeutin, seit kurzem Mitglied einer Praxisgemeinschaft von Psychiatern und Psychologen, berichtet, dass sie in diesem Kontext ein ganz anderes Klientel vorfinde. Zuvor, in einem ambulanten psychiatrischen Dienst, sei es eher darum gegangen, den Patienten mit flankierenden, medikamentösen Maßnahmen zu halten und Alltagsstruktur zu schaffen. Ihr falle auf, dass sie weniger an die Verordnung von Medikamenten denke. In der freien Praxis sei sie als Ärztin nun erstmals mit Patienten konfrontiert, deren Behandlung weniger psychiatrisch-medizinisches als vielmehr psychologisches Wissen und Können verlange. Sie sei damit ganz neu gefordert und oft verunsichert, ob sie dies auch richtig mache.

Vor diesem (medizinischen) Hintergrund ist auch der über die Landesgrenzen hinaus geführte Diskurs um die Zukunft der *ärztlichen bzw. psychologischen Psychotherapie* zu verstehen. Im Gegensatz zu Deutschland, wo die kassenärztliche Anerkennung (GBA) sich vor allem am Therapieverfahren, an der Therapieschule orientiert, entscheiden in der Schweiz zwar nicht eingeschränkt zwei »Richtlinienverfahren«[8] über die Kassenzulässigkeit von Psychotherapie, dafür aber über den ärztlichen Berufsstand (vgl. dazu auch Margraf u. Müller-Spahn, 2009). Dementsprechend gilt Psychotherapie in der Schweiz de facto

---

7 Verordnung über Leistungen der obligatorischen Krankenversicherung (Art. 2 der Krankenpflege-Leistungsverordnung des Eidgenössischen Departements des Innern vom 7.10.2002).

8 In der Schweiz ist zum Beispiel auch die Systemische Therapie neben anderen Verfahren kassenzulässig.

als medizinische Disziplin und mit ihr die Anwender, die ärztlichen und nichtärztlichen Therapeuten. Psychotherapie ist zwar auch in der Schweiz Pflichtleistung, kann aber als solche von Nichtmedizinern, das heißt psychologischen Psychotherapeuten, im Rahmen eines ärztlichen Anstellungsverhältnisses (Delegation) durchgeführt werden. Es gelten aber trotz gleicher Leistungen unterschiedliche Tarife.[9]

Diese Unterschiedlichkeit hat für die psychologischen Psychotherapeuten (als »ärztliches Hilfspersonal«) aber nicht nur finanzielle Konsequenzen: Ob nun ambulant oder stationär, die Behandlung bleibt nicht nur eine ärztlich finanzierte, sondern in Tradition und Kultur auch eine medizinisch definierte und konzeptualisierte. »Definition und Behandlungsweise von psychischen Störungen sind stark kulturell geprägt und die Oberhand gewinnt derzeit die medizinische (Sub-)Kultur mit ihrer Eintrittskarte für die Finanzierung psychotherapeutischer Behandlungen« (Caspar, 2010, S. 9). Eine Tendenz, die sich in ähnlicher Weise und konfliktanfällig auch in der Psychoonkologie, ebenfalls ein Bereich an der Schnittstelle von Medizin und Psychologie, zeigt – und dies entgegen wissenschaftlicher Erkenntnisse, die Psychotherapie als bio-psycho-soziales, interdisziplinäres Gesamtprojekt ausweist (Schiepek, 2004) und diese vor allem als eine auf *psychologischen Konzepten* und Theorien basierende begreift (Margraf u. Müller-Spahn, 2009, Grawe, 1998, Wampold, 2001, Schiepek, 2011b).

Psychotherapie, dieses »Heilen mit psychologischen Mitteln« (Grawe, 1998), das sich nicht primär am Körper oder medikamentösen Interventionen orientiert, hat ihre eigenständige Identität in einem medizinisch geprägten Kontext noch nicht gefunden. »Identität in der Spätmoderne ist Identität im Übergang, transitorische Identität, eine offene, verflüssigte und fluide Struktur [...]. Identität ist die Einheit von Differenzen, nicht deren Überwindung oder Eliminierung« (Chakkarath u. Straub, 2010, S. 113).

---

9 Mit der Annahme des PsyG (Psychologieberufegesetz) vom 18. März 2011 wird nicht nur der Titelschutz und die Weiterbildung in Psychotherapie für Psychologen mit Hochschul-Masterabschluss neu geregelt, sondern damit ist auch der Boden für eine gleichwertige Positionierung der psychologischen Psychotherapie längerfristig bereitet.

Auch wenn heute niemand das Fachgebiet Psychiatrie als ein meist mit medikamentösen Mitteln durchgeführtes medizinisches Angebot für psychisch (schwer) kranke Menschen ernsthaft in Frage stellt, handelt es sich bei Psychiatrie und Psychotherapie doch um zwei unterschiedliche – wenn auch miteinander verbundene – Struktur-, Denk- und Kommunikationssysteme. Psychiatrische und psychotherapeutische Leistungen werden dementsprechend auch unterschiedlich taxiert und abgerechnet.

Während Ärzte aufgrund ihrer medizinischen Grundausbildung als Psychiater oder Psychosomatiker eher auf körperliche Krankheit und physische Ursachen fokussieren, orientieren sich (psychologische) Psychotherapeuten doch eher an psychologischen Konzepten über Persönlichkeits-, Beziehungs- und Prozessfaktoren. Insbesondere bei Psychotherapie steht weniger die Krankheit und damit die gezielte, ursachenorientierte Intervention im Vordergrund, sondern der Fokus liegt auf Konzepten für die Veränderung des Erlebens, Denken und Verhaltens. »Es mag Ironie sein, dass das Paradigma gerade zu einer Zeit, in der sich der medizinisch-psychiatrische Berufsstand in den Vereinigten Staaten weitgehend aus der Praxis der Psychotherapie zurückgezogen hat [vgl. Nachwuchsprobleme in der Psychiatrie zum Beispiel in der Schweiz], an einem medizinischen Modell von Krankheit und Behandlung festhält. Auswirkungen und Ergebnisse der Therapie im Hinblick auf Personen- und Lebensveränderungen werden nur im Hinblick auf Pathologie betrachtet« (Orlinsky, 2008, S. 348; Orlinsky, 2011).

Die Folge einer solchen Entwicklung wäre, dass die Medizin und mit ihr verbunden die »Psychiatrie in einem unglaublichen Wachstumsmarkt« (Rössler, 2010, S. 34) den Kontext weiterhin bestimmt und so nicht nur die Regeln für die Psychiatrie, sondern weiterhin auch für die psychotherapeutische Versorgung definiert.

Die Gefahr einer *Medizinalisierung von Leiden* (vgl. z. B. auch die kontrovers geführte Diskussion um das Rauchen als Krankheit) als einer einseitigen, unkritischen Übernahme von entsprechenden Konventionen und Wertungen in die Psychotherapie ist groß. Gesundheitspolitisch könnte dies im Extremfall heißen, dass – orientiert an einem biomedizinischen Modell von Psychotherapie – die Ärzte die Experten für Indikation und Therapie zum Beispiel für Ess- bzw. somatoforme Störungen wären und dementsprechend Anorexie- oder Schmerzpatienten künftig nur diesen zugewiesen werden dürften. Daraus, so könnte man schlussfolgern, muss, wer (zumindest in der Schweiz) krank ist, zum Arzt, oder er ist eben nicht krank und braucht auch keine Psychotherapie und so schlussfolgert Fuchs in den »Gesprächen über die Zukunft der Psychotherapie« mit Kolleg(inn)en in der »Verwaltung der vagen Dinge«: »Wenn Psychotherapie in Medizin aufgeht, hat sie aufgegeben […], denn sie lässt sich als ein System beobachten, das in sich sortiert zwischen codierten und nicht codierten Problemen« (Fuchs, 2011, S. 35).

Dies provoziert Fragen zur Korrelation von Leiden und Krankheit und damit zum *Krankheits- und Therapiekonzept* (Watters, 2010) und den damit verbundenen Implikationen für die Patienten. Aus der Perspektive einer systemisch orientierten Psychotherapie, die Krankheit und Gesundheit dimensional zu erfassen versucht (Strunk u. Schiepek, 2007), kommen auch Psychotherapeuten – ärztliche wie psychologische – nicht darum herum, sich diesem Diskurs zu stellen.

6.2 Ist krank, wer leidet – leidet, wer krank ist?

Fallbeispiel A:

Ein Paar (Mann, 44 Jahre, Facharzt; Frau 33 Jahre, Pflegefachfrau), kinderlos, unverheiratet, aber seit mehreren Jahren in Partnerschaft lebend, meldet sich auf Empfehlung eines Arztes. Sie äußert: »Es muss sich unbedingt etwas ändern. Wir lieben uns zwar, aber ich leide unter der Lustlosigkeit meines Mannes.«

Fallbeispiel B:

Ein Mann, 27 Jahre, meldet sich drei Monate vor seiner Hochzeit beim Psychiater: »Ich brauche unbedingt Hilfe, da ich totale Panik vor der Hochzeit habe und mir (und meiner Freundin) eine Bedenkfrist von ein bis zwei Wochen eingeräumt habe …«

Fallbeispiel C:

Eine Frau, die mit Bezug auf die ärztliche Überweisung ihres erwachsenen Sohnes (psychiatrische Klinik, Diagnose: schwere Persönlichkeitsstörung) meine Terminbestätigung per E-Mail quittiert: »Wir (die Eltern) sind an einem Gespräch mit Ihnen sehr interessiert. Leider besteht zurzeit keine Chance, dass unser Sohn daran teilnehmen wird, da er in keiner Weise einsieht, dass er krank ist. Ich hoffe, dass Sie uns dennoch empfangen.«

- Fallbeispiel A: Lustlos und/oder depressiv? »Wellnesstherapie« oder Psychotherapie?
- Fallbeispiel B: Psychiatrische (medikamentöse), psychologische, psychotherapeutische oder pädagogische Behandlung (oder alles miteinander verbunden)?
- Fallbeispiel C: Wer braucht was? Wer ist krank? Wer leidet?

Patienten, Psychiater, Psychotherapeuten und insbesondere Versicherungen gehen davon aus, dass Menschen, die zu ihnen kommen und psychisch leiden, krank sind und damit ein Anrecht haben auf »Fachpsychotherapie für krankheitswertige Störungen und Beschwerden« (Senf u. Broda, 2002, S. 5). Die angerissenen Fallbeispiele werfen darum Fragen auf verschiedenen Ebenen auf:

a) therapeutische:
- Wann ist die explizite Definition »krank« hilfreich (Ent-Schuldung) bzw. hemmend (Selbstwirksamkeit) in Bezug auf den Heilungsprozess?

b) nosologische:
- Ist krank, wer leidet – und leidet, wer krank ist?
- Irre: Behandeln wir die Falschen (vgl. Lütz, 2011)?
- Welches Krankheitsmodell liegt der Psychotherapie, die vorwiegend auf psychologischen Konzepten basiert, zugrunde?

c) versorgungspolitische:
- Wann ist Psychotherapie erforderlich?
- Wer stellt aufgrund welcher Kriterien die Indikation?

d) gesundheitspolitische:
- Wird mit der Erfassung neuer psychischer Krankheitsbilder Leiden allumfassend als Krankheit behandlungsbedürftig?
- Sollen Prävention oder Angebote für eine Verbesserung der Lebensqualität als Gesundheitsvorsorge Pflichtleistung der Krankenkassen sein?

e) standespolitische:
- Sind Psychotherapeuten die Experten für psychische Krankheiten oder brauchen wir eine Aufteilung in Psychiatrie/Psychosomatik und Psychotherapie?
- Wer (Psychologen, Ärzte …) soll und darf künftig Anbieter von Psychotherapie im eigentlichen Sinne sein?

Krankheit in Struktur und Prozess ist dimensional, das heißt, sie als »die andere Seite der Gesundheit« (Simon, 1995) nicht nur als Entweder-oder (gesund oder krank) zu erfassen, ist nicht einfach.

Versicherungsrechtlich gesehen ist man ja auch nicht ein bisschen krank. Man ist gesund oder krank. Auch wenn »niemand allein krank ist« (von Schlippe u. Theilig, 2005), zu einem bestimmten Zeitpunkt erkrankt eine Einzelperson (und nicht ein Paar oder eine Familie) und wird in unserem Rechtssystem, das auf individuelle Zurechenbarkeit ausgerichtet ist, auch als solche (einzeln) erfasst. Dieses Dilemma kennen all jene Psychotherapeuten, die mit Paaren und Familien arbeiten und innerhalb des Versorgungskontextes den richtigen (kranken) Indexpatienten – mit allen dazu gehörigen Vor- und Nachteilen – zuhanden der Krankenversicherung als krank diagnostizieren müssen.

»Wird der Begriff Krankheit zur Bezeichnung des Zustandes oder Verhaltens eines Individuums verwendet, so hat dies weitreichende Konsequenzen auf der Ebene sozialer Systeme« (Simon, 1995, S. 110). So zeigten zum Beispiel Untersuchungen zur Wirkung biomedizinischer Erklärungen (z. B. Erkrankung des Gehirns) für psychische Störungen, entgegen der ursprünglichen Vermutung, dass die erkrankte Person gegenüber Vorwürfen oder Stigmata geschützt ist, auch das Gegenteil: »Die Überzeugung, von der wir annahmen, sie reduzieren die Stigmatisierung, vergrößerte diese in Wirklichkeit« (Watters, 2010, S. 235). Offensichtlich kann die Etikettierung »psychisch krank« (z. B. drogensüchtig, persönlichkeitsgestört, schizophren) gegebenenfalls auch zum Wegfall oder gar zur Abstinenz sozialen Supports führen.

Im Wissen um die *Wertung von Krankheit* und der Nachteile, eine psychische Krankheit lediglich als eine Krankheit des Gehirns zu verstehen (z. B. Griesinger, 1845, S. 1: »so haben wir vor allem in den psychischen Krankheiten jedes Mal Erkrankungen des Gehirns zu erkennen«), beschreiben sich psychisch leidende Menschen oft als belastet, aber nicht als krank. »Wenn ich Medikamente brauchen würde, dann wäre ich psychisch krank und müsste zum Arzt«, meint ein Klient (Alkoholprobleme) auf meine Frage, ob er sich denn als psychisch krank bezeichnen würde. Offensichtlich entscheidet sich für viele Klienten die Frage, ob sie krank sind und damit als Patienten in der Therapie sitzen (wollen), an einer mit Medikation verbundenen Etikettierung. So gibt es Menschen, die nach bisheriger ICD- und DSM-IV-Klassifikation durchaus als krank gelten, selbst aber nicht leiden, oder solche, die sich umgekehrt gestört verhalten, aber nicht als krank gelten.

In einem Verständnis von Gesundheit und Krankheit als einem multistabilen Zustand und einem dimensionalen Verständnis psychischer Belastungen (vgl. DSM-V) muss sich der Blick auch auf die »andere Seite der Krankheit« öffnen:

»Mein Hausarzt hat Sie empfohlen, da Sie spezialisiert seien für den Umgang mit Selbstwertproblemen.« 14 Tage später meldet sich die Klientin (28 Jahre) wieder: »Ich möchte den Termin bei Ihnen wieder absagen, da Sie nicht über die Allgemeinversicherung abrechnen können. Es geht mir aber inzwischen wieder wesentlich besser und zum Psychiater muss ich nicht.«

»Wir stecken mitten in einer Beziehungs- und Familienkrise, nachdem mir mein Mann offenbart hat, dass er seit längerer Zeit eine Außenbeziehung lebt. Mein Psychiater hat mir nun eine Paartherapie empfohlen« (Klientin, 40 Jahre).

»Sobald ich etwas Schwindel und Kopfweh verspürte, sagte ich mir sofort: Nein, ich bin nicht krank, und dann sind die Schmerzen weggegangen« (Herr Berisha, 29 Jahre, Folteropfer).

Diese Unterschiede reflektierend und im Wissen, dass nicht wenige Menschen mit psychischen Belastungen *ohne* Krankheitswert, aber mit existenziellen (Beziehungs-)Problemen psychotherapeutische Hilfe suchen (Orlinsky, 2011), müsste Psychotherapie über den Krankheitsbegriff hinaus definiert und im Gesundheitsmarkt neu positioniert werden.

Pinsof et al. (2010, S. 37) plädieren in ihrem systemischen Modell deshalb mit Recht für die »Annahme der geringst möglichen Pathologie«, denn »die individuelle Strategie der Bewältigung von Belastungen ist ausschlaggebend für die Lebenszufriedenheit«, wie der Neurobiologe, Philosoph und auch Therapiekritiker Gerhard Roth (2007, S. 220) schreibt.

Gerade darum sehen sich Psychotherapeuten in ihrem Beruf auch weniger als klinische Experten, sondern als professionelle Kommunikationsexperten für die Behandlung individueller und familiärer Belastungen.

Die Frage aber bleibt, wie sich unterschiedliche Krankheits- und Therapiekonzepte und ihre Episteme (medizinisches und kontextuelles Modell; Wampold, 2001) verbinden lassen (Lieb, 2009), ob Psychotherapie denn auch immer die Methode der Wahl ist und ob wir denn auch wirklich die Richtigen behandeln (Lütz, 2011) – nicht zuletzt nach Massakern wie jenem in Oslo im Sommer 2011.

6.3 Eine oder zwei Psychotherapien?

»Ob eine Krankheit vorliegt, entscheidet oft, wer eine Maßnahme zu bezahlen hat« (Schweitzer, 2004, S. 216). Die öffentliche und politische Diskussion um Krankheit und die steigenden Gesundheitskosten weisen heute unmissverständlich in eine Richtung, in der heilige Kühe wie der Verzicht der Ökonomisierung oder die Politisierung von Gesundheit geschlachtet werden. »Die strikte Trennung zwischen Medizin und Ökonomie finde ich ethisch fragwürdig. Es ist wichtig zu fragen, welche Behandlung sinnvoll ist und zu welchem Preis sie einen Zusatznutzen bringt« (Wirthner, 2008, S. 7).

Gesundheitsökonomen und Juristen sagen uns deshalb zurecht, dass der Begriff der elementaren, unerlässlichen medizinischen Versorgung ein unbestimmter Rechtsbegriff ist und daraus nicht für alles

Leiden eine Allgemeinversorgung begründet werden kann (Spycher et al., 2007). Langsam dämmert es auch den Leistungserbringern, dass sich das bisherige Niveau von Gesundheitsvorsorge nicht mehr länger finanzieren lässt. Diese Entwicklung wird auch vor der Psychotherapie nicht Halt machen, denn auch sie ist eine Ware, geprägt von den Regeln des Marktes.

Damit steht die Frage im Raum: Kann oder soll es zwei Psychotherapien geben? Eine medizinisch und eine psychologisch begründete bzw. eine krankheitswertige und damit kassenzulässige und eine, die der Leistungsnehmer selbst bezahlt? Antwort: Ja und Nein.

1. Nein: Psychotherapie, die (noch) als Pflichtleistung für alle gilt, muss sich zwingend als *eine* Therapie für »psychische und psychosomatische Erkrankungen« definieren.[10] Sie basiert auf *einem* wissenschaftlichen, vorwiegend an der Psychologie und Medizin orientierten Modell. Entsprechend qualifizierte Psychotherapeuten wären zu benennen und gleiche Leistungen müssten gleichwertig durchgeführt und abgerechnet werden (Modell Deutschland). Der Leistungskatalog ist klar definiert. Die Antwort auf die Frage, »wer wie gestört ist« (z. B. in Paartherapien), wäre damit konzeptuell und versicherungsrechtlich eng an die Medizin gebunden. Die Tendenz, dass der Praxisalltag pathologisiert wird und Menschen in Krisen durch die Krankheitsbrille gesehen und psychiatrisiert werden, ist groß.
2. Ja: Psychotherapie ist – wie zum Beispiel (noch) in der Schweiz – über die unterschiedlichen Anbieter sowohl als psychiatrisch-psychotherapeutisches wie auch als psychologisch- psychotherapeutisches Leistungsangebot unterschiedlich definiert und finanziert. Was als Psychotherapie gelten soll und wie diese verrechnet werden darf, liegt entweder in der Kompetenz des (ärztlich) anerkannten Leistungserbringers (Schweiz) oder des Richtlinienverfahrens (Deutschland). Es gäbe dann zwei Psychotherapien: eine ärztliche und eine psychologische bzw. eine innerhalb und eine außerhalb kassenärztlicher Anerkennung bzw. eine mit und eine ohne Krankheitswert.

---

10 Verordnung des EDI über Leistungen in der obligatorischen Krankenpflegeversicherung, Stand 1. Januar 2010. Interessant ist, dass in der klassischen Definition von Strotzka (1975) Psychotherapie nicht an den Krankheitsbegriff gekoppelt ist.

Eine solche Zweiteilung wäre in der Tat ein bedenkenswertes Modell und könnte für die Therapie Perspektiven eröffnen (siehe auch Fallbeispiele). Die Nachteile würden aber bei weitem überwiegen: Unterschiede würden zu Gegensätzen festgeschrieben, die Segregation zwischen den Berufsgruppen würde fortschreiten (z. B. psychologische vs. ärztliche Psychotherapie) und Spaltungen jeglicher Art in »falsche« und »richtige« Psychotherapeuten (Richtlinien-Verfahren) in einem ohnehin schon stigmatisierten Fachgebiet wären die Folge.

Es sei denn, Leistungserbringer und Klienten entscheiden sich im Rahmen eines neuen Versorgungsmodells, Belastungen nicht nur als Störung mit Krankheitswert und Psychotherapie dementsprechend auch nicht *nur* als medizinische Leistung im eigentlichen Sinne zu verstehen. »Es wären ja auch Modelle denkbar, bei denen man sagt: ›Die Behandlung bei Patient XY ist so geplant, dass sie zu 35 % die Behebung einer klinisch bedeutsamen Störung beinhaltet und zu 65 % der persönlichen Weiterentwicklung des Patienten dient‹ – mit entsprechendem finanziellen Verteilungsschlüssel« (Caspar, 2009, S. 10). Denkbar wären bei nicht chronifizierten Störungen auch Modelle, in denen mit ansteigender Sitzungszahl der Selbstbehalt entsprechend erhöht wird.

Aus psychologischer und auch salutogenetischer Perspektive betrachtet, könnte sich eine differenzierte und angemessene Kostenbeteiligung der Patienten und Klienten auch positiv auf den Therapieprozess auswirken (Selbstwirksamkeit). Klienten könnten gerade darum optimal vom Leistungsangebot Psychotherapie profitieren und so verstandene Therapien würden damit vielleicht effizienter[11] und damit auch kostengünstiger.

Hier wären auch die Psychotherapeuten gefordert: »Welcher Zahlungspflichtige würde nicht lieber weniger Geld ausgeben und zugleich ein besseres Ergebnis erreicht sehen?« (Lambert, 2010b, S. 44). »In der Regel sind Kurztherapien ausreichend. Für den überwiegenden Teil

---

11 Vgl. dazu nochmals den Kommentar des Wissenschaftlichen Beirates Psychotherapie zur Anerkennung der Systemischen Therapie in Deutschland. »Die Systemische Therapie ist darüber hinaus ein besonders kostengünstiges Therapieverfahren aufgrund einer vergleichsweise geringen Sitzungszahl« (Beschluss des WBP vom 14.12.2008).

der Kranken ist die Besserung dauerhaft« (Heim, 2009, S. 185). Aber, so könnte man mit Bezug auf den Satz an der Tür des Behandlungszimmers von Steve de Shazer lakonisch anmerken: »Kurzzeittherapie ist nützlich für Patienten, aber nicht nützlich für Kurzzeittherapeuten« (zit. nach Lütz, 2011, S. 72).

Auch wenn meines Wissens keine Untersuchungen dazu vorliegen, bestätigen Erfahrungen von Psychotherapeuten, die sich bisher außerhalb der allgemeinen Krankenversicherung positionieren: Therapien werden darum kürzer, wirksamer und auch nachhaltiger, weil Patienten sich (u. a. auch finanziell) engagiert am eigenen Therapieprozess (und damit auch an ihrem Therapieerfolg!) beteiligen. Dabei sind weniger das Störungsbild als der Klient, der die Störung hat (Norcross, 2002), und der Therapeut, der kompetent arbeitet (Lambert, 2010b), ausschlaggebend.

Die Medizinalisierung und »Amerikanisierung der Psychotherapie« (Watters, 2010) hat Auswirkungen auf die Psychotherapie-Forschung und deren fehlender, eigenständiger Identität: »Die zum Teil erkennbare Forschungsdominanz der behavioral-kognitiven Therapien (CBT) hat auch mit deren Bereitschaft zu tun, sich den Forschungsmodellen der Medizin zu unterziehen« (Heim, 2009, S. 185). Dieses (medizinische) Standardmodell von Forschung wird aber zunehmend auch von prominenter wissenschaftlicher Seite kritisiert und in einem Modell von Evidenzbasierung erweitert, das sich an allgemeinen und kontextuellen Faktoren und Prozessen orientiert (z. B. Wampold, 2001; Lambert u. Ogles, 2004; Norcross, 2002; Kriz, 2010; Schiepek, 2011b).

Zusammenfassend gesagt: Es gibt nur *eine Psychotherapie*, allerdings eine, die nicht unkritisch das medizinische Modell übernimmt. Eine Aufteilung in zwei Psychotherapien wäre letztlich nur standes- und/oder gesundheitspolitisch zu begründen, jenseits aller wissenschaftlichen Erkenntnisse über die Wirkfaktoren von Psychotherapie.

Paradoxerweise liegt aber in diesem Spannungsfeld auch eine Chance. In einer »offenen, verflüssigten und fluiden Struktur« (Chakkarath u. Straub, S. 113) und steigenden Kosten im Gesundheitswesen könnten Psychotherapeuten, die sich bisher außerhalb des Systems positionieren mussten, ihr Potenzial an Erfahrungen in einem anderen Versorgungskontext (pionierhaft) als wertvolles Wissen über Bedingungen und Wirkungen von Psychotherapie in ein »scientist-practitioner-Modell« (Schiepek, 2011b; Orlinsky, 2011) einbringen. Sie könnten so direkt und indirekt mithelfen, auch den Leistungskatalog Psychotherapie (Klassifikation der Störungen) qualitativ zu differenzieren (Psychiatrie, Psychosomatik, Prävention.), um daraus für den Kuchen Psychotherapie auch neue, in der Sache begründete »finanzielle Verteilungsschlüssel« (Caspar, 2009, S. 10) zu kreieren.

In diesem Umbruch- und Selbstorganisationsprozess würde vielleicht besser und deutlicher erkennbar, wer welches Hilfeangebot (psychiatrisch, vormundschaftlich, psychotherapeutisch, präventiv) braucht. Psychotherapien, in denen auch *selbstverantwortlich* eigene und soziale Ressourcen aktiv mobilisiert werden, würden in der Tat vielleicht einfacher und kürzer.

Dementsprechend bräuchte es Forschungs- und Versicherungsmodelle, die neben pathologischen Symptomen diese Ressourcen im sozialen Umfeld in die Fallkonzeption einbeziehen und dabei insbesondere auch den Wirkfaktor »Therapeut« miterfassen. »Die Beleuchtung der Unterschiede von Behandlungserfolgen einzelner Therapeuten kann aber nicht einfach ignoriert und wegdiskutiert werden. Denn zweifellos ist dies ein wichtiges Thema mit ernst zunehmenden Konsequenzen für die Patientenversorgung« (Lambert, 2010b, S. 44).

6.4 Fazit für eine Psychotherapie von morgen

> »Ich bin mir nicht sicher, ob Therapeuten viel ändern können. [...] Damals schien alles therapierbar. Heute weiß man, dass viele Formen der Depression mit Medikamenten zu behandeln und absolut psychotherapieresistent sind. [...] War es damals die Therapiegläubigkeit, ist es heute die unbedingte Allmacht der Hirnforschung, die einem fast zu denken geben könnte, wenn man wollte«
> (Berg, 2005, S. 46).

Der Zweifel, dass Menschen, die Zuwendung suchen (Rufer, 2009), sich auch verändern wollen oder können, ist mehr als berechtigt. Auch wenn man manchmal gern ein(e) andere(r) sein möchte, konfrontiert werden wir doch laufend mit unseren Grenzen, erwünschten und unerwünschten. »Oft würde es einfach helfen, zu wissen, dass es mindestes der Hälfte aller Menschen genauso schlecht geht wie einem selbst. Das Leben ist eine relativ mühsame Sache, oder um es abzukürzen: ›life sucks‹. Ich bin mir nicht sicher, ob Therapeuten daran viel ändern können« (Berg, 2005, S. 47).

Vielleicht haben wir es tatsächlich verlernt, mit Lebenserfahrungen umzugehen, die Leid mit sich bringen. Heilung wird zunehmend externalisiert, ganz im Gegensatz etwa zu dem Verständnis buddhistischer oder hinduistischer Tradition, »wo der wichtige Stellenwert des Leidens und seines Ursprungs in, psychologisch betrachtet, ›ungesunden‹ Selbstauffassungen hervorgehoben wird« (Chakkarath u. Straub, 2010, S. 117). Diesen kulturellen Unterschied im Krankheitskonzept (Watters, 2010) gälte es immer auch zu bedenken, wenn neuere Therapietechniken wie zum Beispiel die »Mindfulness-Based Stress Reduction« (Kabat-Zinn, 1993), die als meditatives Verfahren der Achtsamkeit an eine andere Tradition ankoppelt, oft unkritisch auf Störungen und Belastungen aller Art übertragen werden (Grossman, 2007).

Die *Inflation von Therapieverfahren und Ratgebern* zu jeder Lebenslage zeigt, dass wir es im Rahmen unseres Lebensumfeldes und Gesundheitssystems tatsächlich verlernt haben, mit Problemen fertig zu werden. Damit verlieren wir in der Folge einen Teil unserer Empfänglichkeit für Beziehungen, Sinneswahrnehmungen, Emotionen und vielleicht auch Spiritualität. Wenn es dann allen Präventionsbemühungen zum Trotz schwierig werden sollte, fehlt uns die Erfahrung, dass negative Gefühle auch ausgehalten werden können und nicht immer wegtherapiert werden müssen oder können.

Während sich Philosophen, Psychotherapeuten und Hirnforscher Gedanken darüber machen, was Psychotherapie kann und »warum es so schwierig ist, sich und andere zu verändern« (Roth, 2007), boomt der Psychomarkt von Ratgebern im Spannungsfeld von Unterversorgung psychischer Störungen einerseits und Wellness- und Fitnesskultur andererseits.

Manchmal aber ist man »einfach« krank und braucht Hilfe. Keineswegs heißt dies, dass man deswegen auch schon eine »komplizierte« (lange, teure) Therapie braucht. An der Schnittstelle zur Psychiatrie (Medizin), aber nahe am Gesunden, hat die Psychologie professionelle Konzepte entwickelt, gerade auch für die wissenschaftlich orientierte Psychotherapie. Vieles ist in den letzten Jahren zu deren Wirksamkeit geschrieben und auch gut belegt worden (Grawe, Donati u. Bernauer, 1994; Margraf, 2009). Die Diagnostik psychischer Störung wird laufend differenziert, störungsspezifische Interventionen unter kontrollierten Bedingungen neurobiologisch beforscht und mit immer neuen Therapiekonzepten manualisiert.

Im Trend der Spezifizierung, Quantifizierung und Neurologisierung (Biologisierung) des Psychischen liegt aber auch eine Gefahr, dass sich jenseits von leidenden Menschen die Türen für Scharlatane jeglicher Art weit öffnen. Mit einem selbstkritischen Seitenblick zur Bergsteigerei könnte man darum mit Reinhold Messner auch für die Psychotherapie und die Psychotherapeuten resümieren: »Man nagelt viel zu viel und klettert viel zu wenig« (Messner, 1968/2002, S. 72).

Auf die Frage »Was soll Literatur?« antwortete der Literaturnobelpreisträger Wole Soyinka (2009) in einem Interview: »Literatur muss rein gar nichts. Sie ist eine freie, allen praktischen Zwecken enthobene Kunst.« Und die Psychotherapie und die Psychotherapeuten? Welches Glied in der Versorgungskette bilden sie?

Psychotherapie und mit ihr die Psychotherapeuten stehen immer in einem Spannungsfeld zwischen Gesundheit und Krankheit, zwischen Pathologie und Normalität, zwischen Über- und Unterversorgung. Gesundheit ist etwas anderes als die Abwesenheit von Krankheit (vice versa), aber Heilswege zum Glück haben die Psychowissenschaften nicht im Angebot. *Gute Psychotherapeuten sind Gesprächskünstler*, aber »Psychotherapie ist stets nur die zweitbeste Form der Kommunikation« (Lütz, 2011, S. 71).

Sie unterscheidet sich von Literatur insofern, als sie genauso wie beispielsweise auch die Architektur als Profession (Grawe, 1992; Grawe et al., 1994) einen Leistungsausweis erbringen muss. Konkret bedeutet dies, dass das Leistungsangebot genau umschrieben und die Qualität gesichert, das heißt auch kontrolliert werden muss. Psychotherapien müssen sich an der *Wirksamkeit, Zweckmäßigkeit und Wirtschaftlichkeit* messen lassen. Dies vor allem darum, weil die öffentliche Hand und die Masse der Beitragszahler diese Leistungen berappen sollen. Die Öffentlichkeit hat ein Anrecht auf Transparenz bezüglich Effizienz und Kompetenz der Anbieter, seien es nun Ärzte, Psychologen oder Heilpraktiker.

Literatur, so Wole Soyinka, soll »den Horizont des Lesers erweitern und seine Vorstellungskraft beleben.« Gern lasse ich mich selbst davon inspirieren und wage ausgehend von wissenschaftlichen Erkenntnissen

und der fortschreitenden Ökonomisierung im Gesundheitswesen den visionären Blick:
- Psychotherapie ist kein Auslaufmodell, aber die »Psychotherapie von morgen« braucht ein Leitbild, das sich der *Komplexität* stellt. Die Neurowissenschaft, insbesondere die »Neurobiologie der Psychotherapie«, hat Neues zum Verständnis psychischer Krankheiten, vor allem aber auch zur nichtlinearen Dynamik therapeutischer Prozesse beigetragen. Allerdings lässt sich auch in einer medizinalisierten Gesellschaft Psychotherapie nicht allein mit »Erkrankungen des Gehirns« (Griesinger, 1845) verstehen und allein neuropsychiatrisch behandeln. Mechanistische Vorstellungen zielgerichteter und gesteuerter Veränderung von Menschen müssen aufgegeben werden. Es wird künftig darum gehen, die Instabilitäten menschlicher Entwicklung und die Dynamik von Krisen besser zu verstehen und dementsprechend zu gestalten. »Eine rein psychologische Therapie wäre aber ebenso eng wie eine rein medizinische (Psycho-)Therapie oder eine Sozio-(logische)Therapie. Wir liefen Gefahr, die sich auflösende Engführung durch Schulen nun auf der Ebene von Fachdisziplinen erneut zu reproduzieren« (Schiepek, 2004, S. 257). Folgerichtig müsste künftig Psychotherapie als Kassenleistung anerkannt werden, ohne die kassenärztliche Zulassung auf zwei, drei Verfahren zu beschränken (Deutschland). Hier müsste der gesundheitspolitische Blick über die Landesgrenzen hinweg auch auf andere Modelle gelenkt werden (z. B. Österreich, Schweiz, England). Klaus Grawe hat mit seiner »Allgemeinen Psychotherapie« einen integrativen, gangbaren Weg aufgezeigt. »Mit dem Blick auf die universitäre und postgraduale Ausbildungssituation könnte allerdings auch befürchtet werden, dass diese Integration eher unter dem Oberbegriff Verhaltenstherapie stattfindet« (Senf, Schweitzer u. Broda, 2010, S. 94).
- Naturwissenschaftliche Ansätze komplexer, selbstorganisierender Systeme (z. B. Synergetik) würden sich *schulenübergreifend* für eine transdisziplinär verankerte Metatheorie anbieten (Kriz, 2010, Schiepek, 2011b). Insofern dysfunktionale Muster neuronaler, psychischer und sozialer Systeme eine Modifikation erfahren sollen, handelt es sich bei Psychotherapie um eine *systemische Therapie, in einem umfassenden Sinne*. Psychotherapeuten könnten weiterhin in ihrem Verständnis von Therapie und Fallkonzeption arbeiten, sich dabei

aber an schulenübergreifenden generischen Prinzipien als einer »Partitur für die Therapie« orientieren. Eine so verstandene Definition systemischer Therapie wäre in der Lage, das medizinische Modell und das kontextuelle Modell (Wampold, 2001) »unspezifischer Wirkfaktoren als spezifische Prozessmerkmale« (Haken u. Schiepek, 2006, S. 453) in einem *Selbstorganisationsmodell* zu integrieren.

– Die Systemische Therapie hat die Behandlungsangebote nachhaltig beeinflusst und dort, wo sie kassenzulässig ist (z. B. in der Schweiz), hat sich die systemische Perspektive auch in der psychiatrisch-psychotherapeutischen Grundversorgung etabliert. Die »Psychotherapie von morgen« als systemische (vgl. Kapitel 3) wird deshalb verstärkt eine »mit Dritten und Drittem im Bunde« sein, denn wie Klaus Grawe kurz vor seinem Tod in einem Interview sagte: »Das Interaktionelle, das Interpersonale steht im Zentrum der Therapie« (Grawe, zit. nach Kriz, 2010, S. 32). Therapien werden sich nicht mehr nur am klinischen Störungsbild und damit an der Medizin (Psychiatrie) orientieren, sondern ebenso am Kontext (Orlinsky, 2008, 2011), das heißt auch an den *Mitbetroffenen und ihren Ressourcen* (Liechti u. Liechti-Darbellay, 2010; Bodenmann, 2009). Die Arbeit in *erweiterten therapeutischen Systemen* wird auch die Rolle des Therapeuten beeinflussen und gezwungenermaßen verändern. Therapeuten können diesbezüglich ihre Kompetenzen innovativ nutzen, um selbstorganisatorische Prozesse anzustoßen und einfach zu handeln.

– Nachdem Psychotherapeuten nun schon längst am Familientisch Platz genommen haben, sollte sich auch die Psychotherapieforschung vermehrt dem Lebensumfeld von Klienten wie auch dem *Behandlungskontext* zuwenden (Orlinsky, 2008). Qualitätsprüfung und Qualitätssicherung müsste sich beim Kunden, das heißt beim Patienten und seinem Lebensumfeld, wie auch beim Therapeuten und seiner Kompetenz ansiedeln. Methoden aus Psychologie, Medizin, den Neurowissenschaften und den Sozialwissenschaften, aber auch aus Informatik und Mathematik könnten dabei genutzt werden. Erforderlich wären vornehmlich Kriterien und Analyseinstrumente zur *Erfassung und Gestaltung therapeutischer Prozesse* (Orlinsky, Grawe u. Parks, 1994). Internetbasierte Prozessfeedback-Systeme (Lambert, 2010a; Schiepek, 2011b) könnten zudem den Therapeuten in seinem Handeln unterstützen. In einem »scientist-practitioner-Modell« müssten die Praktiker mit ihrem Wissen und ihren Fragestellungen als Partner in Forschungsprojekte einbezogen werden. Dies könnte zu einem veränderten Begriff von evidenzbasierter Psychotherapie (Messbarkeit) führen, welche der Nichtlinearität und Nichtstationarität psychotherapeutischer Prozesse besser gerecht werden und womit auch Versicherungsmodelle überdacht werden könnten. »Wir begnügen uns mit Scheinobjektivitäten (neuronale Reaktionen), und wir verlieren den sozialen Kontext aus den Augen – auch den, innerhalb dessen das System Psychotherapie angesiedelt ist« (Borcsa et al., 2010, S. 5).

- Das Angebot internetbasierter Therapien und qualitätssichernder Evaluationen wird also weiterwachsen und gute Therapeuten werden sich weiterhin als Kommunikationskünstler und Prozessgestalter ausweisen. Wenn auch morgen der beste aller guten Therapeuten nur das erreichen kann, was seine Klienten zulassen, müssen Psychotherapeuten gerade in Zeiten virtueller sozialer Netzwerke ihre Macht in der Beeinflussung von Menschen kritisch reflektieren. Dies alles erfordert *Systemkompetenz* im Umgang mit Systemstrukturen und Systemdynamiken. *Praxisnahe Curricula* und Weiterbildungsangebote, die das »Lernen am Modell« im Hinblick auf therapeutische Kompetenz konzeptualisieren, wären dafür nötig.
- Vielleicht erlangt der Therapeut als »Heiler« (Frank, 1985), indem er von seinen Patienten lernt, ein neu-altes Verständnis von »Dienen«, und mit ihm die *Psychotherapie als Therapiekunst und Lebensweisheit* »Heart and soul of change« (Duncan et al., 2010). »Wir haben nämlich ziemlich plötzlich ältere Glaubensordnungen, die einst dem Seelenleiden Bedeutung und Sinnzusammenhang gaben, verloren« (Watters, 2010, S. 238). Es bleibt zu hoffen, dass Psychotherapie nicht nur so lange eine Lücke füllt, bis unser Gehirn endgültig entschlüsselt ist und nur noch mit neuesten Technologien neurobiologisch moduliert werden kann oder darf. Mag sein, dass sich Psychotherapie künftig auch vermehrt außerhalb obligatorischer, kassenärztlicher Leistungen positionieren wird, denn nicht alles Leiden ist krankhaft und gehört zur unerlässlichen, medizinischen Versorgung. Offen bleibt, ob sich ein solches Selbstverständnis von Therapie in der Gesundheitsversorgung von morgen etablieren kann. »Das Haupt-

problem ist wohl, dass für eine plurale, fundierte Psychotherapie der Zeitgeist (noch) nicht reif ist: Es gibt zu viele Interessen, möglichst auch die Psychotherapie rein nach dem medizinischen Modell zu vermessen und damit ihren Einfluss möglichst zu beschränken« (J. Kriz, persönliche Mitteilung, 2010). Daraus aber eine Zweiteilung der Ware Psychotherapie in eine wahre und ein falsche abzuleiten oder diese mit populistischen Argumenten gar grundsätzlich infrage zu stellen, wäre der falsche Weg. Im Gegenteil: Ein kritischer Diskurs von allen am Kuchen Psychotherapie Interessierten und Beteiligten müsste offen – auf gleicher Augehöhe und über standespolitische Interessen hinaus – geführt werden.

Dank und Nachwort

Mein Dank gilt zum Ersten all meinen *Klienten,* die mir all die Erfahrungen ermöglicht haben. Sie sind direkt oder indirekt die Mitautoren dieser Publikation.

Zum anderen sind es *Kollegen,* die mein berufliches und privates Leben als *Lehrmeister* mitgeprägt haben, und denen ich mich kollegial, vor allem aber im Geiste, verbunden fühle. Ihnen allen gilt an dieser Stelle mein ganz herzlicher Dank.

Besonders erwähnen möchte ich hier *Hannes Abplanalp,* mit dem mich bis heute, über die zwölf Jahre drogentherapeutische Zusammenarbeit in der »Gemeinschaft zum Schlüssel« hinaus, eine 33-jährige Freundschaft verbindet. Seine Gegenwart, wenn es drauf ankommt, die Heiterkeit, das gemeinsame Lachen und Genießen und die Lust am Denken haben mich erfahren lassen, dass Therapiekunst etwas mit Lebenskunst, insbesondere auch mit Humor, zu tun hat. Im Zusammenhang mit dieser Tätigkeit in der Stiftung »Terra Vecchia« möchte ich auch *Jürg Zbinden* erwähnen, der unermüdlich Ruinen und zerfallene Häuser aufbaut, Komplexität einfach, aber schön in einer Dorfstruktur zusammenfügt und mir in Bordei immer wieder eine wundervolle »Schreibinsel« zur Verfügung gestellt hat.

Mit *Jürg Liechti,* Psychiater und Psychotherapeut, konnte ich das Zentrum für Systemische Therapie und Beratung (ZSB Bern) als Praxisgemeinschaft mit über 30 Kolleg(inn)en und als Weiterbildungsinstitut aufbauen und fast zehn Jahre lang gemeinsam führen. In diesem Kontext und in den vielen gemeinsamen Gesprächen ist auch die Idee für dieses Praxisbuch herangereift.

Danken möchte ich auch *Dorothe Dörholt,* Praxiskollegin im ZSB, die mit ihrer vielseitigen beruflichen Erfahrung die transkribierten Fallbeispiele kritisch gesichtet hat. Als jüngere, kompetente und interessierte Kollegin hat sie mich unterstützend begleitet.

Inhaltlich und fachlich aber ließ ich mich in den letzten Jahren inspirieren und zur Publikation motivieren vor allem von *Günter Schiepek*, Systemwissenschaftler und selbst Autor unzähliger Bücher. Seit einigen Jahren sind wir durch den inhaltlichen Dialog auch freundschaftlich verbunden. Ein besonderer Dank gilt auch meinen Kollegen *Arnold Retzer* und *Franz Caspar*, die trotz ihrer vollen Agenda ein Geleitwort zu diesem Buch verfasst haben.

Ohne den engagierten Support durch *Günter Presting* und seiner Mitarbeiterin *Sandra Englisch* vom Verlag Vandenhoeck & Ruprecht wäre ich als Neuling wohl gescheitert.

Ganz besonders gilt zum Schluss der Dank meiner lieben Frau *Gisela*. Sie war es auch, die mich als Erste ermutigt hat, das aufzuschreiben, was ich tue. Sie hat mir dazu den Raum und die Zeit gegeben und mich in diesem Prozess mitgetragen und ausgehalten.

Ohnehin waren es in erster Linie günstige – persönliche und familiäre – Faktoren: So haben mir meine Eltern als Kleinunternehmer (Bäckerei) vorgelebt, dass Kleines und Gutes auch neben Großem bestehen kann. In der Verbindung von Privatem und Beruflichem zieht sich der Bezug zum Gemeinschaftlichen und Handwerklichen wie ein roter Faden durch mein Berufs- und Privatleben.

Mit diesem Buch, das eigentlich nie als ein eigenes geplant war und letztlich aus anderen abgebrochenen oder aufgeschobenen Projekten erwachsen ist und nun als ein persönliches vorliegt, konnte ich den beruflichen Faden »work in progress« nachverfolgen und mit neuen verknüpfen. Eingebunden in meine Alltagspraxis hat mir das Schreiben erlaubt, reflektierend und diskutierend zu bilanzieren. Dabei habe ich meine Lust am Denken und am kritischen Diskurs, vor allem aber die Freude am Schreiben neu entdeckt. Auch dafür bin ich sehr dankbar.

Beim Schreiben und Bearbeiten des Manuskripts lebte ich immer wieder ein bisschen wie auf einer Insel, abgetrennt vom Festland, das einen anbindet. Diese Separation von anderen und anderem war nötig. Es ermöglichte Konzentration und Kontemplation, das Gespräch mit sich selbst, auch wenn es gegen berufliche Verpflichtungen und familiäre Verbindlichkeiten oft hart erkämpft sein wollte.

Nachdem der Text fürs Erste geschrieben war, brauchte ich Distanz. Schließlich bin ich in den Sommerferien 2010 zusammen mit meiner Familie auf einer Insel gelandet – gleichsam weg von »meinen« Schreib-

Dank und Nachwort

inseln hin auf »unsere« Insel. Der öffnende Blick von der smaragdgrünen Bucht über kreideweiße Klippen hinaus aufs tiefblaue Meer öffnete fernab vom Alltag meine Sinne für neue Bilder, Gerüche, Erfahrungen.

Mit dabei war ein Buch, das meine Frau sozusagen als literarischen Reisebegleiter eingepackt hat: »Ein Winter auf Mallorca« (Sand, 1842/1985). Hier verlebte George Sand, abgetrennt vom sicheren Festland, mit ihrem (kranken) Freund Chopin den Winter 1838/1839. In diesem Text fand ich schließlich und völlig unerwartet einen Satz, ihren Schlusssatz, der inhaltlich den Grundton wiedergibt, der mich sowohl im Leben wie auch inhaltlich beim Schreiben dieses Buches stets begleitet hat und den ich darum gern auch als meinen abschließenden Satz übernehme:

> »Ich habe stets vom Leben auf einer einsamen Insel geträumt, und jeder aufrichtige Mensch wird bekennen, dass er die gleiche Sehnsucht gehabt hat. Aber glaubt mir, meine Freunde, unsere Herzen sind zu liebebedürftig, als dass wir ohne einander auskommen könnten, und das Beste, was wir tun können, ist, uns gegenseitig beizustehen, denn wir sind Kinder von einer Brust, die sich miteinander anlegen und zanken, sich sogar verprügeln und doch untrennbar sind«
> (Sand, 1842/1985, S. 97).

Literatur

Alt, F. (1991). C. G. Jung. Vom Leiden und Heilen. Olten: Walter.
Antonovsky, A. (1997). Salutogenese. Tübingen: Dgvt.
Asen, E. (2008). So gelingt Familie. Heidelberg: Carl-Auer.
Asendorpf, J., Banse, R. (2000). Psychologie der Beziehung. Bern: Huber.
Ausloos, G. (2000). Die Kompetenz der Familien, Heidelberg: Carl-Auer.
Bachmann, I. (1961/1976). Das dreißigste Jahr. München: dtv.
Bauer, J. (2006). Das Prinzip Menschlichkeit. Hamburg: Hoffmann u. Campe.
Baskin, T. W., Tierney, S. C., Minami, T., Wampold, B. E. (2003). Establishing specificity in psychotherapy: a meta-analysis of structural equivalence of placebo controls. Journal of Consulting and Clinical Psychology, 71 (6), 973–979.
Bateson, G. (1981). Ökologie des Geistes. Frankfurt a. M.: Suhrkamp.
Berg, S. (2005). Irgendwann ist's gut. Zürich: Das Magazin 51/52, NZZ, 46–48.
Black, I. E. (1990). Familien und größere Systeme. Heidelberg: Carl-Auer.
Bleckwedel, J. (2008). Systemische Therapie in Aktion. Kreative Methoden mit Paaren und Familien. Göttingen: Vandenhoeck & Ruprecht.
Bodenmann, G. (2009). Depression und Partnerschaft. Bern: Huber.
Borcsa, M., Kämmerer, A., Köllner, V., Lieb, H., Schauenburg, H., von Schlippe, A., Senf, W., Wilms, B., Schweitzer, J., Broda, M. (2010). Zum Stand der Integration in der Psychotherapie. Psychotherapie im Dialog, 11 (1), 3–14.
Bowlby, J. (1976/2006). Trennung. München: Kindler.
Bowlby, J. (1988). Developmental psychiatry comes of age. American Journal of Psychiatry, 145, 1–10.
Brehm, J. W. (1966). A theory of psychological reactance. New York: Academic Press.
Breil, J., Joormann, J., Kosfelder, J., Schulte, D. (2005). Lassen sich ungünstige von erfolgreichen Therapieverläufen in kognitiv-verhaltenstherapeutischen Behandlungen von Angststörungen frühzeitig differenzieren? Die Rolle von Verlaufsanalysen in der Vorhersage von Therapieerfolg. In W. Lutz, J. Kosfelder, J. Joormann (Hrsg.), Misserfolge und Abbrüche in der Psychotherapie. Erkennen – Vermeiden – Vorbeugen (S. 65–99). Bern: Hans Huber.
Brinkhaus, B., Witt, C. (2006). Efficacy, effectiveness, safety and costs of acupuncture for chronic pain results of a large research initiative. Acupuncture in Medicine, 24, 33–39.

Calaprice, A. (Hrsg.) (1997). Einstein sagt. Zitate, Einfälle, Gedanken. München: Piper.
Caspar, F. (1996). Beziehungen und Probleme verstehen. Eine Einführung in die Psychotherapeutische Plananalyse. Bern: Huber.
Caspar, F. (2005) Therapeut/Therapeutin und die Therapiebeziehung. In J. Kosfelder, J. Michalak, S. Vocks, U. Willutzki (Hrsg.), Fortschritte der Psychotherapieforschung (S. 253–265). Göttingen: Hogrefe.
Caspar, F. (2009). Was genau ist »good for people«? Ein differenzierter Diskussionsbeitrag zur aktuellen Psychotherapieforschung. Psychoscope. Zeitschrift der Föderation Schweitzer Psychologen und PsychologInnen, 30 (8–9), 8–11.
Caspar, F. (2010). Wie allgemein ist Grawes »Allgemeine Psychotherapie«. Psychotherapie im Dialog, 11 (1), 15–22.
Caspar, F., Kächele, H. (2008). Fehlentwicklungen in der Psychotherapie. In S. Herpertz, F. Caspar, C. Mundt (Hrsg.), Störungsorientierte Psychotherapie (S. 729–743). München: Urban & Fischer.
Caspar, F., Rothenfluh, T., Segal, Z. V. (1992). The appeal of connectionism for clinical psychology. Clinical Psychology Review, 12, 719–762.
Cavelti, M. (2011). Panorama. Drei Fragen. Psychoscope. Zeitschrift der Föderation Schweitzer Psychologen und PsychologInnen, 32 (6), 36.
Chakkarath, P., Straub, J. (2010). Identität und andere Formen des Selbst. Familiendynamik, 35 (2), 110–118.
Ciompi, L. (1982). Affektlogik. Stuttgart: Klett-Cotta.
Clarkin, J. F., Levy, K. N. (2004). The influence of client variables on Psychotherapy. In M. J. Lambert (Ed.), Bergin and Garfield's Handbook oft Psychotherapy and Behaviour Change (pp. 194–226). New York: Wiley.
Clement, U. (2004). Systemische Prozess-Steuerung. IGST-Curriculum Systemische Supervision. Unveröffentlichtes Manuskript.
Clement, U., Fischer, H. U., Retzer, A. (2005). Wie komme ich aus einer Problemtrance heraus? Familiendynamik, 30 (4), 413–417.
Conen, M. L. (1999). Unfreiwilligkeit – ein Lösungsverhalten. Familiendynamik, 24 (3), 282–297.
Conen, M. L., Cecchin, G. (2008). Wie kann ich Ihnen helfen, mich loszuwerden? Heidelberg: Carl-Auer.
Damasio, A. (1995). Descartes' Irrtum. München: List.
Dick-Niederhauser, A. (2009). Therapeutic change and the experience of joy: toward a theory of curative processes. Journal of Psychotherapy Integration, 19 (2), 187–211.
Dijksterhuis, A. (2006). A theory of unconscious thought. Perspectives on Psychological science 1, 95–109.
Duncan, B. L., Miller, S. D., Wampold, B., Hubble, M. E. (Eds.) (2010). The Heart and Soul of change: Delivering what works in therapy (2nd ed.). Washington, D. C.: American Psychological Association.
Dylan, B. (2009). Chronicles Volume One. Köln: Kiepenheuer u. Witsch.
Fiedler, P. (2007). Persönlichkeitsstörungen. Weinheim: Beltz.

Flatten, G. (2003). Posttraumatische Belastungsreaktion aus neurologischer und synergetischer Perspektive. In Schiepek, G. (Hrsg.), Neurobiologie der Psychotherapie (S. 404–422). Stuttgart: Schattauer.
Flammer, G., Alsaker, F. (2002). Entwicklungspsychologie der Adoleszenz. Bern: Huber.
Foerster, H. von (1985). Das Konstruieren einer Wirklichkeit. In P. Watzlawick (Hrsg.), Die erfundene Wirklichkeit (S. 39–60). München: Piper.
Frank, J. D. (1985). Die Heiler. Müchen: dtv.
Frankl, V. (1973). Der Mensch auf der Suche nach Sinn. Freiburg: Herder.
Fuchs, P. (2011). Die Verwaltung der vagen Dinge. Gespräche zur Zukunft der Psychotherapie. Heidelberg: Carl-Auer.
Fuchs, T. (2008). Das Gehirn – ein Beziehungsorgan. Stuttgart: Kohlhammer.
Gahleitner, S. B. (2005). Neue Bindungen wagen. Beziehungsorientierte Therapie bei sexueller Traumatisierung. München: Reinhardt.
Gallese, V., Bertram, W., Buccino, G. (2011). Spiegelneurone, verkörperte Simulation, Intersubjektivität und Sprache. In G. Schiepek (Hrsg.), Neurobiologie der Psychotherapie (S. 323–338). Stuttgart: Schattauer.
Gigerenzer, G. (2007). Bauchentscheidungen. München: Goldmann.
Goethe, J. W. von (1809/1996). Die Wahlverwandtschaften. Stuttgart: Reclam.
Goethe, J. W. von (1816/1981). Italienische Reise. München: Beck.
Goethe, J. W. von (1833/1982). Werke (Bd. 12). Maximen und Reflexionen. München: dtv.
Goolishian, H., Anderson A. (1988). Menschliche Systeme: Vor welche Probleme sie uns stellen und wie wir mit ihnen arbeiten. In H. L. Reiter, E. J. Brunner, S. Reiter-Theil (Hrsg.), Von der Familientherapie zur systemischen Therapie (S. 189–216). Berlin: Springer.
Gottman, J. M. (1994). What predicts divorce? Hillsdale u. New York: Erlbaum.
Grawe, K. (1992). Therapeuten: Unprofessionelle Psychospieler? Psychologie Heute, 6, 22–28.
Grawe, K. (1998). Psychologische Therapie. Göttingen: Hogrefe.
Grawe, K. (2005). Eine konsistenztheoretische Interpretation des dualen Therapiemodells. In J. Kosfelder, J. Michalak, S. Vocks, U. Willutzki (Hrsg.), Fortschritte der Psychotherapieforschung (S. 281–308). Göttingen: Hogrefe.
Grawe, K., Donati, R., Bernauer, F. (1994). Psychotherapie im Wandel. Von der Konfession zur Profession. Göttingen: Hogrefe.
Griesinger, W. (1845). Die Pathologie und Therapie der psychischen Krankheiten. Stuttgart: Krabbe.
Grönemeyer, D. (2009). Die Bevölkerung sehnt sich nach Zuwendung. Die Zeit, Nr. 20, 39.
Grossmann, K., Grossmann, K. E. (2004). Bindung. Das Gefüge psychischer Sicherheit. Stuttgart: Klett-Cotta.
Grossmann, K. E., Grossmann, K. (2008). Die psychische Sicherheit in Bindungsbeziehungen. Basis für psychologische Anpassungsfähigkeit. Familiendynamik, 33 (3), 231–259.

Grossman, P. (2007). Mindfulness für Psychologen. Dem Wahrnehmbaren freundliche Aufmerksamkeit schenken. In A. von Leupold, T. Ritz (Hrsg.), Verhaltensmedizin. Psychobiologie, Psychopathologie und klinische Anwendung (S. 179–200). Stuttgart: Kohlhammer.
Hain, P. (2001). Das Geheimnis therapeutischer Wirkung, Heidelberg: Carl-Auer.
Haken, H., Schiepek, G. (2006). Synergetik in der Psychologie. Göttingen: Hogrefe.
Haley, J. (1990). Ansätze einer Theorie pathologischer Systeme. In P. Watzlawick, J. H. Weakland (Hrsg.), Interaktion (S. 61–85). Bern: Huber.
Haley, J. (1999). Therapie lehren und lernen. Paderborn: Junfermann.
Hand, I. (2010). Strategisch-systemische Grundlagen der Verhaltenstherapie. Psychotherapie im Dialog, 11 (1), 63–67.
Hanswille, R., Kissenbeck, A. (2008). Systemische Traumatherapie. Heidelberg: Carl-Auer.
Hartmann, L. (2010). Finsteres Glück. Zürich: Diogenes.
Heckhausen, W. (2000). Drogenwirkung. In Lexikon der Psychologie. Berlin: Spektrum (CD).
Heim, E. (2009). Die Welt der Psychotherapie. Stuttgart: Klett-Cotta.
Henry, W. P., Strupp, H. H., Butler, S. F., Schacht, T. E., Binder, J. L. (1993). Effects of training in time-limited dynamic psychotherapy. Changes in therapist behavior. Journal of Consult and Clinical psychology, 61 (3), 434–40.
Herman, J. (1997). Narben der Gewalt. Traumatische Erfahrungen verstehen und überwinden. Paderborn: Junfermann.
Herschell, A. D., Kolko, D. J., Baumann, B. L., Davis, A. C. (2010). The role of therapist training in the implementation of psychological treatments. A review and critique with recommendations. Clinical Psychological Review, 30 (4), 448–466.
Hildenbrand, B. (2011). Ereignis, Krise und Struktur – ein Konzept von Wandel im Lebenslauf und in Beratung und Therapie. Familiendynamik, 36 (2), 92–100.
Hohler, F. (2010). Das Kurze, das Einfache, das Kindliche. München: Luchterhand.
Holm-Hadulla, R. M. (2005). Die therapeutische Beziehung. In W. Senf, M. Broda (Hrsg.), Lehrbuch der Psychotherapie (S. 379–386). Stuttgart: Thieme.
Holm-Hadulla, R. M., Kriz, J., Lieb, H. (2004). Ist Beziehung alles und ohne Beziehung alles nichts? Gespräch mit Michael Broda und Wolfgang Senf. Psychotherapie im Dialog, 5 (4), 321–334.
Jobs, S. (2011). Die Karriere von Steve Jobs. Der Bund vom 26.08.2011, 13.
Jones, M. (1976). Prinzipien der Therapeutischen Gemeinschaft. Bern: Huber.
Jütte, R., Hoppe, J.-D., Scriba, P. (2011). Stellungnahme des Wissenschaftlichen Beirats der Bundesärztekammer: »Placebo in der Medizin«, Deutsches Ärzteblatt, 107 (28–29), 1417–1421.

Kabat-Zinn, J. (1993). Mindfulness meditation: health benefits on an ancient Buddhist practice. In D. Goleman, J. Gurin (Eds.), Mind/Body medicine (pp. 259–275). New York: Consumer report books.

Kächele, H., Kordy, H. (1997). Indikation als Entscheidungsprozess. In R. Adler, W. Herzog, P. Joraschky, K. Köhle, W. Langewitz, W. Söllner, W. Wesiak (Hrsg.), Uexküll Psychosomatische Medizin (7. Aufl., S. 511–520). München: Urban & Schwarzenberg.

Kandel, E. (2008). Interview auf dem Neuroforum der Hertie Stiftung. Zugriff am 07.07.2011 unter www.scienceblog.de.2008/04/eric kandel-im interview.php.

Kapfhammer, H. P. (2004). Dissoziation und Gedächtnis als Ergebnis neurobiologisch beschreibbarer Prozesse. In A. Eckhardt-Henn, S. Hoffmann, Dissoziative Bewusstseinsstörungen Theorie, Symptomatik, Therapie (S. 9–36). Stuttgart: Schattauer.

Kaufman, E., Kaufman, P. N. (Hrsg.) (1983). Familientherapie bei Alkohol- und Drogenabhängigkeit. Freiburg: Lambertus.

Kelso, J. A. S. (1995). Dynamic Patterns. The Self-Organization of Brain an Behaviour. Cambridge: MIT Press.

Kesselring, J. (2009). Placebo. NZZ am Sonntag, 3.

Keupp, H. (2010). Identitäten, befreit von Identitätszwängen, aber verpflichtet zur Identitätsarbeit. Familiendynamik, 35 (2), 100–109.

Klein, S. (2002). Die Glücksformel. Reinbek: Rowohlt.

Kosfelder, J., Michalak, J., Vocks, S., Willutzki, U. (Hrsg.) (2005). Fortschritte der Psychotherapieforschung. Göttingen: Hogrefe.

Kriz, J. (2004). Personenzentrierte Systemtheorie. In A. von Schlippe, W. C. Kriz (Hrsg.), Personzentrierung und Systemtheorie. Grundfragen und Kernaspekte. Perspektiven für psychotherapeutisches Handeln (S. 13–67). Göttingen: Vandenhoeck & Ruprecht.

Kriz, J. (2010). Systemtheorie als eine Metatheorie zur Integration psychotherapeutischer Ansätze. Psychotherapie im Dialog, 11 (1), 28–33.

Küstner, U., Sack, P.-M., Thomasius, R. (2003). Familientherapeutische und systemische Ansätze in der Suchtbehandlung. Psychotherapie im Dialog, 2 (4), 124–129.

Laireiter, A. R. (2000). Selbsterfahrung in Psychotherapie und Verhaltenstherapie. Tübingen: Dgvt.

Lambert, M. J. (1992). Psychotherapy outcome research: Implications for integrative and eclectic therapists. In C. Norcoss, M. Goldfried (Eds.), Handbook of Psychotherapy Integration (pp. 94–129). United States: Basic Books.

Lambert, M. J., Ogles, B. M. (2004). The efficacy and effectiveness of psychotherapy. In M. J. Lambert (Ed.), Bergin and Garfield's Handbook of Psychotherapy and Behaviour Change (pp. 139–193). New York: Wiley.

Lambert, M. J. (2010a). Yes, it is time for clinicians to routinely monitor treatment outcome. In B. L. Duncan, S. D. Miller, B. Wampold, M. E. Hubble (Eds.), The Heart and Soul of change: Delivering what works in therapy (2nd ed., pp. 239–266). Washington, D. C.: American Psychological Association.

Lambert, M. J. (2010b). Kann man gute und schlechte Therapeuten schulenübergreifend an ihren Ergebnissen erkennen? Psychotherapie im Dialog, 11 (1), 42–44.
Landolt, M. (2004) Psychotraumatologie des Kindesalters. Göttingen: Hogrefe.
Lang, J. (2009). Paarberatung online. In S. Kühne, G. Hintenberger (Hrsg.), Handbuch Online-Beratung (S. 179–188). Göttingen: Vandenhoeck & Ruprecht.
LeDoux, J. (1998). Das Netz der Gefühle. Wie Emotionen entstehen. München: Hanser.
Lieb, H. (1998). Selbsterfahrung für Psychotherapeuten. Göttingen: Hogrefe.
Lieb, H. (2009). So hab ich das noch nie gesehen. Heidelberg: Carl-Auer.
Liechti, J. (2009). Dann komm ich halt, sag aber nichts. Heidelberg: Carl-Auer.
Liechti, J., Liechti-Darbellay, M. (2010). Der systemtherapeutische Einbezug von Angehörigen – (k)ein Problem? Familiendynamik, 35 (4), 328–337.
Liechti, J., Liechti-Darbellay, M. (2011). Im Konflikt und doch verbunden. Heidelberg: Carl Auer.
Liechti, J., Wild-Wey, T., Liechti-Darbellay, M., Rufer, M. (2003). Paartherapie im offenen Setting. Kontext, 34 (1), 17–35.
Linden, M., Baudisch, F., Popien, C., Golombek, J. (2006). Das ökologischtherapeutische Milieu in der stationären Behandlung. Der Wohnmilieufragebogen. Psychotherapie, Psychosomatik, Medizinische Psychologie, 56 (9/10), 390–396.
Loth, W., Schlippe, A. von (2004). Die therapeutische Beziehung aus systemischer Sicht. Psychotherapie im Dialog, 5 (4), 341–347.
Ludewig, K. (1992/1999). Systemische Therapie. Stuttgart: Klett-Cotta.
Ludewig, K. (2006). PsychotherapeutIn, bleib bei deinem Leisten. Zugriff am 21.07.2011 unter http://www.slidefinder.net/l/ludewig_kongress/3722018.
Ludewig, K. (2011). Psychische Systeme – ein nützliches Konzept für die systemische Praxis? Familiendynamik, 36 (3), 222–238.
Luhmann, N. (1993). Soziale Systeme. Grundrisse einer allgemeinen Theorie. Frankfurt a. M.: Suhrkamp.
Lutz, W., Kosfelder, J., Joormann, J. (2004). Misserfolge und Abbrüche in der Psychotherapie. Bern: Huber.
Lütz, M. (2011). Irre – Wir behandeln die Falschen. Unser Problem sind die Normalen. Eine heitere Seelenkunde. München: Goldmann.
Machado, A. (1907/2001). Gedichte. Zürich: Ammann.
Mankell, H. (2007). Tiefe. München: dtv.
Margraf, J. (2009). Kosten und Nutzen der Psychotherapie. Berlin: Springer.
Margraf, J., Müller-Spahn, F. (Hrsg.) (2009). Pschyrembel für Psychiatrie. Klinische Psychologie und Psychotherapie. Berlin u. New York: de Gruyter.
Mehari, F. (2001).Trauma im interkulturellen Kontext. Beitrag zur Tagung »Traumatisierte Flüchtlinge« vom 26.04.2001. Unveröffentlichtes Manuskript.
Menning, H. (2011). Positive Emotionen. In G. Schiepek (Hrsg.), Neurobiologie der Psychotherapie (S. 250–262). Stuttgart: Schattauer.

Messner, R. (1968). Direttissima – oder Mord am Unmöglichen. In V. Caysa, W. Schmid (Hrsg.) (2002), Messners Philosophie (S. 72–75). Frankfurt a. M.: Suhrkamp.
Miller, W. M., Rollnick, S. (1999). Motivierende Gesprächsführung. Freiburg: Lambertus.
Montada, L. (2011). Mediation in Paarkonflikten – Optionen für ihre Beilegung. Familiendynamik, 36 (3), 198–205.
Norcross, J. C. (Hrsg.) (2002). Psychotherapy relationships that work. New York: Oxford University Press.
Orlinsky, D. E. (2008). Die nächsten 10 Jahre Psychotherapieforschung. Psychotherapie, Psychosomatik, Medizinische Psychologie, 58 (9/10), 345–354.
Orlinsky, D. E. (2011). What kind of psychotherapy research will psychotherapists need in the future. Presented to the 4th Congress oft the Swiss Psychotherapy Societies (Bern, 18.06.2011).
Orlinsky, D. E., Grawe, K., Parks, B. K. (1994). Process and outcome in psychotherapy. In A. E. Bergin, S. L. Garfield (Eds.), Handbook of psychotherapy an behaviour change (pp. 257–310). New York: Wiley.
Osterhold, G., Molter, H. (Hrsg.) (1992). Systemische Suchttherapie. Entstehung und Behandlung von Sucht und Abhängigkeit im sozialen Kontext. Heidelberg: Asanger.
Piccard, B. (2005). Interview. Der Bund vom 17.08.2005.
Pinsof, W., Breunlin, D., Russell, W., Lebow, J. (2010). Problemzentrierte Metarahmen: eine empiriebasierte Perspektive für die Familien- Paar- und Einzeltherapie. Psychotherapie im Dialog, 11 (1), 34–41.
Precht, D. (2009). Liebe. Ein unordentliches Gefühl. München: Goldmann.
Reddemann, L. (2004). Psychodynamisch Imaginative Traumatherapie. Stuttgart: Pfeiffer bei Klett-Cotta.
Reiter, L., Brunner, J. E., Reiter-Theil, S. (Hrsg.) (1988). Von der Familientherapie zur systemischen Perspektive. Berlin: Springer.
Retzer, A. (2002). Passagen. Stuttgart: Klett-Cotta.
Retzer, A. (2005). Systemische Familientherapie bei Psychosen. In M. Wirsching, P. Scheib, Paar- und Familientherapie (S. 439–451). Berlin: Springer.
Retzer, A. (2006). Systemische Paartherapie. Stuttgart: Klett-Cotta.
Retzer, A. (2009). Lob der Vernunftehe. Frankfurt a. M.: Fischer.
Revenstorf, D. (2009). Therapeutische Kompetenz und Methodenäquivalenz. Stuttgart: Schattauer.
Richter, H. E. (1972). Patient Familie. Reinbek: Rowohlt.
Rogers, C. (1994). Die nicht-direktive Beratung. Frankfurt a. M.. Fischer.
Rössler, W. (2010). Psychiatrie ist ein unglaublicher Wachstumsmarkt. Beobachter, 11, 34–35.
Roth, G. (2007). Persönlichkeit, Entscheidung und Verhalten. Stuttgart: Klett-Cotta.

Rufer, M. (2009). Von der Sehnsucht nach Zuwendung oder wie steht es um die Psychotherapie im Gesundheitswesen der Schweiz. Familiendynamik, 34 (4), 398–399.

Rufer, M. (2013). Wenn es mich braucht, komme ich, sonst nicht. Perspektiven einer systemisch orientierten Psychotherapie mit Vätern. In H. Walter, H. Hierdeis (Hrsg.), Väter in der Psychotherapie. Stuttgart: Schattauer.

Sachse, R. (2000). Der Einfluss der Persönlichkeitsstörung auf den Therapieprozess. In E. Parfy, H. Redtenbacher, R. Sigmund, R. Schoberberger, C. Butschek (Hrsg.), Bindung und Interaktion (S. 282–292). Wien: Facultas.

Sachse, R. (2004). Schwierige Interaktionssituationen im Psychotherapieprozess. In W. Lutz, J. Kosfelder, J. Joormann, Misserfolge und Abbrüche in der Psychotherapie (S. 123–143). Bern: Huber.

Sachse, R. (2005). Persönlichkeitsstörungen. Leitfaden für die psychologische Psychotherapie. Göttingen: Hogrefe.

Sachse, R. (2010). Ausbildungskonzept Klärungsorientierte Psychotherapie. Zugriff am 27.02.2010 unter www.ipp-bochum.de.

Sand, G. (1842/1985). Ein Winter auf Mallorca. München: dtb.

Schiepek, G. (1999). Die Grundlagen der Systemischen Therapie. Göttingen: Vandenhoeck & Ruprecht.

Schiepek, G. (2004). Synergetisches Prozessmanagement. In W. C. Kriz (Hrsg.), Personenzentrierung und Systemtherapie (S. 252–268). Göttingen: Vandenhoeck & Ruprecht.

Schiepek, G. (2008). Psychotherapie als evidenzbasiertes Prozessmanagement. Ein Beitrag zur Professionalisierung jenseits des Standardmodells: Nervenheilkunde, 27 (12), 1138–1146.

Schiepek, G.(2010). Systemische Forschung. Familiendynamik, 35 (1), 60–70.

Schiepek, G. (Hrsg.) (2003/2011a). Neurobiologie der Psychotherapie. Stuttgart: Schattauer.

Schiepek, G. (2011b). Systemische Therapie. Eine Annäherung. Unveröffentlichtes Manuskript nach einem Vortrag »Die Zukunft der Psychotherapie« vom 12.02.2011. Akademie der Wissenschaften und Künste (Salzburg).

Schiepek, G., Rufer, M. (2008). Systemische Therapie – eine wissenschaftliche, evidenzbasierte und bio-psycho-soziale Methodologie. Familiendynamik, 33 (4), 353–356.

Schiepek, G., Schönfelder, V. (2007). Musterhafter Wandel. Gehirn & Geist 10, 53–55.

Schlink, B. (1995). Der Vorleser. Zürich: Diogenes.

Schlippe, A. von (2010). Zum Stand der Integration in der Psychotherapie. Psychotherapie im Dialog, 11 (3), 3–11.

Schlippe, A. von, Theilig, S. (Hrsg.) (2005). Niemand ist allein krank. Karlsruhe: Pabst.

Schweitzer, J. (2004). Das Präparat Therapie. In W. C. Kriz (Hrsg.), Personenzentrierung und Systemtherapie (S. 212.227). Göttingen: Vandenhoeck & Ruprecht.

Schwing, R., Fryszer, A. (2006). Systemisches Handwerk. Göttingen: Vandenhoeck & Ruprecht.
Senf, W., Broda, M. (2002). Praxis der Psychotherapie. Stuttgart: Thieme.
Senf, W., Schweitzer, J., Broda, M. (2010). Oberflächenströmung oder/und Unterströmung? Psychotherapie im Dialog, 11 (1): 93–95.
Sennett, R. (2008). Handwerk. Berlin: Berliner Taschenbuchverlag.
Shazer, S. de (1982/1990). Noch einmal: Widerstand. Zeitschrift Systemische Therapie, 4, 76–80.
Shazer, S. de (1989). Der Dreh. Heidelberg: Carl-Auer.
Simon, F. B. (1995). Die andere Seite der Gesundheit. Ansätze einer systemischen Krankheits- und Therapietheorie. Heidelberg: Carl-Auer.
Simon, F. B., Rech-Simon, C. (2004). Zirkuläres Fragen. Heidelberg: Carl-Auer.
Soyinka, W. (2009). Was soll Literatur? NZZ am Sonntag, 12.
Spycher, S., Margraf, J., Meyer, P. C. (2007). Zulassung der psychologischen Psychotherapeut/innen zur Krankenversicherung? Neuchatel: OBSAN.
Stierlin, H. (1988). Zur Beziehung zwischen Einzelperson und System: der Begriff »Individuation« aus systemischer Sicht. In L. Reiter, J. E. Brunner, S. Reiter-Theil (Hrsg.), Von der Familientherapie zur systemischen Perspektive (S. 3–19). Berlin: Springer.
Stoffels, H. (2004). Ein seelisches Trauma »macht« keine Symptomatik. Sozialpsychiatrische Informationen, 34 (1), 6–8.
Strotzka, H. (1975). Was ist Psychotherapie? In H. Strotzka (Hrsg.), Psychotherapie. Grundlagen, Verfahren, Indikationen. München: Urban & Schwarzenberg.
Strunk, G., Schiepek, G. (2006). Systemische Psychologie. München: Spektrum.
Sydow, K. von (2008). Bindungstheorie und systemische Therapie. Familiendynamik, 33 (3), 260–273.
Sydow, K. von, Beher, S., Retzlaff, R., Schweitzer-Rothers, J. (2007). Die Wirksamkeit der Systemischen Therapie/Familientherapie. Göttingen: Hogrefe.
Tedeschi, R. G., Calhoun, L. G. (2004). Posttraumatic growth: Conceptual foundations and empirical evidence. Psychological Inquiry, 15 (1), 1–18.
Tomm, K. (1994). Die Fragen des Beobachters. Heidelberg: Carl-Auer.
Tschan, W. (2005). Missbrauchtes Vertrauen. Basel: Karger.
Vaillant, G. (2008). Study of adult development. NZZ am Sonntag 24.05.2009, 71.
Villmann, T., Geweniger, T., Bergmann, B., Gumz, A. (2011). Soziophysiologie von Therapieprozessen – die Beziehung zwischen Therapeut, Patient, und gesprochenem Wort. In G. Schiepek, Neurobiologie der Psychotherapie (S. 350–364). Stuttgart: Schattauer.
Waal de, F. (2006). Der Affe in uns. München: Hanser.
Wampold, B. E. (2001). The great psychotherapy debate. Models, methods, and findings. New York: Lawrence Erlbaum Associates.
Wampold, B. E. (2007). The humanistic (and effective) treatment. American Psychologist, 62 (8), 857–873.

Wampold, B. E., Minami, T., Tierney, S. C., Baskin, T. W., Bhati, K. S. (2005). The placebo is powerful. Estimating placebo effects in medicine and psychotherapy from randomized clinical trials. Journal of Clinical Psychology, 61 (7), 835–854.

Wampold, B. E., Mondin G. W., Moody, M., Stich, F., Benson, K., Ahn, H. (1997). A meta-analysis of outcome studies comparing bona fide psychotherapies. Psychological Bulletin, 122 (3), 203–215.

Watters, E. (2010). Die Amerikanisierung von psychischen Erkrankungen. Familiendynamik, 35 (3), 230–238.

Weber, M. (1922/1980). Wirtschaft und Gesellschaft. Besorgt von J. Winckelmann. Studienausgabe. Tübingen: Mohr Siebeck.

Weiner, E. (2008). Die glücklichsten Länder der Welt. NZZ Folio, 9, 73.

Weizsäcker, V. von (1987). Natur und Geist. Frankfurt a. M.: Suhrkamp.

Wirthner, A. (2008). Das Interview. Der Bund vom 17.06.2008.

Zafón, C. R. (2008/2010). Das Spiel des Engels. Frankfurt a. M.: Fischer TB.

Zeilinger, A., Zajonc, A., Dalai Lama (1999). Wer erklärt uns die Welt? Gespräch der Physikprofessoren Anton Zeilinger und Arthur Zajonc mit dem Dalai Lama. GEO 1/1999, 146–155.